黑龙江省精品图书出版工程项目

BINGXUELVYOUCEHUA
冰雪旅游策划

张丽梅　编著

哈尔滨工业大学出版社

内 容 简 介

本书主要分为两大部分。第一部分在简要综述了国内外冰雪旅游发展概况的基础上,探讨冰雪旅游策划的必要性和迫切性;并从旅游策划的时代背景及旅游策划的原则和基础出发,着重阐述科学系统的旅游策划原理和方法。第二部分主要为实战模块,针对冰雪旅游项目、冰雪旅游商品、冰雪旅游地形象、冰雪旅游节庆、冰雪旅游线路、冰雪旅游营销进行策划和实例分析。

本书可以作为普通高校本科旅游管理专业、大中专学校旅游管理专业的教材和成人高校旅游管理专业的培训教材;也可作为旅游规划与策划工作者、各旅游景区的经营管理者和冰雪旅游爱好者的参考书。

图书在版编目(CIP)数据

冰雪旅游策划/张丽梅编著.—哈尔滨:哈尔滨工业大学出版社,2011.1

ISBN 978-7-5603-3248-2

Ⅰ.①冰… Ⅱ.①张… Ⅲ.①冬季-旅游业-策划 Ⅳ.①F590.7

中国版本图书馆 CIP 数据核字(2011)第 047878 号

策划编辑	杨 桦
责任编辑	苗金英
封面设计	张晚汀
出版发行	哈尔滨工业大学出版社
社　　址	哈尔滨市南岗区复华四道街 10 号 邮编 150006
传　　真	0451-86414749
网　　址	http://hitpress.hit.edu.cn
印　　刷	哈尔滨市石桥印务有限公司
开　　本	787mm×1092mm 1/16 印张 14.75 插页 4 字数 230 千字
版　　次	2011 年 1 月第 1 版　2011 年 1 月第 1 次印刷
书　　号	ISBN 978-7-5603-3248-2
定　　价	36.00 元

(如因印装质量问题影响阅读,我社负责调换)

【旅游标徽】
BINGXUELVYOUCEHUA

哈尔滨市旅游标徽

　　哈尔滨市旅游标徽由哈尔滨市旅游局委托国内知名的北京达沃斯巅峰旅游规划设计院设计。丁香花、雪花、索菲亚教堂、防洪纪念塔、太阳岛构成了标徽的基本元素。整体造型既是中文"哈尔滨"的变形，也是英文"Harbin"的变形。标徽分为冬季版与夏季版，冬季版展示出哈尔滨独具风格的冰雪特色，而夏季版运用了多种颜色来演绎哈尔滨独具魅力的风情。哈尔滨旅游标徽寓意哈尔滨既是一座时尚、浪漫的国际化大都市，又是美丽、和谐的冰城夏都。

冰雪旅游策划

黑龙江省冰雪旅游标徽

（一）冰雪、松树、丹顶鹤是最能代表黑龙江省旅游特点的形象，而由白雪覆盖的松树与丹顶鹤抽象组合而成的"松鹤延年"象征着祥和、幸福、长寿。

（二）天鹅代表黑龙江省的版图，雪花代表黑龙江省的冰雪旅游，绿色的外围和船锚代表黑龙江省的和谐生态环境和黑龙江是生态和人文旅游的港口。选择绿色旨在表达对自然的向往，体现黑龙江省的生态旅游；两只天鹅相对围成的一个心形代表黑龙江省以它美丽的自然冰雪风光和独特的冰雪文化吸引着各地的旅游者，也代表着黑龙江人以真诚的心迎接来自四方的客人。

【吉祥物】
BINGXUELVYOUCEHUA

2007年哈尔滨冰雪节吉祥物——"冰哥雪妹"

"冰哥雪妹"的设计者是哈尔滨北方民艺精品馆馆长刘恒甫。"冰哥雪妹"的设计思路取材于民间传说。据传,古代松花江畔有一块镇江之宝松花石,由黑龙守护。一天,白龙把松花石抢走了,黑龙被玉帝降罪关押起来。黑龙有一双儿女叫龙哥龙妹,他们打败了白龙,把松花石夺了回来,但在争夺中松花石破碎,失去了镇江功效,松花江流域开始频繁发生自然灾害。为护佑这方水土,龙妹升空化成雪,龙哥落地变成冰,从此,瑞雪兆丰年,松花江流域成了鱼肥水美稻谷香的好地方。

哈尔滨国际冰雪节吉祥物——雪娃

2009年,"雪娃"被定为世界四大冰雪节之一"哈尔滨国际冰雪节"的吉祥物,其形象在冰雪大世界、冰灯游园会和国际雪雕大赛等场所及相关产品上使用。"雪娃"是黑龙江动漫基地与黑龙江新洋科技有限公司共同推出的中国首部冰雪题材三维动画片《雪娃》的主人公。"雪娃"为银白色,象征白雪,代表了冰城哈尔滨的冰雪特色;"雪娃"头顶三瓣冰雕花瓣,冰雕里面镶嵌着雪花,展示了哈尔滨的文化瑰宝——冰雪之城精美的冰雕艺术;"雪娃"穿戴着围巾、手套和棉鞋,充分体现了冬日里冰城人的服饰特点。通过冰雪和人物的结合,"雪娃"形象强调了人与自然和谐相处的理念。它微笑着张开热情的双臂,代表着哈尔滨人的热情好客,欢迎来自国内外的友人。

黑龙江省冰雪旅游吉祥物——"北虎滑雪"

东北虎在国内外具有很高的知名度。东北虎具有"怒吼千山震，一鸣百兽惊"的森林之王的雄风，它是黑龙江省最具特色的动物之一，省内建有世界上最大的东北虎野生动物园——东北虎林园，东北虎又是目前世界濒危物种之一。选用滑雪的运动造型，是因为冬季来黑龙江省的旅游者不仅仅是来欣赏这里独特的冰雪艺术、冰雪风光、冰雪建筑，还非常重视参与这里的冰雪运动。选定这个动感十足的吉祥物——"北虎滑雪"旨在传达黑龙江省独特的冰雪运动和冰雪文化。

2009年第24届世界大学生冬季运动会吉祥物——"冬冬"

毕业于哈尔滨师范大学艺术学院美术系、现任职于黑龙江信息港的邓颖设计的吉祥物"冬冬"，是以雪花为创作元素、以白色和蓝色为主色调、采取拟人化手法创作的，突出了举办地和冬季体育赛事的特色。冬冬形象纯洁无瑕、开朗热情、活泼可爱，有着天使般的笑容，飘动的围巾彰显着勃勃的生机与活力，舞动的双臂表达了东道主的真诚与热情。

前　言

　　冰雪是无污染、可再生资源，是世界公认的三大旅游资源之一。冰雪旅游集参与性、刺激性、观赏性、趣味性为一体，具有休闲、娱乐、体验等诸多功能，是近年来最受欢迎的旅游活动项目。大力发展冰雪旅游，不仅适应当前生态环保的可持续发展的趋势，而且能有力地拉动其他相关产业，形成高效益的综合性产业。目前全世界每年冰雪旅游收入高达近千亿美元，冰雪旅游已经成为世界旅游产业体系中的重要构成部分。

　　在中国，冰雪旅游起步较晚，最早出现在北国冰城哈尔滨。1963年2月7日，哈尔滨市政府在兆麟公园举办了第一届冰灯游园会，制作展出千余盏冰灯，参观者约达25万人次，这是中国冰雪旅游的萌芽。当时还没有其他城市开展冰雪旅游，而今已发展成为百舸争流的崭新局面。随着冰雪旅游经济不断升温，全国各地都在冰雪旅游经济效益的驱使下大做冰雪文章，长春、沈阳、北京、天津、河北、新疆等全国27个城市都试图通过举办形式多样的冰雪节和冰雪文化活动来发展冰雪旅游，政策性地将冰雪旅游作为一个新的经济增长点，希望能够通过发展冰雪旅游，将"冷"资源变成"热"经济。

　　在这种形势下，旅游产品的区际竞争日趋激烈，进行区域旅游的策划和推广，对于区域旅游的开发、规划、建设、经营和管理具有重要意义。并且旅游业的蓬勃发展，特别是游客消费心理的日趋成熟和旅游产品升级换代的加速，对旅游科学研究提出了新的要求。无论是旅游项目创意、旅游地形象塑造、旅游产品设计，还是旅游节庆组织、旅游市场营销和旅游广告构思，都需要科学地整合，更离不开高起点、高水平的精心策划。于是，一门衍生于旅游规划却又与之有着明显区别的新兴学科——旅游策划学应运而生,几部填补学术空白的研究专著相继问世。旅游策划学给旅游科学研究和旅游教育事业注入了新的活力,提供了新的发展空间。

本书将旅游策划的原理和方法应用于冰雪旅游策划中,将实用性、可读性有机地结合,旨在通过对冰雪旅游策划的实证研究,加快冰雪旅游业的发展和冰雪旅游形象的塑造和推广,增强冰雪旅游的市场竞争力。

由于编写时间和水平的限制,书中不足之处在所难免,恳请读者批评指正。

张丽梅

2010 年 12 月于黑龙江大学

目 录

第一章 冰雪旅游的发展概述 ………………………………… 2
第一节 冰雪旅游的概念和特征 ……………………………… 2
第二节 国内外冰雪旅游发展概况 …………………………… 8
第三节 审视中国冰雪旅游业发展存在的问题 ……………… 14
第四节 中国冰雪旅游的未来发展道路 ……………………… 16

第二章 旅游策划概述 …………………………………………… 20
第一节 旅游策划的概念 ……………………………………… 20
第二节 旅游策划的基本原则 ………………………………… 22
第三节 旅游策划的基础理论与原理 ………………………… 26
第四节 旅游策划的方法与程序 ……………………………… 31
第五节 中国旅游策划业发展存在的问题 …………………… 40

第三章 体验经济时代下的冰雪旅游策划 …………………… 44
第一节 冰雪旅游策划 ………………………………………… 44
第二节 体验式旅游与冰雪旅游策划 ………………………… 48
第三节 体验经济时代下的冰雪旅游策划案例 ……………… 58

第四章 冰雪旅游项目策划 …………………………………… 64
第一节 旅游项目策划的概述 ………………………………… 64
第二节 旅游项目策划的原则 ………………………………… 67
第三节 旅游项目的可行性分析 ……………………………… 70
第四节 旅游项目策划的主要内容 …………………………… 73
第五节 冰雪旅游项目的创意策划 …………………………… 76

第五章 冰雪旅游商品策划 …………………………………… 90
第一节 冰雪旅游商品概述 …………………………………… 90
第二节 冰雪旅游商品的分类 ………………………………… 94
第三节 冰雪旅游商品策划 …………………………………… 97

第六章 冰雪旅游线路的设计与操作 ………………………… 106
第一节 冰雪旅游线路设计的内容和特点 …………………… 106
第二节 冰雪旅游线路设计的方法和步骤 …………………… 109
第三节 冰雪旅游线路设计的类型 …………………………… 114

第七章 冰雪旅游节庆策划 ·········· 118
第一节 冰雪旅游节庆概述 ·········· 118
第二节 冰雪旅游节庆策划的原则 ·········· 124
第三节 冰雪旅游节庆策划的方法与程序 ·········· 128
第四节 世界主要冰雪节简介 ·········· 138
第五节 冰雪旅游节庆策划案例 ·········· 147

第八章 冰雪旅游营销策划 ·········· 164
第一节 旅游营销策划的基本理论 ·········· 164
第二节 冰雪旅游活动营销策划 ·········· 169
第三节 体验经济时代孕育而生的体验式营销 ·········· 182
第四节 旅游营销程序及策划书 ·········· 192

第九章 冰雪旅游地形象策划 ·········· 200
第一节 旅游地形象概述 ·········· 200
第二节 基础理论及研究方法 ·········· 204
第三节 冰雪旅游地形象策划内容 ·········· 206
第四节 冰雪旅游地形象策划实证研究 ·········· 215

参考文献 ·········· 231

携手冰雪世界，同创美好未来

——第24届世界大学生冬季运动会宣传口号

第一章主要介绍了冰雪旅游的概念、特征、产品类型及国内外的发展概况。探讨了中国冰雪旅游业发展的现存问题及未来发展道路。

第一章 冰雪旅游的发展概述

冰雪旅游最早产生于寒地民族,是一项充满了浪漫与刺激的古老运动。随着现代旅游业体验时代的到来和度假型旅游产品的广受青睐,世界各国掀起了冰雪旅游的开发热潮,建起了大量的度假村和滑雪场。

冰雪旅游是一项极具刺激性和体验性,集运动、娱乐、观光、度假、购物、商务与竞技等功能于一体的旅游项目,它具有反复消费、附加值高的特点。据统计,全世界每年有近4亿人参加冰雪旅游活动,已建成滑雪场6 000多个,每年所带来的冰雪旅游经济收入约700多亿美元。冰雪旅游的发展在旅游业、体育、经济以及人类文化等诸多领域发挥着重要的作用,在全球范围内产生了重大影响。目前,国际冰雪旅游产业呈现出多样化、高水平的发展态势。

第一节 冰雪旅游的概念和特征

一、冰雪旅游的概念

旅游的最初定义是由瑞士学者汉泽克尔和克拉普夫(Hunziker and Kraft)于1942年提出,20世纪70年代被旅游科学专家国际联合会(Association Internationale d'Experts Scientific Experts in Tourism, AIEST)采用为该组织对旅游的标准定义——"艾斯特"定义:旅游是非定居者的旅行和逗留而引起的现象和关系的总和。

在理论界,对冰雪旅游的概念并没有统一的界定。AIEST定义充分体现了旅游活动的消费属性、休闲属性以及社会属性,说明了旅游学是研究旅游者及其旅游活动、旅游业及其服务和经营活动以及双方活动对旅游目的地影响的科学。所以,在以冰雪旅游作为研究对象的时候,可以对冰雪旅游做如下的界定:冰雪旅游是非定居者出于观摩或参与冰雪活动目的的旅行和逗留而引起的现象和关系的总和。

二、冰雪旅游的特征

(一)地域性

冰雪旅游依托于冰雪资源,冰雪资源的形成和保存受地理位置的影响非常大。世界范围内,冰雪资源主要分布在纬度40度以上的范围内,当纬度到达60度时,则进入寒带地区,气候十分严寒,不适合开发休闲性的旅游项目,所以,开发冰雪旅游项目最合适的纬度在40~50度,在这个范围内,冬季持续时间长,全天在零摄氏度以下。而在这些地区也不是处处都可以开发冰雪旅游项目,只有冬季降水量大、地形地貌适合、交通便利的地区才适宜开发冰雪旅游。我国拥有此优势的地区有黑龙江省、吉林省和辽宁省北部等。

(二) 季节性

适合开展冰雪旅游的中高纬度地区开展冰雪旅游有很强的季节性,这些地区虽然冬季漫长,但能全面开展冰雪旅游的时段仅在11月至次年1月,这段时间也是一年中开展冰雪旅游的最佳时期。由于冰雪旅游有明显的季节性,所以在开展冰雪旅游的地区,游客数量和旅游收入也会随季节波动,给旅游接待和管理带来巨大的挑战:在旺季旅游接待压力巨大;在淡季大量资源闲置,造成巨大的浪费。

(三) 观赏性

冰灯、冰雕、雪雕是传统的冰雪旅游观赏景观,近年来,冰上婚礼、冬泳也成了富有特色的冰雪旅游项目,更有充满冰雪氛围的冰雪文艺演出和冰雪艺术电影节,从各个方面充实旅游者的旅游体验。

冰灯是用天然冰加工成的冰建筑,包括纤巧的冰雕塑、别致的冰花、壮观的冰挂和古朴的冰罩灯,主办者根据特定的主题将它们布置在一定的空间,组成若干高低错落、疏密有致的不同景区,形成步步有景、步移景异的冰雪园林,同时配备各种灯光,增加动的成分,辅以音响效果,达到形、光、动、声的和谐统一。运用这种艺术形式创造出的珠宫琳馆、玉榭瑶桥、银雕玉塑、冰山雪室,白昼间千姿百态、晶莹剔透,入夜后流光溢彩、璀璨斑斓,像扑朔迷离的仙山琼阁,似如梦如幻的水晶宫殿,跃动着生命的活力。

冰雕是以天然冰为原料,用大铲、扁铲、尖铲、画刀等工具创作出的作品。它既是冰灯中的一个品种,又是一门独立的艺术。

雪雕以雪为材料堆砌成型,极富质感。哈尔滨松花江北岸太阳岛上每年的雪雕和雪建筑,题材广、构思巧、立意新、制作精,如大理石雕就,似汉白玉刻成。

冰上婚礼由来自全国各地乃至国外的一对对情侣组成,他们踏坚冰、迎瑞雪,在冰清玉洁的环境里,由"冰雪老人"主持别具一格的婚礼仪式,形式简朴,气氛热烈,场面隆重,富有浪漫色彩。

冬泳是冬泳队员在零下 20 多摄氏度的严寒中,跃入零摄氏度甚至温度更低的江水里挥臂奋游,胜似闲庭信步,被中外游人赞为"不可思议"的"勇敢人的活动"。

(四)参与性

冰雪旅游为旅游者提供了很多参与性的活动,包括乘冰帆、打冰橇、打滑梯、乘雪地摩托、坐狗爬犁、乘小火车穿冰洞、抽冰尜、划冰舢板等冰上参与项目,以及单板滑雪、双板滑雪、雪地足球、越野滑雪、高山滑雪等滑雪项目。这些项目能让旅游者体味到亲自参与其中的乐趣。

冰帆是在十字形的船体上立桅杆、挂篷帆,下安冰刀和舵,供游客乘坐,能运载四五人,可自由转动,凭借四级以上风力,时速可达 30 公里(1 公里=1 千米)。

打冰橇场由橇台、堤坡滑道与江面滑道组成,有一定的长度和落差,人们从橇台乘冰爬犁沿几乎是垂直的冰道滑下,似猛虎下山,如利箭出弦,轰轰作响,惊心动魄,深受青少年游客喜爱。

打滑梯是游客在用冰砌起的近十米高的各种造型的冰滑梯上滑下,体验滑翔的乐趣。

抽冰尜是一种传统的冰上运动。冰尜是用木或铁制成的肚大头尖的物体,将其倒立在冰上,用鞭子抽打,使其滴溜溜飞转,十分有趣。

三、冰雪旅游产品类型

冰雪旅游资源属于自然旅游资源中的气象、气候旅游资源,利用冰雪旅游资源可以开发出一系列冰雪旅游产品。

(一)观光类冰雪旅游产品

观光类冰雪旅游产品主要是指冰雪艺术景观旅游产品、冰雪自然景观旅游产品、冰雪人文景观旅游产品。具体包括:冰雕、冰灯、冰瀑、雪雕、冰挂、雪景、雾凇、雪松、冰河、冰溶景观、林海雪原、冰雪园艺等。在冰雪的世界里游冰雕、雪雕童话王国,赏千里雾凇,览十里不冻河,穿越茫茫林海雪原,观看惊心动魄的体育训练及比赛,能带给游客感官上的享受。此外,各式各样的冰雪运动器械、绚丽多彩的运动服装、特殊的冰雪人文历史与辉煌的成就也是不可多得的冰雪旅游产品。

拓展阅读

观光类冰雪旅游产品类型

1. 冰雕（展）

冰雕按照具体的需求，可分为装饰冰雕、注酒冰雕、婚礼冰雕、冰雕容器、冰雕酒吧、节日冰雕等多种形式。我国国内较为出名的有每年一次的哈尔滨冰雕节以及各种形式的冰雕大赛等。

2. 冰灯（展/会）

冰灯融冰雕艺术和灯光艺术为一体，分为室内冰灯展和室外冰灯展。地坛冰灯展是常年室内冰灯展，它融合了中外雕塑艺术的精华，展出面积约 1 500 平方米，展出作品 30 余组、100 余件。

冰灯作品有反映中国传统民间故事的十二生肖、东北三宝、五谷丰登等，以及小朋友喜欢的童话故事人物，如白雪公主和七个小矮人、猴子捞月亮等，还有著名的天安门城楼、华表异国风情、欧陆情缘等冰建筑，非常特别的还有雾凇、冰凌等东北自然冰雪风光。哈尔滨冰灯节，在兆麟公园举行，旅游者除了可以参观冰灯，还可以参加各类雪上活动，如乘冰帆、打冰橇、溜冰、滑雪、参加冰上婚礼或冰雪文艺晚会等。

3. 冰瀑

冰瀑只有在地理纬度和地形条件都适合的条件下才能形成。例如北京京东第一瀑布、四川九寨沟冰瀑、辽宁龙潭冰瀑等。

4. 雪雕（展）

雪雕，又称雪塑，是在雪坯上进行雕刻，塑造出各式立体造型，与冰灯、冰雕并称冰雪雕塑。压缩的雪坯有硬度，可以雕刻，加上雪有黏度，又可堆塑，使雪塑既有石雕的粗犷敦厚风格，又有牙雕的细腻圆润特点，形式厚重，空间感强，银白圣洁，富有光泽，雅俗共赏。尽管雪雕的寿命和其他雕塑作品相比十分短暂，但它更有灵气。哈尔滨举办的第 14 届雪博会用雪 4 万立方米，第 15 届雪博会用雪 4.5 万立方米，作品已增至 400 多件。到了 2004 年第 16 届雪博会，用雪已达 9 万立方米，多于前两届的总和，另增加了 5 万立方米的冰景，展出面积也由上一届的 35 万平方米扩至 90 万平方米,并且埋电缆,拉电线,安灯具,夜晚也对游人开放。

5.雾凇

雾凇俗称树挂,是北方冬季常见的一种类似霜降的自然现象,是一种冰雪美景,是雾中无数零摄氏度以下而尚未结冰的雾滴随风在树枝等物体上不断积聚冻结形成的,表现为白色不透明的粒状结构沉积物。雾凇现象在我国北方很普遍,在南方高山地区也很常见,只要雾中有冷却水滴就可形成。吉林的雾凇,号称中国四大自然奇观之一,每年都吸引上万中外游客。

(二)运动休闲类冰雪旅游产品

运动休闲类冰雪旅游产品是指在冰雪旅游中能使旅游者既参加体育健身活动,又休闲娱乐的旅游产品。旅游者能够亲身体验和感受冰雪旅游活动的快乐,满足其运动健身的心理需要。如滑雪旅游、冬季森林探险旅游、冰雪游戏、攀冰等。

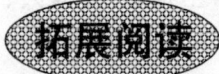

运动休闲类冰雪旅游产品类型

1.冰上竞技运动项目

冰上竞技运动项目主要包括:速度滑冰、短道速滑、花样滑冰、冰球、雪橇运动,以及冰车、冰上溜石、冰壶等运动项目。其中冰壶、冰球、短道速滑、花样滑冰等是冬奥会的比赛项目,而且中国健儿在这几项上都处在世界一流水平。

2.雪上竞技运动项目

雪上竞技运动项目主要包括:单板滑雪、双板滑雪、自由式滑雪、高山滑雪、越野滑雪、跳台滑雪、飞雪、花样滑雪、特技滑雪、雪上芭蕾、技巧速降、带翅滑雪、多项滑雪、森林滑雪等。

3.其他运动休闲类项目

其他运动休闲类项目主要指的是除竞技运动项目之外的冰雪运动项目,如攀冰、冰上风火轮、登雪山、仿真滑雪、仿真溜冰、滑雪机、雪地足球、冰钓、冬泳等。其中,冬泳已经成了哈尔滨一道亮丽的冬季旅游风景线。

(三)节庆类冰雪旅游产品

举办节庆是景区提高自身知名度和吸引力的重要方式,结合各地民俗而打造的冰雪旅游节庆活动,更是为冰雪旅游拓展了更广阔的市场。目前和冰雪旅游相关的节庆有:冰雕节、冰灯节、雾凇节、冰钓节、滑雪节等。

(四)赛事类冰雪旅游产品

赛事类冰雪旅游产品包括专业赛事类和民间赛事类冰雪旅游产品。

旅游目的地或者景区通过举办各类专业赛事,提高了景区相关的基础设施建设和景区知名度,为游客进行冰雪旅游活动提供了良好的平台。例如,在哈尔滨举办的第24届世界大学生冬季运动会,有多项赛事在亚布力滑雪场进行。

拓展阅读

赛事类冰雪旅游产品类型

1.专业赛事

滑雪类比赛:自由式滑雪空中技巧世界杯赛、瓦萨国际越野滑雪赛、高山滑雪、越野滑雪、单板追逐赛、冬季两项赛等。

冰上运动比赛:花滑锦标赛、速度滑冰、短道速滑、花样滑冰、冰球、掷冰壶等。

2.趣味赛事

景区除了举办专业赛事外,也常举办各种趣味赛事。常见的趣味赛事有穿越冰池趣味赛、堆雪人大赛、雪橇大赛、"雪花小姐"选拔赛、雪雕比赛、冰上拔河、推爬犁、雪地投准、雪地套圈、冰雪嘉年华、冰上风火轮等。趣味赛事相对简单,危险系数小,对专业化程度要求不高,适合大众游客。各种各样的趣味赛事可以使旅游者在享受冰雪乐趣的同时挑战自我。

(五)民俗游乐类冰雪旅游产品

民俗游乐类冰雪旅游产品是指具有浓厚的民族特色的冰雪体育产品。民俗传统冰雪旅游产品与一般的旅游产品相比,呈现出民族性、历史性、地域性、文化性融于一体的特点。它反映出一种独特的冰雪文化,是长期历史文化发展的结晶,与当地的风土人情、生活习惯、宗教信仰等密切相关。如满族人喜欢的冬季活动抽冰猴、滑冰车、拉爬犁、冰上踢石球等,达斡尔族的打冰嘎溜,锡伯族的蹬冰滑子、撑冰车,赫哲族的滑雪、狗拉雪橇,鄂伦春族的精骑善射、森林狩猎,这些风格各异的民族文化,构成了一幅多彩的民族风情,为开展民俗游乐类冰雪旅游提供了丰富的资源。

(六)休闲演艺类冰雪旅游产品

休闲演艺类冰雪旅游产品是一种附属型产品,使冰雪旅游活动变得更加丰富多彩和休闲雅致,对增添冰雪旅游活动的氛围和情趣有重要意义,是一种基本的又有待挖掘和创新的冰雪旅游产品类型。

拓展阅读

休闲演艺类冰雪旅游产品类型

随着休闲旅游的兴起,冰雪旅游也开始冲破传统的冰雪观光,演绎着新的体验方式,如:冬季采摘、雪地温泉、冰雪酒店、冰雪博物馆、冰雪高尔夫、雪上飞碟、雪地射箭、雪按摩等。

冰雪演艺类活动包括冰雪文艺演出、冰上舞蹈、冰上体操、冰上模特秀、冰雪驯兽等。例如,冰雪节开幕时以冰雪为主题的文艺演出,如冰上芭蕾、冰上交际舞等。

第9届哈尔滨冰雪大世界文艺表演中,冰雪大世界首次与北方森林动物园合作推出"北方冰雪驯兽表演",雄狮与猛虎在冰雪中一展凶猛与狂傲,黑熊的诙谐令游客捧腹,在驯兽员的指挥下小猪表现得乖巧可爱。

第二节 国内外冰雪旅游发展概况

一、国外冰雪旅游发展概况

与整体旅游业发展水平相一致,全球冰雪旅游发展集中于欧洲、北美、东亚三大区域(见表1.1)。另外,基于优越的自然条件,在非洲北部、南非以及南美洲西部的安第斯山脉也有滑雪场的零星分布。

欧美地区是冰雪旅游开发历史最为悠久的地区,经过上百年的发展,这里形成了许多著名的冰雪旅游胜地。这些冰雪旅游胜地拥有良

表1.1 世界主要冰雪旅游目的地汇总

国家	发展历史	旅游特色
加拿大	1894年已有关于冬季节庆活动的报道	全球最佳的滑雪乐园;一年四季的滑雪度假胜地
瑞士	阿尔卑斯山早在1864年就开展了滑雪运动	阿尔卑斯山滑雪天堂;欧洲乡村型度假村镇
挪威/瑞典/芬兰	世界滑雪故乡,世界滑雪比赛的诞生地	北极圈风光;圣诞老人故乡;冰旅馆;湖泊之城
日本	1911年引进现代滑雪技术	高品质的冰雪温泉度假旅游;冰雪博物馆
韩国	滑雪场始建于1975年	冰雪博物馆;冰雪旅游与高尔夫;室外温泉旅游

好的资源条件、灿烂的民族文化和优美的自然风景,举办过很多重要的世界性冰雪体育赛事,同时也是世界冰雪体育用品的销售中心。欧美地区已经建立并形成了庞大而完善的冰雪旅游产业体系。众多优势因素使欧美冰雪旅游占据了世界冰雪旅游市场的大半江山。如加拿大不列颠哥伦比省的惠斯勒、瑞士的圣莫里滋、美国科罗拉多州特勒里德等,都是世界著名的冬季旅游和运动的场所。

亚洲的日本、韩国和太平洋地区是世界冰雪旅游阵营中的一股新生力量。这些地区借助优越的自然条件和广阔的客源市场,以先进的旅游开发理念为指导,以开发高水准的度假旅游为主要目标,坚持走现代化的冰雪旅游发展之路。目前,中国、日本和韩国已经形成了一个客源互通又相互竞争的市场格局。中国的冰雪旅游主要集中在辽宁、吉林和黑龙江三省,其中,黑龙江省地理位置最好,气候条件最合适,资源最丰富,而且冰雪旅游开展得最早,档次和规模也最高,是中国名副其实的冰雪旅游大省。

南半球的澳大利亚和新西兰利用其独特的地域优势,为旅游者在北半球进入冬季时提供季节差异明显的冰雪旅游体验。澳大利亚被列入世界十大冰雪旅游胜地。

二、中国冰雪旅游发展概况

中国的冰雪旅游活动可以追溯到1 000多年前,唐朝已经有"在北方的邻国有一个驾乘木马的民族"等记述,《山海经》中也有滑行等记载,但真正意义上的滑雪旅游则起步较晚。

1963年,中国台湾省率先成立滑雪协会,先后多次参加冬季奥运会,并建成"合欢山东峰"至"松雪楼"的滑雪场,供滑雪爱好者学习和训练。每年元月至2月滑雪季节,这些滑雪场成为滑雪爱好者的聚会场所。

1985年,哈尔滨市创办首届冰雪节并大获成功,标志着中国冰雪旅游正式拉开序幕。随着1996年亚洲冬季运动会在哈尔滨召开,滑雪旅游开始升温。1998年黑龙江省的首届滑雪节,推动中国滑雪旅游进入蓬勃发展阶段。

近年来,以冰雪艺术、体育赛事、群体娱乐、商务度假、经贸洽谈为主题的冰雪旅游节庆活动越来越多,除著名的哈尔滨国际冰雪节外,河北、四川、北京、内蒙古等省、市、自治区也相继推出了内容丰富的冰雪节庆活动(见表1.2)。

表1.2 中国主要冰雪旅游目的地汇总

省市区	主要城市	旅游特色
黑龙江	哈尔滨 牡丹江	依托地域优势、历史文化沉淀和优越的气候资源,举办冰雪旅游节庆活动
吉林	长春 通化	依托独特的雾凇资源,以城市为单位举办冰雪旅游节
辽宁	沈阳 大连	冰雪旅游与温泉旅游良好结合,打造"吃海鲜、享休闲、滑冰雪、泡温泉"冬季旅游品牌
河北	崇礼	冰雪游、温泉游、农家乐游、民俗风情游良好结合
四川	成都 峨眉山	依托精品景区和特色动植物资源的冬季冰雪旅游
北京	延庆 密云	基础设施和服务双优的冬季冰雪旅游地
新疆	乌鲁木齐 阿尔泰 伊犁	集浓重的西域特色、厚重的文化和多彩民俗于一体的冰雪旅游
内蒙古	阿尔山 呼伦贝尔	凸显民族特色的冰雪旅游

拓展阅读

哈尔滨冰雪旅游发展沿革

哈尔滨是随着1898年中东铁路的修筑而发展起来的,城市历史有百余年。随着城市的兴起与发展,勤劳、勇敢的哈尔滨人开始开发地域冰雪资源,并逐步创造、发展了富有哈尔滨地域特色的冰雪文化。这一发展历史进程,大致可以划分为起步时期、初步发展时期、停滞时期、恢复发展时期、发展时期和繁荣发展时期。

1. 起步时期(19世纪末~1948年)

哈尔滨市兴起于近代,当时世界对冰雪资源的开发已有了较深、较快的发展,冰雪文化也进入了一个新的发展时期。但由于当时经济社会基础十分薄弱,所以对冰雪资源的开发仅处在起步阶段。表现在,对冰雪资源的开发以直接实用性开发为主并处在初级发展状态。冰雪交通运输(马爬犁、狗爬犁)是主要的冰雪资源开发利用方式,其他实用性的开发很有限。冰雪文化开发刚刚起步,主要是近代的冰雪运动及冰雪游乐活动。冰雪运动及冰雪游乐活动是在中东铁路修筑、营运过程中,随着俄日等外国侨民的涌入而发展起来的。外国侨民的涌入逐渐将滑冰、滑雪以及冰橇、冰帆等近、现代冰雪运动及冰雪游乐项目引进哈尔滨。但整个发展时期,冰雪运动及冰雪游乐活动基本上为外国人所垄断。尽管如此,对冰雪资源的文化开发已发展起来。与此同时,具有一定传统花灯艺术特点的冰灯也已在民间开始流传。每逢新春或上元之夜,居住在松嫩平原的农家包括一些城镇居民,常常制作一些简易的冰灯以示欢庆。不过那时的冰灯做工十分简单、粗糙,而且数量、规模有限。但是,以简单实用开发技术及冰雪运动为核心的冰雪文化已初步形成。

2. 初步发展时期(1949~1965年)

1949年中华人民共和国成立后,国家为了推动体育事业的发展,把具有冰雪资源优势的哈尔滨市作为国家冰雪运动发展的基地,从而推动了哈尔滨市冰雪运动的发展,促进了对冰雪资源的开发,为哈尔滨市冰雪文化的大发展创造了条件。20世纪50年代至60年代初,哈尔滨市冰雪运动有了相当大的发展,普及程度及运动技术水平均有飞跃性的发展,在国内外有一定的地位和影响。冰雪运动已成为当时哈尔滨市人民开发利用冰雪资源的一种主要方式和主要形式。在冰雪运动获得较大发展的同时,冰雪艺术在民间艺术的基础上开始复兴。其主要标志是1963年哈尔滨市政府在兆麟公园组织的首届冰灯游园会。从1964年第2届冰灯游园会开始,冰雪艺术有了新的飞跃,开始以天然冰(松花江冰)为材料,光源也由落后的烛光变成了电灯光,这表明对冰雪资源的艺术开发开始向纵深方向发展。与此同时,受冰雪资源特点(季节性明显)及区域环境的限制,对冰雪资源的实用性开发,如冰雪交通运输,因现代交通运输业的发展,逐渐萎缩,实用性开发已不再是哈尔滨市冰雪资源开发的主要内容及主体方向。随着对哈尔滨市冰雪资源开发的深入,一个以冰雪运动、冰雪艺术为主体的冰雪文化已经形成并发展起来。

3.停滞时期(1966~1969年)

1966年开始的"文化大革命"中断了哈尔滨市人民对冰雪资源的开发利用,冰雪文化的发展也处于停滞状态,一直持续到"文化大革命"后期。

4.恢复发展时期(1970~1984年)

"文化大革命"后期,从1970年开始,国家开始重新注重冰雪运动的发展,哈尔滨市的冰雪运动迅速得到恢复和发展。以此为契机,对冰雪资源的开发全面恢复,冰雪文化也开始进入正常发展状态。冰雪运动从1971年恢复开展以来,取得了一定的发展,但由于受种种主客观条件的限制,发展并不很快。1979年哈尔滨恢复了作为冰雪艺术重要内容之一的冰灯艺术,恢复举办了"冰灯游园会"。此后,随着冰雪艺术及冰雪运动的发展,以冰灯观赏为核心内容的冰雪旅游开始发展起来,从20世纪70年代以国内游客为主到80年代开始国内外游客同步发展,具有哈尔滨特色的冰雪旅游逐步形成。冰雪旅游的发展推动了冰雪饮食、冰雪商品的发展。以服务于广大冰雪旅游者为目的的冰雪饮食、冰雪商品的开发,被提到冰雪资源开发的一个重要高度。至此,一个全方位、多元化的冰雪资源开发格局已全面形成,多元化的冰雪文化体系初步形成。

5.发展时期(1985~1995年)

哈尔滨冰雪节的创立是这一时期的主要标志。冰雪节的创立不仅丰富了哈尔滨人民的文化生活,扩展了哈尔滨人民的生活空间,也将冰雪资源的开发推向了一个新的高度。随着对冰雪资源开发的全面展开,冰雪文化也取得了很大的发展。在改革开放大潮的冲击下,哈尔滨人民对冰雪资源及冰雪文化有了更高、更新的认识,开始把冰雪资源纳入地域经济社会资源体系之中,把冰雪文化作为地域文化的一个重要组成部分。在这种战略思想指导下,于1985年创立了以冰雪资源全面综合开发和地域冰雪文化建设为标志的冰雪节。冰雪节的创立进一步推动了对冰雪资源的全面综合开发。与此同时,一个依托地缘优势、具有地域特点的新的冰雪资源开发内容——冰雪经贸活动逐渐形成并发展起来。从1986年第2届冰雪节市政府提出大冰雪节计划"冰雪搭台,经贸唱戏"以来,作为竞技场主角之一的冰雪经贸活动迅速发展起来,成为具有哈尔滨地域特色的冰雪大文化的又一新的内容。经过几十年不断的探索和实践,冰雪文化的内涵更加丰富。有哈尔滨地域特色的冰雪文化已经形成,冰雪文化已成为哈尔滨地域特色文化的集中体现。

6.繁荣发展时期(1996年~)

1996年第3届亚洲冬季运动会在哈尔滨举行,亚布力作为主赛场引起了国人的高度关注,由于亚布力滑雪场开发的示范效应,全国各地纷纷进行雪场规划和建设,掀起了中国新一轮以滑雪为主的冰雪旅游热潮。2001年第17届哈尔滨冰雪节提升为中国·哈尔滨国际冰雪节,至今已成功举办了27届,是伴着改革开放30年的历程逐渐壮大起来的国际品牌,在世界上是中国冰雪旅游的靓丽名片。2009年哈尔滨承办第24届世界大学生冬季运动会,使哈尔滨的冰雪旅游在国际上有了一定的知名度。借助大冬会和得天独厚的冰雪资源,2009年春节黄金周期间哈尔滨市旅游收入再创新高,旅游总收入17.4亿元,在全国16个重点旅游城市中排名第6位。哈尔滨目前已成为中国冰雪旅游最为发达的城市,不仅拥有冰雪大世界、亚布力滑雪场、太阳岛雪博会、松花江冬泳等经典品牌为代表的众多冰雪旅游产品,而且是国内拥有S级滑雪场最多的城市(S级滑雪场12家),已经形成以观赏冰雪艺术景观为核心的冰雪风光游、以滑雪运动为核心的冰雪度假游的冰雪旅游产品,接待旅游者人数和旅游收入连年大幅度增长。2010年全年共接待国内外游客4 150.1万人次,比上年增长10.0%。其中,国内游客4 123.7万人次,增长10.0%;入境游客26.4万人次,增长10.0%。实现旅游业总收入381.5亿元,增长23.0%。其中,国内旅游业务收入371.8亿元,增长23.8%;国际旅游创汇1.43亿美元。

第三节 审视中国冰雪旅游业发展存在的问题

中国的冰雪旅游作为一项新兴的度假型旅游形式,正受到越来越多的关注,冰雪旅游在中国旅游市场上正日益凸显其重要性。目前,中国已经形成以东北地区为中心,包括内蒙古、新疆、北京、河北、四川、湖南等地在内的全国冰雪旅游发展格局。但是,中国的冰雪旅游业还存在着诸如产业结构不合理、整体效益低下等问题。

一、开发过于依赖自然资源和气候条件

目前,中国的冰雪旅游开发形成了以东北地区为主体,西部地区以及东南沿海地区迅速发展的态势。东北地区依托其地理优势和自然资源,冰雪旅游开发在规模和影响程度上"独占鳌头",是典型的资源导向型旅游目的地,以北京郊县及相邻的河北北部为代表的华北地区近几年也依托其地理优势和优质服务成为主要的冰雪旅游目的地。我国西部的内蒙古、新疆、四川等地冰雪资源条件很好,近几年来,这些地区的发展潜力也已经崭露头角。

相比较而言,只有我国东南沿海的经济发达城市,如上海、深圳等,逐步开发室内冰雪旅游,兴建了人工冰雪旅游场所。

二、市场缺乏有效的行业管理和指导,对环境破坏严重

由于个别地区盲目开发,在不到10年的时间里,中国滑雪场不管有没有条件建了近300家,冰雪节不管有没有客源市场,经济条件如何,已有几十个城市纷纷举办。一些滑雪场规模小,档次低,设施简陋,功能不全,交通基础设施不配套,严重破坏了当地的自然环境,不少滑雪场还存在重复建设和急功近利等问题。

建滑雪场首先要有雪,造雪是辅助条件,并且要有足够的水资源,大型滑雪场开发资金高达数亿元人民币,建设期也长达数年。但一些地区滥伐森林资源开发滑雪道,造雪量达到了百分之百;有的滑雪场就建在裸露的黄土地上,滑雪道长度有的不足百米,使用期最短的才十几天;春季冰雪溶化了,污水横流;有的城市招商不管回报,只要上规模就行,经营企业就用垃圾填充,外面铺点冰雪,节庆一过,垃圾遍地,臭气熏天。

三、旅游消费内容单一、旅游消费结构不平衡

据调查,在中国冰雪旅游消费中,持续上升的只是门票、吃、住等刚性消费,交通、娱乐、休闲等边际效益较高的消费因素却没有表现出明显的增长,尤其是消费潜力较大的"购"和"娱"最为薄弱。以滑雪场为例,其利润来源主要是滑雪场地及设施、滑雪器材、装备的出租以及滑雪技术的传授等所带来的直接经济效益,而与游客息息相关的旅游纪念品、滑雪度假村的娱乐休闲设施以及相关的交通、信息等消费并没有被挖掘出来,而这些都是滑雪产业的重要利润来源。

四、冰雪旅游产品和产业链开发深度不足

总体上看,中国冰雪旅游产品内容缺乏创新,科技含量低,文化内涵不突出,精品少。游客非常希望能够欣赏到冰雪旅游与本地特色文化结合的产品,通过冰雪产品来了解旅游客源地和旅游目的地之间的文化差异。哈尔滨2007年的冰雪景观便是外来成分过重,忽视了本地文化的凸显。此外,目前国内各地冰雪旅游项目差异性不大,尤其是东北地区,由于在历史上有延续性,在文化上有相近性,在其产品的开发上就容易趋于雷同。

许多企业投资冰雪旅游仅局限于滑雪场,而与冰雪旅游产业相关的旅游商品市场和冰雪旅游服务设施市场的开发则很不深入,由于国内的材料和技术都达不到要求,在冰雪旅游用品和装备品生产上不能满足市场需求,尚未形成真正的产业链。冰雪旅游商品存在着供给不充分的问题,冰雪旅游装备几乎全部依赖进口,冰雪旅游服务设施的供给质量比较低,缺乏完善的商服体系。

五、冰雪旅游安全法规亟须颁布

冰雪旅游是一项危险性较大的旅游项目。以滑雪旅游为例,因天气寒冷造成的冻伤、因雪场拥挤造成的意外事故、因雪场基础设施和导滑员的失误等造成的旅游安全投诉和赔偿纠纷等问题时有发生。在我国,还没有专门的冰雪旅游法规,大多数冰雪旅游安全问题都依

照《中华人民共和国消费者权益保护法》、《中华人民共和国合同法》、《旅行社管理条例》、《旅行社管理条例实施细则》、《导游人员管理条例》、《旅游安全管理暂行办法》、《旅游安全管理暂行办法实施细则》、《重大旅游安全事故报告制度试行办法》、《重大旅游安全事故处理程序试行办法》等相关的旅游法律、行政法规来裁决。专门的冰雪旅游法规的颁布势在必行。

第四节 中国冰雪旅游的未来发展道路

从2002年起,中国旅游市场上就已掀起了一个滑雪热潮,而且至今热度未退。中国滑雪协会和有关专家经分析后预测,在未来的10年里,我国的滑雪人口将以每年增加一倍的速度增长。北京绿维创景规划设计院认为,冰雪旅游在我国今后的发展将呈现出运动化、民俗化、节庆化以及体验化几个趋势。具体走向体现在如下几个方面:

一、政府主导促进型发展道路

以强化管理职能和高投入的整体形象促销为突破,实施政府主导的市场促进型发展战略。赋予管理部门相应职能来统领冰雪旅游相关行业和部门,管理部门通过制订和实施冰雪旅游发展中长期战略及发展规划来对管辖内主要景区、景点、滑雪场等进行有效整合,以此形成一个有序发展、配置合理的冰雪旅游发展大格局。

二、丰富产品,延长产业链

随着我国的冰雪旅游市场逐步走向成熟,冰雪旅游在从"贵族"走向平民的同时,各种专项高端冰雪旅游产品也将在冰雪旅游市场上出现,如越野滑雪等。

另外,随着冰雪旅游内容的多样化和知名度的提升,冰雪旅游的发展必将形成旅游业两季繁荣、四季发展的格局。例如,哈尔滨国际冰雪节的品牌吸引力越来越大,国际知名度逐渐提升,越来越多的国际大型活动包括选美、国际冰雪婚礼等都希望借助这一平台举办。

三、体验式营销

突出主题,注重品牌,强调以主题为链条、以品牌为核心,针对冰雪旅游地资源特色,做好冰雪旅游地的形象规划,加大宣传力度,形成特色冰雪旅游品牌,大力倡导体验式营销。借助赛事,让冰雪旅游者成为体验主体。例如,黑龙江省每年都举行大型的国际冰雪赛事,可引导游客去观看比赛,体验一种不同的冰雪体育文化。

四、文化渗透

文化是冰雪旅游最具活力的支撑因素。冰雪旅游产品在很大程度上属于无形产品,旅游者获得的是一次经历或一次感受。这种经历或感受与思想、道德、信仰及美学等文化现象紧密联系在一起,反映出人们对精神文化的渴求。文化的地方性是冰雪旅游的另一种要素。中国幅员辽阔,地方文化特色鲜明。挖掘地方文化的特性是发展冰雪旅游业的重要内容。

如果把冰雪旅游始终界定在经济的范畴,那么就无法真正开拓冰雪旅游的深广内涵,企业和行业的形象会呈现出低格调状态。冰雪旅游本身负载着深厚的文化内涵,如旅游地的和谐温馨氛围、从业者的高层次修养、有魅力的人文景观等。从旅游资源特点和市场条件来看,冰雪旅游业要采取不同的发展战略,即发现、挖掘冰雪旅游资源的独特品质,将文化内涵渗入冰雪旅游产品之中,形成别具一格的冰雪旅游产品定位,培育文化品牌,走差异化发展之路。

五、品牌化、国际化发展

目前,旅游业的发展已经进入品牌竞争阶段。在品牌竞争日趋激烈的市场条件下,创立了自己的品牌也只能说具备了参与竞争的条件,冰雪旅游未来发展的关键是如何经营品牌、保住品牌,并使之不断丰富和发展,以保持和提升这些品牌产品的市场竞争力。

有影响力的体育赛事对一个城市旅游业的发展及国际知名度的提高至关重要。成功举办一次大型体育盛会能够带动一条集交通、住宿、餐饮、购物为一体的旅游消费链,给举办地带来巨大的经济效益。日本札幌冰雪节借助冬奥会的影响力,长春通过引入瑞典瓦萨国际越野滑雪节来提升国际影响力,为冰雪旅游业的发展提供了成功的范例。

总之,冰雪旅游作为我国冬季旅游的一个热点已经有了很大的发展,奥运会以及大学生冬季运动会的成功举办对全国的体育事业产生了重大的影响,作为体育旅游重要形式之一的冰雪旅游将引发新一轮的旅游热潮,将会促进和带动赛事旅游、会展旅游以及商务旅游的发展。旅游度假市场需求加大,冰雪旅游休闲化成为必然趋势。因此,抓住机遇,完善硬件设施,创新旅游项目,发挥我国民俗文化特色,将

是冰雪旅游发展的必由之路,坚持走政府主导促进下的品牌化和国际化的发展道路,不断丰富产品,延长产业链,坚持体验式营销和文化渗透,将是促进冰雪旅游业迅速发展的必然选择。

> 是以功名终申，策画复得
>
> ——《后汉书·隗嚣传》

第二章主要介绍了旅游策划的概念、基本原则、基础理论与原理、方法和程序。虽然策划在中国已经有多年的历史，但是旅游策划业由于受诸多因素的限制，还存在很多问题亟待解决，旅游策划业美好的明天需要我们的共同努力。

第二章 旅游策划概述

旅游策划是旅游规划的灵魂,旅游策划可以救活一个景区、一个企业,可以为政府旅游开发项目的立项提供科学的可行性研究方案。旅游策划以它全面的创新和科学严密的论证为旅游目的地注入新的血液,使旅游目的地成为人们关注的焦点。尽管目前中国旅游业界已开始重视旅游策划,但对它的研究也只是泛泛而谈,缺乏系统深入的理论建树,更缺乏有成功案例支撑的理论。

对旅游策划理论进行深入研究,认清我国旅游策划业存在的问题和差距,为旅游策划业的发展提供建设性的建议并学习经典案例的策划之道,越来越受到学术界和实业界的重视。

第一节 旅游策划的概念

一、策划的概念

"策划"一词具有悠久的历史,在中国"策划"一词最早出现在《后汉书·隗嚣传》中"是以功名终申,策画复得"之句。其中"画"与"划"相通互代,"策画"即"策划",意思是计划、打算。"策"最主要的意思是计谋,如:决策、献策、下策、束手无策。"划"指设计,意思为处置、安排,如:工作计划、筹划、谋划。

唐代元稹《奉和权相公行次临阙驿》:"将军遥策画,师氏密計謨。"宋代司马光《乞去新法之病民伤国者疏》:"人之常情,谁不爱富贵而畏刑祸,於是搢绅大夫望风承流,竞献策画,务为奇巧,舍是取非,兴害除利。名为爱民,其实病民;名为益国,其实伤国。"清代魏源《再上陆制府论下河水利书》:"前此种种策画,皆题目过大,旷日无成,均可束之高阁。"宋庆龄《为新中国而奋斗·两个"十月"》:"那时候,孙中山也正在向往着、策划着中国的自由。"

日本策划家和田创认为:"策划是通过实践活动获取更佳效果的智慧,它是一种智慧创造行为。"

美国哈佛企业管理丛书认为,策划是一种程序,"在本质上是一种运用脑力的理性行为";更多人认为策划是一种对未来采取的行为做决定的准备过程,是一种构思或理性思维程序。

策划又可以称为"策略方案"和"战术计划"(Strategical Planning / Tactical Planning),是指人们为了达成某种特定的目标,借助一定的科学方法和艺术,为决策、计划而构思、设计、制作策划方案的过程。随着时代的发展,现代意义的策划可以理解为借助一定的信息素材,为达到特定的目的、目标而进行设计、策划,为具体的可操作性行为提供创意、思路、方法与对策。

策划的含义包括如下几个要点:

(1)策划是一种具有目的性的人类活动所产生的思维智慧结晶。策划是为了达到一定的目标,在调查分析相关材料的基础上,努力使各项工作从无序转向有序的活动过程。不论什么策划方案,都有一定的目的。

(2)策划具有前瞻性、预测性、不确定性和风险性。策划是人们在一定思考以及调查的基础之上进行的科学的预测,因此具有一定的前瞻性。策划既然是一种预测就一定具有不确定性和风险性。

(3)策划是一项系统工程。策划分为策略方案的思考与计划编制两个过程。策略方案的思考又称策略性思考,是指为达成某种特定的目的,对所需采用的方法论进行的思考与设计。计划编制是指按照已经确定的方法论与设计,编制具体行动的计划的过程。

(4)策划具有可操作性。这是策划方案的中心功能,如果没有最基本的可操作性,那么这个策划方案再有创意也是失败的。

二、旅游策划的概念

目前对旅游策划的具体定义仍无定论,业界的学者纷纷从不同的角度对旅游策划进行界定。欧阳斌根据策划的定义,在充分考虑旅游业特殊性质的基础上提出:"旅游策划就是指为了满足旅游业发展自身的需要和游客的需要而设定的一种目标,并为实现这种目标进行的思考和采取的行为。"陈放从强调旅游资源与市场的拟合的角度提出:"旅游策划是以旅游资源为基础,通过创造性的思维整合旅游资源,实现旅游资源与市场拟合的同时实现旅游业发展目标的过程。"杨振之从系统的角度提出:"旅游策划是通过整合各种资源,利用系统的分析方法和手段,通过对变化无穷的市场和各种相关要素的把握,设计出的能解决实际问题的、具有科学的系统分析和论证的可行性方案和计划,并使这样的方案和计划达到最优化,使效益和价值达到最大化的过程。"

从学者们对旅游策划的界定中可以看出,旅游策划是一个系统的过程。旅游策划的目的是实现具体的目标,旅游策划的本质是创造性的活动,旅游策划的基础是市场分析和需求分析。因此,旅游策划的概念为:旅游策划是指在依托市场分析和需求分析的基础上,通过整合旅游资源,实现资源、环境、交通与市场的优化组合,实现旅游产业发展目标的系统的创造性过程。旅游策划的特征体现在:

1.主题性

任何一个旅游策划都应按照清晰独特、引人入胜的主题进行整合打造,在主题的指导下,形成逻辑清晰、具有独特吸引力的策划方案。

2.市场性

在对市场进行分析的基础上,进行市场结构细分,确定营销时序,划分市场区域。

3.功能性

旅游策划要围绕旅游的六大功能进行,结合游憩方式,构建系统的综合功能结构。

4.战略性

旅游策划的总体战略指导整个策划项目的实施,要确定开发中的轻重缓急、先后顺序、结构配合、投资分配等重大问题的纲领与方针。

第二节 旅游策划的基本原则

旅游策划必须遵循一定的客观原则,这是策划者达到策划目的、实现策划效益的有效保证。

一、旅游原则

旅游原则,是指旅游策划在运用策划学的理论的同时,还要遵循旅游的客观规律,围绕旅游这一中心和主题展开。任何违背旅游规律的旅游策划都不可能成功。

旅游是一种综合性的审美活动,它集自然美、艺术美、生活美于一体,可以满足人们多种多样的审美体验。审美性贯穿于旅游活动的各个要素之中。从旅游主体来看,审美追求是旅游者普遍的旅游动机之一。旅游者的旅游形式和内容可能会千差万别,但都有一个共同点,就是陶冶情操,愉悦身心,获得美的感受。旅游活动的食、住、行、游、购、娱每一个环节都能给旅游者以美感。从旅游客体来看,旅游资源是美的载体,它同其他资源的区别就在于它具有美学的特征,具有观赏价值。旅游资源蕴含着丰富的自然美、社会美和艺术美,可以对旅游者产生极大的吸引力。从旅游媒介来看,旅游业是创造美和产生美的行业。它不同于一般产业之处,在于其生产以服务为核心的综合性产品,通过生产和提供美的景观、美的商品、美的服务、美的艺术,来满足旅游者高层次的物质文化需求——审美需求。因此,旅游策划只有反映美、创造美,才可能对旅游者产生吸引力,才能取得成功。

目前学界和业界的许多人士都认为旅游的核心是"体验"或"经历"。这里的"经历"可以定义为:"旅游者通过对旅游目的地的事物或事件的直接观察或参与形成的感受和体验。"所以,为旅游者提供美的感受和提高旅游者的满意度是旅游策划的基本原则。

与此同时,旅游策划是对旅游的系统策划和整体策划,是对旅游资源、旅游产品、旅游市场,以及旅游风格、特点、形式及内容的策划,旅游策划只有遵循旅游自身的发展规律和特点,才会富有个性,充满生机。

二、可行性原则

可行性原则是指旅游策划者在策划活动之前,要对旅游策划方案的风险性、经济性、科学性以及合法性进行分析。风险性分析,即分析策划方案可能会产生的利益、效果、危害情况和风险程度,综合考虑、全面衡量利害得失。经济性分析,即考虑策划方案是否符合以最低的代价取得最优效果的标准,力求以最小的经济投入实现策划目标。科学性分析,一方面,看策划方案是否是在科学理论指导下,在进行了实际调查、研究、预测的基础上,严格按照策划程序进行创造性思维和科学构想形成的;另一方面,分析策划方案实施后各方面关系能否和谐统一,能否高效率低成本地实施策划方案。合法性分析,即考虑策划方案是否符合法律法规要求,一方面,策划方案要经过一定的合法程序和审批手续;另一方面,策划方案的内容及实施结果要符合现行法律法规的规定和政策要求。

同时,可行性分析应贯穿于策划的全过程,即在每一项策划时都应充分考虑所形成的策划方案的可行性。策划方案形成后,也要进行可行性分析，以便选出最优方案。

三、创新原则

创新性，是指旅游策划要突出首创性、独创性和独特性。策划要做到稳中求变，变中求新，以适应变化发展了的环境。具体来说，旅游策划应坚持"人无我有，人有我新，人新我换"的理念。

"人无我有"即创造一个其他旅游地从来没有过的方案，属于完全、彻底的创新，是创新的第一个层次，也是旅游策划最基础的层次。这种创新需要深厚的经验积累，必须对其他旅游地的发展现状以及趋势有最基本的调查了解，其后才能根据本地所特有的优势设计出全新的旅游方案。

"人有我新"即改造型的创新，是旅游策划的第二个层次，其含义是指：如果一种设计方案被其他旅游地使用过，那么，为新的旅游地进行旅游策划时，可将其他旅游地的策划方案进行本土化改造，使其充满浓郁的本土风情，真正反映本地的特色和旅游者的需求，从而形成一个新颖的设计方案。该理念要求在进行策划项目设计时，注意旅游设计的差异性。在改变造型创新中，既可以从创新硬件上进行策划设计，也可以从文化氛围或服务的品位上对旅游方案进行改造。

"人新我换"是指一个设计方案在其他旅游地已经存在，并且在目前的条件下，本地区无法通过创新措施使得策划方案超过其他旅游地，旅游开发地和组织应主动放弃这种设计放案，寻找新的市场空间，创造出新的设计方案。

四、效益性原则

效益性原则，是指对一个策划方案所将产生效果的预期，包括经济效益、社会效益和文化效益。

经济效益要求策划必须考虑以最小的投入取得最大的收益，保证旅游策划效益最大化是旅游策划的出发点和归宿。经济效益是旅游策划成败得失的重要因素和衡量标准，旅游策划组织和个人，必须坚持经济效益原则，严格实行经济核算，强化策划方案的经济功能，提高旅游组织经营活动的经济效益。

社会效益是指在不对当地居民的正常生活造成负面影响的前提下，通过发展旅游来提高当地居民的生活水平，提高当地的知名度和美誉度，为旅游者提供满意的服务。例如，对一个旅游地或旅游景区的可进入量进行策划,优化设计该旅游地或旅游景区的进入时间和进入量,使其既能满足旅游者审美的要求又坚持可持续发展原则,保护该地的环境,实现双赢。同时,旅游策划应把促进社会进步、提高社会文化水平作为重要目标,促进社会和谐。

文化效益强调旅游策划应体现保护、恢复并传承民族传统文化的功能。文化是一个地区、一个民族、一个国家的灵魂所在。旅游活动是一种交流文化的社会文化活动。旅游策划要体现旅游的文化性,并注意保护和发扬传统民族文化,避免"文化孤岛"现象的出现。

五、信息化原则

目前,信息量的多寡成为影响人们成功与否的重要因素。旅游策划本身也是一种信息,即将旅游产品传达给旅游者的信息。而该信息能否收到预期效果,则在很大程度上取决于信息的完整性、及时性和准确性。这又取决于策划是否是在充分掌握了旅游资源和受众双方信息的基础上所制订出来的。

信息是旅游策划的基础,具体来说,包括以下几个方面:

第一,信息的全面性。不同地区、不同部门、不同环节的信息的分布密度是不均匀的,信息生成的数量也不相同。因此,在收集原始信息时,范围要广,要防止信息的缺失或遗漏。

第二,信息的可靠性。一个良好的旅游策划必须是建立在真实、可靠的原始信息基础之上的。所以,对原始信息一定要经过一个去伪存真的过程,以确保信息的真实可靠。任何脱离实际的信息对旅游策划都是有百害而无一利的。

第三,信息的及时性。市场是变化多端的,信息也是瞬息万变的,过去的信息对现在的策划往往毫无用处。因此,对于一个旅游策划者来说,必须及时收集新信息并对其进行加工,以指导策划,使策划效果更加完善。

第四,信息的连续性。任何活动都具有连续性和系统性,旅游策划更是如此。对一事物发展的各个阶段的信息进行连续收集,可以使项目策划更具弹性,在未来变化的市场中,也就更有回旋余地。

六、环境保护原则

早在20世纪80年代,联合国教科文组织就提出了可持续发展的发展战略。可持续发展,指满足当前需要而又不削弱子孙后代满足其需要之能力的发展。可持续发展意味着维护、合理使用并且提高自然资源基础,这种基础支撑着生态抗压力及经济的增长;还意味着在发展计划和政策中纳入对环境的关注与考虑。旅游业被称为21世纪的朝阳产业,但目前旅游业对环境的破坏很大,旅游策划要把保护环境和坚持可持续发展作为一条根本原则。

第三节 旅游策划的基础理论与原理

一、旅游策划的基础理论

(一)USP理论

USP理论是由美国人罗瑟·里夫斯(Rosser Reeves)在20世纪50年代初提出的,要求向消费者说明一个"独特的销售主张"(Unique Selling Proposition),简称USP理论。

USP理论包括三个方面内容:一是每个广告不仅有文字或图像,还要对消费者提出建议,即买本产品将得到的明确利益;二是这一建议一定是该品牌独具的,是其他品牌不能提出或不曾提出的;三是这一建议必须具有足够力量吸引、感动广大消费者,招徕新顾客购买本产品。简单地说,USP就是:独特销售理论,也就是给产品一个卖点或恰当的定位。

后来有人受USP启发,又推出了ESP,即情感销售主张,将广告诉求重点定位于情感,引导公众产生美好的消费情感体验,借助亲和力,强化广告效果。

(二)5W2H法

5W2H法由第二次世界大战中美国陆军兵器修理部首创。简单、方便,易于理解和使用,富有启发意义,广泛用于企业管理和技术活动,对决策和执行性的活动措施也非常有帮助,还有助于弥补考虑问题的疏漏。其中5W2H分别是:

(1) Why——为什么?理由何在?

(2) What——是什么?目的是什么?做什么工作?

(3) Where——何处?在哪里做?从哪里入手?

(4) When——何时?什么时间完成?什么时机最适宜?

(5) Who——谁?由谁来承担?谁来完成?谁负责?

(6) How——怎么做?如何提高效率?如何实施?方法怎样?

(7) How much——多少?做到什么程度?数量多少?质量水平如何?费用产出多少?

这种发明者用五个以 W 开头的英语单词和两个以 H 开头的英语单词进行设问,发现解决问题的线索,寻找发明思路,进行设计构思,从而设计出新的发明项目,就叫做 5W2H 法。

(三)品牌形象论

品牌形象论(Brand Image)是大卫·奥格威(David Ogilvy)在 20 世纪 60 年代中期提出的创意观念。品牌形象论是广告创意策略理论中的一个重要流派。在此策略理论影响下,出现了大量优秀的、成功的广告。他认为品牌形象不是产品固有的,而是消费者联系产品的质量、价格、历史等,此观念认为每一则广告都应是对构成整个品牌的长期投资。因此,每一品牌、每一产品都应发展和投射一个形象。形象经由各种不同推广技术、特别是广告传达给顾客及潜在顾客。消费者不止购买产品,还购买承诺的物质和心理的利益。在广告中诉说的产品的有关事项,对购买决策常比产品实际拥有的物质上的属性更为重要。

品牌形象论包括如下几个因素:①为塑造品牌服务是广告最主要的目标,广告就是要力图使品牌具有并且维持一个高知名度的形象。②任何一则广告都是对品牌的长期投资,广告应该尽力去维护一个好的品牌形象,而不惜牺牲追求短期效益的诉求重点。③随着同类产品的差异性减小,品牌之间的同质性增大,消费者选择品牌时所运用的理性就越少,因此,描绘品牌的形象要比强调产品的具体功能特性重要得多。④消费者购买时追求的是"实质利益+心理利益",对某些消费群来说,广告尤其应该重视运用形象来满足其心理的需求。

(四)羊群效应

羊群效应最早是股票投资中的一个术语,主要是指投资者在交易过程中存在学习与模仿现象,"有样学样",盲目效仿别人。

在一群羊前面横放一根木棍,第一只羊跳了过去,第二只、第三只羊也会跟着跳过去;这时,把那根棍子撤走,后面的羊走到这里,仍然像前面的羊一样,向上跳一下,尽管拦路的棍子已经不存在了。这就是所谓的"羊群效应",也称"从众心理",是管理学上一些企业的市场行为的一种常见现象。"羊群效应"是由个人理性行为导致的集体的非理性行为的一种非线性机制。它是指由于对信息缺乏了解或了解不透彻,投资者很难对市场未来的不确定性做出合理的预期,往往是通过观察周围人群的行为而提取信息,在这种信息的不断传递中,许多人的信息将大致相同且彼此强化,从而产生的从众行为。

(五) 4P 理论

4P 理论是以 Product、Price、Place、Promotion 取其开头字母组合而成。中文意思为:产品、价格、渠道、促销。杰瑞·麦卡锡(Jerry McCarthy)教授在其《营销学》一书中最早提出了这个理论。

产品(Product)是指能够提供给市场被人们使用和消费并满足人们某种需要的东西,包括有形产品、服务、人员、组织、观念或它们的组合。

价格(Price)是指顾客购买产品时的价格,包括折扣、支付期限等。价格或价格决策,关系到企业的利润、成本补偿以及是否有利于产品销售、促销等问题。影响定价的主要因素有:需求、成本、竞争。最高价格取决于市场需求,最低价格取决于该产品的成本费用,在最高价格和最低价格的幅度内,企业能把这种产品的价格定得多高则取决于竞争者同种产品的价格。

渠道(Place)是指在商品从生产企业流转到消费者手上的全过程中所经历的各个环节和推动力量之和。

促销(Promotion)是公司或机构用以向目标市场通报自己的产品、服务、形象和理念,说服和提醒他们对公司产品和机构本身信任、支持和注意的沟通形式。广告、宣传推广、人员推销、销售促进是一个机构促销组合的四大要素。

(六) 4C 理论

4C 理论是由美国营销专家劳特朋教授在 1990 年提出的,它以消费者需求为导向,重新设定了市场营销组合的四个基本要素,即消费者(Consumer)、成本(Cost)、便利(Convenience)和沟通(Communication)。它强调企业应该把追求顾客满意放在第一位;要努力降低顾客的购买成本;要充分注意到顾客购买过程中的便利性,而不是从企业的角度来决定销售渠道策略;应以消费者为中心实施有效的营销沟通。

(七)长尾理论

长尾理论(The Long Tail)是网络时代兴起的一种新理论,由美国人克里斯·安德森提出。长尾理论认为,由于成本和效率的影响,当商品储存流通展示的场地和渠道足够宽广,商品生产成本急剧下降以至于个人都可以进行生产,并且商品的销售成本急剧降低时,几乎任何以前看似需求极低的产品,只要有卖,都会有人买。这些需求和销量不高的产品所占据的共同市场份额,可以和主流产品的市场份额相比,甚至更大。

(八)SWOT分析法

SWOT分析,即态势分析,就是将与研究对象密切相关的各种主要内部优势、劣势和外部的机会与威胁等,通过调查列举出来,并依照矩阵形式排列,然后用系统分析的思想,把各种因素相互匹配起来加以分析,从中得出一系列相应的结论,而结论通常带有一定的决策性。

运用这种方法,可以对研究对象所处的情景进行全面、系统、准确的研究,从而根据研究结果制订相应的发展战略、计划以及对策等。SWOT分析法常常被用于制订集团发展战略和分析竞争对手情况。在战略分析中,它是最常用的方法之一。

S、W是内部因素,O、T是外部因素。按照企业竞争战略的完整概念,战略应是一个企业"能够做的"(即组织的强项和弱项)和"可能做的"(即环境的机会和威胁)之间的有机组合。

二、旅游策划的基本原理

(一)旅游策划+后旅游策划的"两策"原理

旅游策划是一个科学的、完整的、理性的体系,策划创意的提出要建立在对市场、资源的科学分析的基础上,旅游策划要按照完整的程序进行,科学与理性是旅游策划赖以存在的基础。但由于旅游受游客的感知、旅游经验的体验以及游客的心理影响很大,所以,过于理性的旅游策划会使策划显得缺乏生命力,影响到旅游策划的可行性。

后旅游策划是对旅游策划的批判,是对旅游策划有可能出现的过分注重科学、理性方法的矫正,它有利于矫正过于理性化的旅游策划,强调旅游策划的感性回归。后旅游策划与旅游策划一样,涉及旅游资源、旅游市场、旅游产品等方方面面,包含了后旅游资源评价、后旅游市场研究、后传统建筑、后乡土建筑、后景观设计等。

坚持旅游策划和后旅游策划相结合的原理,认识旅游者旅游行为的感性和理性共存的特征,才能使旅游策划真正发挥为旅游业发展铺路的作用。

(二)旅游规划+旅游策划的"两划"原理

旅游策划与旅游规划既有区别又有联系,规划的制订离不开策划,旅游策划是旅游规划的前提,有了高水平的旅游策划才会有高水平的旅游规划。旅游规划是从总体和全局考虑,对旅游地开发建设做出的全面安排,为以后具体的旅游策划提供资料、依据和指导思想。

旅游规划就相当于企业产品的生产过程,主要围绕旅游硬件来制订,而旅游策划则是在生产该产品之前的旅游市场调查分析、旅游市场定位、旅游市场细分等相关工作,这些工作主要围绕旅游的主题、精神、人口等软件来完成。坚持旅游规划与旅游策划相互结合、相互促进的原理,对推动旅游业的健康发展有重要的意义。

(三)静态策划+动态策划的"两态"原理

旅游策划要做到用动态方法、动态软件来推广静态的旅游产品,如山石风光、江河湖泊等自然景观,建筑和造型艺术、园林艺术等人文景观等。

另外,开发狩猎场、游乐场、峡谷漂流,建高尔夫球场、游泳馆,增加歌舞表演、竞技比赛等参与性强的动态旅游项目,可以大大激发游客的旅游兴趣。随着人们崇尚清新自然、亲自参与的意识日益增强,旅游产品若能使旅游者参与其中,可以极大地提高游客的兴致和热情。如冰雪大世界初期是以观赏冰雕、雪雕为特色,吸引了大量的游客参观欣赏;随着冰雪旅游在全国的兴起,其原有的吸引力逐渐衰退,于是又陆续推出了以游客参与性为主的现场制作冰雪作品活动、大型游乐活动以及滑雪活动等,从而又步入了快速发展的轨道。

动态原理和静态原理的结合使用会极大地增强旅游景点的辐射力、影响力,使旅游景点可以更快更好地发展。

第四节　旅游策划的方法与程序

一、旅游策划的方法

(一)头脑风暴法

头脑风暴法又叫集体思考法或智力激励法,其核心是高度自由的联想,提倡创造性思维、自由奔放、打破常规和创造性地思考问题。其目的是以集思广益的方式在一定时间内大量产生各种主意或设想。

头脑风暴法的实行规则和要点如下:

1.采用会议的形势

召集专家座谈会征询意见,将专家对过去历史的分析和对未来发展的预测集中起来,以取得尽可能一致的结论,在此基础上,找出问题的症结,提出解决方法,对市场前景进行预测。

会议人数一般是 6~12 人:1 名组长、1 名秘书和 10 名左右的专家。会议主持人说明要策划的目标和要求,提供必需的参考资料,然后请各位营销策划专家发表自己的看法,集思广益。主意越多,寻找到最佳方案的可能性也越大。同时,与会者应拒绝批判性的思想或评论。与会者在讨论中寻求联合和改进,把一些主意转化成更好的建议,或把多个主意合并为一个主意。

2.会议与会人员的组成

与会人员应该来自不同部门,这样才有利于创造性思维的发挥。一般安排两三位女士参加,人员类型由问题的种类和营销目标实现所涉及的领域决定。同时,与会人员行政职务要相同或相近,以免一部分人被另一部分人的权威所慑服,造成"一言堂"。

3.会议时间

美国学者惠廷认为,会议应该控制在 40 分钟到 1 小时,时间过长会使与会人员失去策划的热情。

4.会议中应注意的其他问题

(1)会前不公布问题。这有利于讨论不带任何感情色彩,避免方向性偏差,如果需要对总的领域有所了解,应采用与选题有关的资料表或建议参考资料。

(2)会议主题必须予以明确说明,但不要太广泛,否则会缺乏针对性。

(3)会议组织准备充分。主持人要有较强的组织能力,要提倡民主作风,懂得把握会议节奏的艺术。这样有利于创造气氛,使每个人大脑皮层始终处于兴奋状态,精力充沛。

(4)允许相互交流,但要防止私下交谈达成小集团式共识,否则会错误引导讨论方向。

(5)对未参加过这种会议的专家给予指导,如对策划目标方向、基本原则和头脑风暴法的问题加以解释。

(二)德尔菲法

所谓德尔菲法是指采用函询的方式或电话、网络的方式,反复地征询专家们的建议,然后由策划人加以统计,如果结果不趋向一致,就再咨询专家,直至得出比较统一的方案。这种策划方法的优点是:专家们互不见面,不能产生权威压力。因此,该方法可以自由地充分地发表自己的意见,从而得出比较客观的策划方案。

运用这种策划方法时,要求专家具备与项目策划主题相关的专业知识,熟悉市场的情况,精通策划的业务操作。专家的意见得出结果后,策划人需要对结果进行统计处理。但是,这种方法缺乏客观标准,主要凭专家判断,并且由于次数较多,反馈时间较长,有的专家可能因为工作忙或其他原因而中途退出,影响策划的准确性。

德尔菲法的基本方法是:

第一步,会集富有市场经验且可以优势互补的专家,通常为30~50人,并设定控制条件,常用的方法是邮寄调查表,以避免群体压力影响。

第二步,设计、分发第一轮调查表,要求回答者确定或提出某些事件的可能性以及发生的可能时期。

第三步,整理第一轮收回的调查表,包括确定中间日期和确定两个中间四分位数,以便减少过于乐观或过于保守的极端意见的影响。

第四步,把统计整理的结论制成第二轮调查表,寄给同一专家组成员,要求回答是否同意四分位数范围,如仍是在四分位数之外,则请专家解释原因。

第五步,整理第二轮调查表的结果及意见。

第六步,是否有必要再征询一两轮,要看预测的差异是否过大,评论意见的寄发是否有助于专家组形成新的较为统一的意见。

第七步,总结预测结果,包括中间日期、中间四分位数范围,以及正确对待和消化处理那些意见尚未统一的预测事项。

(三)拍脑瓜法

拍脑瓜法又称创意法,是指旅游项目策划人收集有关产品、市场、消费群体的信息,进而对材料进行综合分析和思考,然后打开想象的大门形成意境,但不会很快想出策划方案,它会在策划人不经意时突然从头脑中跳跃出来。

拍脑瓜法其实并不是在短时间内一拍即成,而是经过一个长时间的准备工作,思绪积累到一定程度,自然而然地流露出来,它需要策划人具备一定的项目策划功底,具有渊博的专业知识。策划人要像蜜蜂采蜜一样,从各种鲜花中一点一滴地采集最有效的成分。

(四)灰色系统法

系统是指相互依赖的两个或两个以上要素所构成的具有特定功能的有机整体。系统可以根据其信息的清晰程度,分为白色、黑色和灰色系统。白色系统是指信息完全清晰可见的系统;黑色系统是指信息全部未知的系统;灰色系统是指介于白色和黑色之间的系统,即有一部分信息已知而另一部分信息未知的系统。

灰色系统法是指利用一些已知的行为结果,来推断产生该行为的原因或未来模糊的、不确定行为的方法。使用该方法进行旅游项目设计,主要是通过对现有旅游者的行为模式的分析,推导出未来可能拥有的客源市场并获得成功的旅游项目形式。

(五)智能放大法

智能放大法是指对事物形成全面而科学的认识,然后在这种认识的基础上对事物的发展做夸张的设想,运用这种设想对具体的旅游项目进行设计与策划。

由于这种方法受到时间、地点以及人文条件的制约,因此,具体操作时要靠项目策划人自己来准确地把握。

这种策划方法容易引起公众的议论,成为公众舆论的焦点,进而很快拓展其知名度,形成炒作的原料。"没有想不到的,只有做不到的"就是这种策划方法的原则。但是这种策划方法并不是一味地往大处想,而是在现有的客观条件下,合理地考虑公众的心理承受能力。也就是说,智能放大法是有一定风险的,太过于夸张,容易导致项目策划向反方向发展,而彻底改变项目策划的初衷。

拓展阅读

旅游策划借势八法

借事件之势

借事件之势就是借助某一事件的影响进行旅游策划。我们身边每时每刻都在发生着各种不同的事件,这些事件起因各异,表现形式各异,结果各异,但有一个共同点,就是这些事件犹如大海中大大小小的浪花,总会波及一定的区域,总会使一些人不可避免地受到影响,因此,也总会被人们所关注。有心人往往可以从中发现契机,顺势而为,从而策划出一些活动或发展项目。比如1999年在云南举行的世博会,虽然是一个世界性的会议,在云南举行之前已经在20多个地方举行过了,但都没有留下什么硬件旅游资源。可云南不一样,他们趁势而动,不但提出了"人与自然——迈向二十一世纪"这样响当当的口号,而且,大手笔征地218公顷(1公顷=1万平方米),建立了一个集古今中外园艺为一体的昆明世博园,从而使一个世博会的召开为云南留下了一笔永久的资产。

借决策之势

借决策之势,也可称为借政策之势,主要是指借助各级政府的重大旅游决策而进行旅游策划。政府的决策对旅游业的发展至关重要。政府决策一般是针对全行业而言的,但精明的策划人总是可以从中发现商机,抢得先机,趁势而为,取得佳绩。

2004年,国家旅游局决定将红色旅游作为一个重点来发展,决策一出,湖南、江西等省便率先行动,启动了红色旅游。湖南省人民政府联合国家旅游局、团中央在韶山组织了声势浩大的"中国红色之旅、百万青少年湘潭韶山行"大型主题活动;江西组织了"新世纪、新长征、新旅游——2004中国红色之旅万里行"活动,由10多台专车组成的车队从瑞金出发,沿途穿越15个省(市、自治区),历时2个月,行程3万余公里。

借时间之势

借时间之势就是借助某一特殊的、有重大纪念意义的时间进行旅游策划,以达到自己的目的。有些活动在平时举办毫无意义,而一旦将其放到某一个特殊的时间里举行,就显得意义非凡了。比如说青少年夏令营,如果在学生上课时举行,就得不偿失。但是如果将其放到寒暑假举行,就会起到事半功倍的效果。又比如各种类型的龙舟比赛,如果在端午节举行,就显得意义重大了。

著名策划家、人称"创意九段"的陈放先生早在1993年就敏感地意识到了千禧年的商机,策划出了几百套方案,其中包括泰山点千年圣火、钱塘观千年大潮等。后来,这些方案大部分都实施了。此外,政府或企业举办的重大庆典活动也可成为旅游策划的"引线",如三峡工程的竣工庆典等,都是策划旅游活动的良机。

借人物之势

借人物之势就是指借助于某一名人的影响,策划出相应的活动或开发项目。借人物之势可以分为借古人之势和借今人之势,只要他们有一定的影响力,都可以加以利用。

借古人之势,比如中国古代的皇帝、大臣、皇后、贵妃、文人墨客、能工巧匠的故居、陵墓现在大多已经成为旅游景点;与古代神话传说中孙悟空、猪八戒、七仙女、嫦娥等人物有关的项目也都成了重要的旅游资源;再如山东的孔子国际文化节,湖南的蔡伦科技发明节等。借今人之势,比如许多名人的故居成了著名的旅游目的地。

金庸先生是著名的武侠小说大师,他的作品《笑傲江湖》中有一个关于"五岳联盟"的故事,说的是东岳、西岳、南岳、北岳、中岳五大名山的掌门人共同结盟,组成了一大帮派。2003年,南岳"假戏真唱",联合其他四岳成立了一个现代旅游营销意义上的"五岳联盟",引起了旅游界、新闻界的轰动。

借山水之势

借山水之势,就是利用自然界山水的大致走势,稍加点缀,营造新的景点,策划新的活动。做山水的文章要善于从常人眼里的沟沟坎坎中去发现不同寻常的东西,寻找山水的卖点。

近年来,关于利用山水而成就的旅游策划数不胜数,张家界的飞机穿越天门洞,就是利用了天门山顶的那个天然山洞;四川乐山大佛是个著名的景点,乐山大佛所在的那座山的山势被人发现也像一尊卧佛之后,经媒体的炒作,卧佛又成了新的景点,可谓借势成景的典范。

借建筑之势

借建筑之势就是指利用古代或现代的建筑物而策划出来的活动或景区(景点)项目。建筑是人类文化的立体体现。我国是一个有5 000多年文明史的古国,自古以来,我国人民创造了十分丰富而又独特的建筑文化。平遥古城、凤凰古城、湘西的王村、岳阳的张谷英村都是利用古建筑策划出来的景点。北京的故宫、长城,西安的华清池、碑林更是利用古建筑促进旅游发展的典范之作。现代建筑也可以将其策划成好的景观景点,如上海的东方明珠电视台,北京的人民大会堂、毛泽东纪念馆等。

借特产之势

借特产之势指利用某地的特产策划出旅游活动或旅游产品开发项目、旅游景区(景点)建设项目,促进旅游业的发展。

我国各地的物产千差万别。利用特产策划大的旅游项目和旅游节会活动已经成为近年来旅游策划的一种时尚,如吐鲁番的葡萄节、海南的椰子节、大连的服装节、湖南常德桃花源的桃花节、石门的柑橘节等。

借民俗之势

借民俗之势就是指借助某地的民风民俗,策划出旅游活动项目或旅游产品开发项目、旅游景区(景点)建设项目,促进旅游业的发展。民俗也是一种重要的旅游文化资源。我国有56个民族,各民族都有自己独特的民俗风情,如苗族和土家族的摆手舞、哭嫁,蒙古族的摔跤等风俗,这些民间风俗习惯只要稍加整合,就可以成为策划独具魅力的景观和旅游节会活动的资源。如张家界的土家族民族风情园,就是将土家族的民风民俗及建筑集中到一处进行展示;又如云南等地的火把节、内蒙古族的摔跤节等也都是利用民风民俗而策划的节会活动。

此外,体育也正在成为旅游策划的重要关注点。人们对体育的热爱往往是不计路途远近,不惜花销的。改革开放以来,许多旅游策划机构和旅游企业都借国内外举办的重大体育赛事之机策划了一些精彩的活动。

二、旅游策划的程序

旅游策划是一项复杂的系统工程,虽然不同的旅游策划要根据各自策划的对象和目标进行不同的考虑和设计,但就一般而言,一项旅游策划的制订应从市场调研开始,确定好选题以后拟写文案,选择并确定文案后开始实施,还要对文案的实施情况进行评估和改进。具体步骤如下:

(一)市场调研

旅游策划工作首先要回答的问题就是此次策划的目标是什么,也就是策划预期的效果,包括我们要向哪里发展;打算实现什么目标;什么时候实现。

这些问题的回答是建立在对目标市场的调查、对竞争对手的分析以及自身研究的基础上的。在市场调研方面,可以通过问卷调查或对以往数据进行分析的方式来了解旅游者的消费偏好、旅游动机、旅游方式、滞留时间以及消费水平等。在对竞争对手进行分析以及自身研究方面,要利用SWOT分析法对自身的优势(Strengths)、劣势(Weaknesses)、机遇(Opportunities)、威胁(Threats)进行全面评估。利用ASEB栅格分析法(见表2.1)从消费者的角度对活动(Activity)、环境(Setting)、体验(Experience)与利益(Benefit)的优势、劣势、机遇与威胁进行分析和评估,了解客户消费行为,并对项目进行策划与改进,更好地满足消费者的需要。

表2.1　ASEB 栅格分析法及其单元代号(ASEB 分析矩阵)

需求层次分析 SWOT 分析	活动	环境	体验	利益
优势	SA	SS	SE	SB
劣势	WA	WS	WE	WB
机遇	OA	OS	OE	OB
威胁	TA	TS	TE	TB

ASEB 栅格分析法将曼宁-哈斯-德赖弗-布朗(Manning-Hass-Driver-Brown)(见表2.2)需求层次分析与SWOT分析结合起来,形成一种新的管理方法,有利于管理者有效地掌握消费者行为。

表 2.2 曼宁–哈斯–德赖弗–布朗的需求层次

曼宁–哈斯–德赖弗–布朗的需求层次	举 例
第一层次：活动	别墅体验式居住
第二层次：环境	
A.自然环境	自然风景；人造景观；美丽的花园
B.社会环境	自然和谐；邻里之间怡然相处
C.管理环境	私密性好；井然有序；安静安全
第三层次：体验	室内居住；户外散步；会所内活动 邻里交谈；上下班；接送孩子
第四层次：收益（心理满足）	了解社区基本概况；感受社区文化氛围 发现自身潜在居住需求

通过对总体市场进行分析，结合自己在市场上的位置，进行市场细分，确定目标市场，并对产品进行定位。

在市场调研阶段尤其要注意的是资料的收集和整理，保证资料的可靠性、真实性和时效性。另外，还要注意利用 SWOT 分析法的科学性和灵活性，不可机械地进行。

(二)确定选题

通过市场调研得出结论之后，要确定策划的选题。主题拟定不可随心所欲，应在充分分析市场调查结果的基础上，综合考虑策划活动受众心理和社会时代潮流，以及策划对象自身目标、性质特点、活动内容等因素。

正确而富有表现力的主题一般具有以下特点：简明、生动、醒目、新颖、独特、富有思想性、通俗易懂，具有很强的震撼力和感召力。

(三)拟写文案

旅游策划文案又叫旅游策划方案，是指旅游策划人员或旅游策划机构提供的、以旅游策划为主要内容的文案或方案。狭义的旅游策划文案主要是指旅游策划总体方案，广义的旅游策划文案则包括旅游策划机构、旅游策划人员之间相互沟通的文件，旅游策划机构和策划人员制作的旅游策划总体方案的相关附件、分项实施方案，制作方案所参考的主要资料以及旅游策划机构、主要策划人员简介等。这里所说的拟写文案是指狭义上的旅游策划方案。

策划方案最终体现为详尽的策划书,策划书一般由以下几个部分构成:

①封面。

②策划主办单位。

③策划组人员。

④日期。

⑤编号。

⑥序文:阐述此次策划的目的、主要构想、策划的主体层次等。

⑦目录:策划内容的层次排列,给阅读者以清晰的全貌。

⑧内容:策划创意的具体内容及详细说明。要求文笔生动、文字准确无误、分析方法科学合理、层次清楚。

⑨预算:把策划转变为预算,使之数字化,通过数字来反映整个策划。

⑩策划进度表:包括策划部门的时间安排以及活动本身进展的时间安排,在时间的制定上要具有弹性,具有可操作性。

⑪注意事项:注明需要特殊注意的事项,重视注意事项的选择以及表达。

⑫策划的相关参考资料:旅游策划中所运用的二手信息资料要标明出处,以便查阅。

(四)确定方案

几乎每一项旅游策划都有"异途"存在。所谓"异途",就是通过不同的途径,利用不同的方式、方法来实现同一个策划目标。要发掘出多种高质量的方案必须集思广益、开拓思路、大胆创新,同时要进行筛选,减少被选择方案的数量,以便集中对一些合适方案进行仔细的分析比较。经过甄选后才能确定选择方案以及备选方案。

在策划方案形成文案后,就要对策划方案进行评价和选择。在评价时要考虑以下几点:

①特别注意发现每一个方案的制约因素或隐患。

②在评估时,即将一个方案的预测结果和原有目标进行比较时,既要考虑到许多有形的可以用数量表示的因素,也要考虑到许多无形的不能用数量表示的因素。

③要用总体的效益观点来衡量方案。为了保持策划的灵活性,往

往要选择两个甚至两个以上的方案,决定首先会采取哪个方案,并将其余的方案也进行细化和完善,作为备用方案。

（五）实施方案

在方案实施过程中,一定要注意对实施过程的控制,做到时时监督、防微杜渐。同时,要配备一定的评估手段和效果反馈机制,及时发现谬误,对原来的策划方案进行相应的改进,以实现策划的目标。

（六）评估和改进

策划方案按计划完成实施,只能证明策划方案中的主要工作结束了,不等于方案就取得了成功。在方案实施后,要迅速召集有关人员对整个实施过程进行小结和评估,发现问题要及时改进。

第五节 中国旅游策划业发展存在的问题

近年来,中国旅游业取得了突飞猛进的发展,但与中国旅游业的发展速度相比,中国旅游策划业显得十分落后。目前,中国旅游策划业存在如下问题。

一、旅游策划环境差

这里的策划环境实际上是社会对整个旅游策划业的一种认可态度,或者说是从事旅游策划业的社会环境。从当前的社会环境来看,旅游策划业的氛围还不浓厚。改革开放以来,虽然我国旅游业本身已经取得了辉煌的成就,人们对旅游业已经由以前的不理解到理解继而支持,但对于旅游策划业还存在许多误解,或者说对旅游策划业还缺乏了解。

二、旅游策划机构缺失

拥有一批过硬的企业和产品,是一个行业得到社会承认和尊重的基础。从企业或机构的角度来看,中国旅游策划业正面临着策划机构缺失、策划产品参差不齐的问题。据调查,目前敢于亮出旅游策划这个口号,也就是说敢于在企业名称的后缀中加上"旅游策划"几个字的策划机构少之又少。从互联网搜索结果来看,既是策划机构,又在企业名称后缀上"旅游策划"的,全国也不过20来家,有好多省市连一个策划机构也没有。这个数字与我国目前众多的房地产策划机构和企业营销策划机构相比存在很大的差距。而旅游行业目前在国民经济中的比重与房地产行业相比,应该是更重要的,至少也是可以相提并论的。房地产业和旅游业面对的都是社会公众,如果说房地产业需要策划,那么旅游业更需要策划。可是同样重要的产业,同样需要策划的产业,如此之大的差距,不得不让我们深思。北京达沃斯巅峰旅游设计院、光华卓策旅游品牌营销策划机构和绿维创景规划设计院可以称为我国旅游策划业的"三巨头"。

三、旅游策划产品参差不齐

回顾中国现代旅游业的发展过程可以看到,中国现代旅游业的发展过程不乏精彩的策划思想,但也不乏很多"要资金""要政绩"的低质量策划产品。参差不齐的旅游策划产品严重阻碍了中国旅游策划业向更高的层次发展。所以,中国旅游策划业不仅要有完善的机构、人员,更重要的是有好的产品,用好的产品来奠定自己的位置。

四、旅游策划领军人物匮乏

中国旅游策划业目前之所以还不能形成大的规模,这与我们从事旅游策划业的人员素质不高是有很大关系的。策划人员的数量以及素质直接决定了旅游策划水平的高低。没有一群领军人物的旅游策划业想取得较大的发展是很难的。目前,虽然也有一些可以称得上腕级的人物,但是领军人物还是相当匮乏。

拓展阅读

策划人员的基本素质要求

策划人员是具有某一方面或某些方面的知识专长,利用自己的知识为自身或他人的需要设定一种特殊的目标,并努力将这种目标付诸实施的人。我们今天的策划人员近乎于古代的"师爷"或"军师",策划人员要替别人"授业解惑"当然首先要自己"过硬"。这就要求策划人员具备如下素质。

1. 策划人员的人品一定要正

俗话说,文如其人,字如其人。策划是一个思考与实践相结合的过程,它与策划人员的人品是密不可分的。

2. 策划人员的胸怀一定要宽

策划是一个涉及方方面面的关联性很强的行业。俗话说,读万卷书不如行万里路,行万里路不如阅人无数。一个优秀的策划人员,它一定是一个能够广交朋友的人,只有广交朋友,他才能不断地从朋友那里获取各类信息;只有广交朋友,他才能够将自己的策划在实施之前广泛征求意见,不断地丰富策划的内容;只有广交朋友,他才能够获得更多的帮助,不断地为自己的策划造势,促进策划的实施。

3.策划人员的学识一定要广

策划业本身是一个涉及面很广的行业,可以说是现代政治、经济、科学、文化等方面的"参谋行业"、"智囊行业",而策划人员更是为他人"授业解惑"的人,因此,要当好一个策划人员,必须有一定的学识。

4.策划人员的思维一定要活

策划人员所从事的是智力行业,是靠智力取胜的。面对当前日新月异的科技更新和不断加剧的市场竞争,策划人员在工作中一定要有灵活的思维方式,要在不断吸取别人的先进经验的同时大胆创新。同时,对于每一个策划项目,都不要拘泥于一种方法,要大胆地尝试用不同的方法解决同一个问题,在反复论证中选择最佳的方案。一切墨守成规、不敢突破的策划都是没有新意的策划,没有新意的策划注定是没有生命力的。

5.策划人员的作风一定要实

策划人员的作风一定要实,在项目的设计阶段要多深入实地调查研究,掌握项目策划地的资源与文化特色。在项目的实施过程中要能够沉得住气,要在充分的自信之中保证自己所策划的项目的实施。在项目实施之后,要听取多方面的意见,注意总结项目的成功经验,找出项目策划中的不足之处,以使自己的策划取得更大的成功。

6.策划人员的热情一定要高

只有一个充满激情的人,他才会满怀信心地迎接任何挑战;才会在看似平淡的事物中,激发出灵感的火花,策划出令人叹服的方案。

点燃心中的圣火 让激情在这里燃烧

——2002年盐湖城冬奥会及2006年都灵冬奥会主题口号

第三章主要介绍了冰雪旅游策划的概念、内容,体验经济的内涵以及体验经济时代下冰雪旅游策划的要点。

第三章 体验经济时代下的冰雪旅游策划

随着冰雪旅游业的发展和体验经济时代的到来,对冰雪旅游策划的需求急剧升温。分析体验经济时代下冰雪旅游的特点,认识体验经济给冰雪旅游业带来的机遇,同时也要清楚地看到体验经济所带来的挑战。抓住机遇,迎接挑战,是冰雪旅游策划业在体验经济时代下面临的新选择。

第一节 冰雪旅游策划

一、冰雪旅游策划的概念

冰雪旅游策划是针对冰雪旅游资源所做的冰雪旅游产品的策划,以实现冰雪旅游发展目标为目的的活动。冰雪旅游策划的定义可以概括为:冰雪旅游策划是指在冰雪旅游市场分析和需求分析的基础上,通过整合冰雪旅游资源,实现资源、环境、交通与市场的优化组合,从而实现旅游产业发展目标的系统的创造性过程。

二、冰雪旅游策划的基本要求

(一)冰雪旅游策划要以旅游资源为基础

冰雪旅游资源是能对旅游者产生吸引力,并具备一定旅游功能和价值的冰雪自然资源和冰雪人文资源的总和。冰雪旅游资源是发展冰雪旅游事业的基本物质条件。冰雪旅游策划要以当地的旅游资源为基础,体现自身的旅游资源优势和特色。

冰雪旅游资源评价是基于开发利用的目的,对冰雪旅游资源进行的评价,即西方学者所称的吸引力评价,评价的要素包括:资源密度、资源容量、资源特色、资源价值和功能、地域组合、资源性质;资源开发地区的区位、环境、客源、地区经济发展水平、建设施工条件以及经济、社会和环境效益。

冰雪旅游资源的调查包括对冰雪旅游资源本身的调查、对所处环境的调查、客源分析和对周边冰雪旅游资源对目的地产生的积极或消极影响的调查等。

旅游学是一门交叉学科,对旅游的客体——旅游资源的研究也涉及多门学科。所以,冰雪旅游资源的调查和评价是一个科学的系统,专业性很强,几乎涉及自然、人文学科的方方面面。因此,对冰雪旅游资源进行准确的基础分析,是冰雪旅游策划的前提。

(二)冰雪旅游策划要有市场基础

冰雪旅游策划要符合游客的心理需求,要有参与性、趣味性,能使公众参与其中,并从中获得快乐。

对冰雪旅游市场的深入研究,是冰雪旅游策划成功的关键。冰雪旅游市场是冰雪旅游需求市场和冰雪旅游供给市场的总和,反映国家之间、国家与冰雪旅游经营者之间、冰雪旅游经营者之间、冰雪旅游经营者与冰雪旅游者之间错综复杂的经济关系。

(三)冰雪旅游策划要注重冰雪旅游产品体系的策划

冰雪旅游产品体系的策划,是冰雪旅游策划的主体。冰雪旅游产品是旅游经营者通过开发、利用冰雪旅游资源提供给旅游者的旅游吸引物与服务的组合,即旅游目的地向以观摩或参与冰雪旅游活动为目的的游客提供一次旅游活动所需要的各种服务的总和。

冰雪旅游产品与冰雪旅游资源不同,冰雪旅游产品是冰雪旅游资源的具体化,冰雪旅游资源再好,却不一定能转化为冰雪旅游产品。冰雪旅游资源的价值再大,将它开发为冰雪旅游产品后,却不一定能得到市场的认可。所以,冰雪旅游策划要把冰雪旅游资源的科学价值转化为冰雪旅游产品的市场价值,以能够吸引游客的形式表现冰雪旅游产品,使游客感受到冰雪旅游资源的独特魅力,体验到一种与众不同的特殊经历。

三、冰雪旅游策划的原则

(一)资源导向与市场导向相结合原则

冰雪旅游是一种依赖于冰雪资源的旅游形式。资源分布的地域性在一定程度上决定了冰雪旅游策划的资源导向性,坚持这一策划原则是非常必要的。但是仅仅依赖冰雪旅游资源,是一种非持续的策划理念,冰雪旅游策划还需遵循市场导向的原则。所谓市场导向原则,就是根据冰雪旅游市场的需求内容和变化规律,确定资源开发的主题、规模和层次,开发适销对路的冰雪旅游产品。另外,随着冰雪旅游的发展以及科技的进步,各式各样的室内滑雪场、滑冰场纷纷出现,以市场供给拉动需求的事实更要求在冰雪旅游策划时坚持资源导向与市场导向相结合的原则。

(二)独特性原则

首先,地域分布规律导致各地区冰雪旅游资源之间具有差异性,从而形成不同的特色。例如,我国的东北地区依赖其优越的地理位置,开发出世界级的滑雪场,受到全世界滑雪爱好者的欢迎,黑龙江省凭借其自然资源优势建立了特色冰雪品牌。北京地区虽然雪质条件和气候条件与黑龙江省相比并不占优势,但其依赖优质的服务和完备的硬件设施,吸引了大量的冰雪旅游者。所以,在策划开发某种或某类冰雪旅游产品时,必须充分考虑该冰雪旅游产品开发所依托的冰雪旅游资源的性质、特征、软硬件设施情况等,抓住独特性,突出最优性。

另外,冰雪旅游资源可以与旅游目的地的其他资源相结合,开发出以冰雪旅游为主,其他旅游方式共存的旅游模式。例如,我国的新疆地区把冰雪旅游和少数民族文化旅游相结合,策划出很多冰雪节庆活动,让游客在欣赏和学习少数民族文化的同时,感受冰雪的乐趣。

冰雪旅游策划成功与否,在很大程度上取决于冰雪旅游资源利用是否得当,有特色才有吸引力、竞争力和生命力。

(三)环境、经济、社会效益协调统一原则

冰雪旅游属于生态旅游范畴,1999生态环境旅游年推出的生态旅游十大专项产品中就包括滑雪旅游。

生态环境是旅游资源赖以存在的物质基础,只有实现经济效益、社会效益和环境效益协调统一,旅游资源的开发才能成功。

四、冰雪旅游策划的内容

冰雪旅游策划包括:冰雪旅游战略策划、冰雪旅游线路策划、冰雪旅游商品策划、冰雪旅游节庆策划、冰雪旅游营销策划和冰雪旅游地形象策划。

(一)冰雪旅游战略策划

冰雪旅游战略策划是为了冰雪旅游的长远发展和总体利益进行的策划。旅游战略策划是一个系统工程,它涉及面广,准备工作多。从时间上来看,冰雪旅游战略策划一般是中、长期策划。

中期冰雪旅游策划是指从旅游策划创意的提出到策划方案的出台再到策划方案的实施一般在一年以上,但不超过三年。一般适用于冰雪旅游客源市场策划、冰雪旅游企业形象策划、旅游企业管理方面的策划等。

长期冰雪旅游策划是指从旅游策划创意的提出到策划方案的出台再到策划方案的实施超过三年的策划。长期策划一般适用于政府旅游发展战略策划、冰雪旅游企业品牌策划、冰雪景区建设策划等长期性的投资与发展事项的策划。

(二)冰雪旅游线路策划

冰雪旅游线路策划是以整合、建设、推广、组织游客感兴趣的线路为目标进行的策划,是经营者根据其经营目标、资源条件以及市场需求和竞争状况,对旅游线路组合的宽度、深度和关联度进行最佳决策的过程。旅游者不管是随团旅游还是自行旅游,线路的选择总是必不可少的。为游客编排省时、省力、省钱的特色旅游线路是旅游业的重要职责,也是旅游策划的重要内容。

(三)冰雪旅游商品策划

冰雪旅游商品是多种产品和服务组合形成的特殊商品,其构成因素很多,不仅有满足游客基本生活需要的物质要素,还有满足游客精神需要的文化要素、社会要素及历史要素。冰雪旅游商品既有其他商品共同的特性,即它具有价值和使用价值,也有不同于其他商品的个性。冰雪旅游商品策划应当包括旅游商品开发思路、开发种类和相关政策措施。冰雪旅游商品的发展将对冰雪旅游产业乃至对冰雪旅游建设起到积极作用。

(四)冰雪旅游节庆策划

旅游节庆对拉动地区经济、塑造城市形象、提炼传统文化起着重要的作用,是旅游业发展的重要内容和热点问题之一。旅游节庆策划要注意到节庆选题的新颖性和创新性、活动的参与性和体验性、节庆氛围的营造以及节庆安全保障等问题。

(五)冰雪旅游营销策划

冰雪旅游营销策划是以提升冰雪旅游项目的形象,增强其市场竞争力,扩大市场销路为目标进行的策划,包括冰雪旅游产品定位、市场定位、渠道定位、促销手段等内容，是增强冰雪旅游竞争力的重要手段。体验式冰雪旅游营销策划是目前旅游界使用得比较多的一种营销策划方法。在促销手段方面，应重视冰雪旅游公关策划和冰雪旅游广告策划。

冰雪旅游公关策划是以加强冰雪旅游与社会特别是与游客的沟通，增强冰雪旅游的社会信任度、美誉度，树立良好的公众形象为目标进行的旅游策划。冰雪旅游公关策划要充分考虑到游客、媒体以及与某一具体策划相关的各行各业。

冰雪旅游广告策划是指为增强冰雪旅游广告的效果进行的策划。广告是一种有效且容易被受众接受的促销手段。广告是旅游业扩大销售、增强影响的重要方法，充分的市场调研和高标准的广告设计是冰雪旅游广告策划的重要前提。

(六)冰雪旅游地形象策划

冰雪旅游地形象策划是以提升旅游地形象为目标进行的策划，包括旅游形象的定位、主题口号的策划、形象符号标识系统的设计、物质景观形象、社会文化景观形象、旅游企业形象、核心地段形象以及代表人物或事件形象区域旅游形象系统的策划。

第二节 体验式旅游与冰雪旅游策划

一、体验经济的到来

体验经济的由来要追溯到20世纪70年代，著名的美国未来学学者阿尔文·托夫勒在《未来的冲击》一书中阐述："在经历了几千年的农业经济、几百年的工业经济、几十年的服务经济等历史进程后，体验经济将翻开历史新片。"自此以后，体验和体验经济便成为在人们耳边萦绕的话题，但具体的理论还在摸索中缓步慢行。

(一)体验经济的内涵

所谓体验经济，是指企业以服务为依托，以商品为载体，为消费者创造出值得回忆的活动。体验经济摒弃了传统的价格竞争模式和规模经济的竞争模式，从生活与情境出发，塑造感官体验和思维认同，以此抓住消费者的注意力，改变消费行为，并为产品找到新的生存价值与空间。

在产品经济时代,消费者关注的是产品的数量和质量,企业的营销重点是商品。在服务经济时代,消费者则是追求生活质量的提高,服务消费在日常消费中的比重逐渐上升,此时企业营销的重点相应的转向服务。而在体验经济时代,人们的消费需求不单局限于商品和服务所具有的功能与利益,相反,人们将更加注重消费产品和服务过程中所获得的符合自身心理需要偏好的体验。

(二)体验经济到来的必然性

1.体验经济的产生是社会生产力决定的

体验经济的到来不是一种社会发展到一定阶段的偶然,而是有着深厚的经济基础的,是社会生产力不断提升的必然结果,是不以个人的意志为转移的。当然,体验经济是一个宽广的概念,并不是针对个别企业和组织而言的,而是一种大众化、社会化的总体经济特征。

2.体验经济的到来是市场经济深入发展的必然结果

自从人类的经济活动进入市场机制,就不得不加入价值规律引发的竞争行列。因为每一个个体不管是企业还是组织都必须通过优胜劣汰来使自己得以生存。而他们的最终目标就是实现利润最大化。利润最大化能够维护组织自身的发展,使其横向的经营业务所涉及的领域不断拓宽,纵向的根基不断夯实牢固。企业在自身发展的同时又能推动整个社会经济的前进,为进入一个更先进的经济时代奠定基础。

二、体验式旅游的兴起

体验式旅游是指旅游者通过有选择地参与旅游经营者精心策划设计的一系列旅游活动获得畅爽和愉悦,从而实现多种活动体验的经历。体验经济时代的到来为旅游业提供了前所未有的发展机遇。

(一)体验式旅游的内容

旅游就是个人前往异地寻求审美和愉悦而度过的一种具有社会、休闲和消费属性的短暂经历。因此可以说,旅游实质上就是一种异地体验。而旅游业作为体验经济时代的先锋,体验的思想自觉地融入整个行业中,使得传统旅游方式逐渐向体验式旅游方式转变。体验经济时代的产生对旅游业也产生了深远的影响,体验式旅游作为一种新型旅游模式在体验经济的背景下应运而生。

然而,率先提出"体验式旅游"这个概念是在2001年6月的一份关于澳大利亚旅游业发展报告中,它被用来描述体验经济时代下快速出现的一种旅游新趋势。该报告指出,1980~1990这十年间,随着自驾车旅游、自发式旅游团队的不断增多,追求个性化、差异化体验的旅游得到了迅速发展。

2002年,希腊学者斯塔波利斯与斯凯尼斯提出:体验式旅游是一种预先设计并组织的、有一定程序的,顾客需要主动投入时间和精力参与的,追求舒畅而独特的感受的旅游方式,它能给旅游者带来一种新的附加价值。

加拿大联邦公园部提供了关于体验式旅游相对完整的定义,具体包括:

(1)体验式旅游是全球体验认识进程的一个分支,人们通过体验实现自我价值。

(2)体验式旅游与体验经济密切相关,开发商将旅游产品重点从提供服务转向提供体验。

(3)体验式旅游鼓励游客参与到旅游活动中,从而使游客深入到当地的文化和社区中。

(4)体验式旅游是一种个性化、差异化旅游,游客在这种旅游中寻求个人难以忘怀的体验。

(5)难忘的体验是游客和旅游开发商共同追求的目标,游客为获得这种体验付出时间和金钱,旅游开发商提供能给游客带来特殊体验的产品。

(6)体验式旅游是一种对环境(自然和社会)影响小、游客容量少、附加值高的旅游模式。

到目前为止,我国学者对体验式旅游还没有给出一个明确的界定,往往借用外国学者的定义,基本内容包括:体验式旅游就是旅游产品提供者以某种主题为线索,组织和设计一系列情境和环节,旅游者需要主动参与及投入时间和精力的对环境影响小、附加价值高的旅游形式,游客通过与情境的互动,获得独特而舒畅的体验,并在整个过程中实现自身价值。

拓展阅读

第27届哈尔滨国际冰雪节体验活动

1. 冰雪节开幕式系列活动

开幕式暨招待酒会、冰雪大世界开园式、焰火晚会等。

2. 冰雪艺术活动

第12届冰雪大世界、第23届太阳岛雪博会、第37届冰灯艺术游园会、第2届伏尔加冰雪乐园、第17届全国雪雕比赛、第16届国际雪雕比赛。

3. 冰雪文化活动

2011哈尔滨全球冰雪婚礼庆典暨27届国际冰雪集体婚礼、第4届"冰雪情"国际青少年儿童综艺大赛、第23届老年舞蹈百花赛、第15届图书博览会、2011年新年音乐会等。

4. 冰雪体育活动

哈尔滨市太极拳国际邀请赛、哈尔滨市第5届冰雪越野汽车场地赛、哈尔滨市体育舞蹈国际邀请赛等。

5. 冰雪经贸活动

第27届冰雪节经贸洽谈会、第27届冰雪合作项目签约仪式、第9届中国企业家论坛年会等。

6. 冰雪旅游活动

"松花江冰雪欢乐谷"、2011世界旅游形象大使总决赛哈尔滨分赛区决赛、首届伏尔加越野滑雪赛等。

(二)体验式旅游的特点

体验贯穿于所有的传统旅游模式(大众旅游、生态旅游、民俗旅游等)中,但是作为一种新型旅游模式,体验式旅游又不同于传统旅游,它具有以下特点:

1. 人性化

体验式旅游从旅游产品的开发设计思路、行为、感观、情感等各方面,都是以满足旅游者全方位的需求为前提,并为旅游者提供特殊的非凡体验。

2.个性化

体验经济时代促使人们更多的注重精神上的追求,张扬个性,展示自我,突出个体的独特性即个性化。例如,旅游者更多的是选择自助游,选择个性化而非大众化的旅游产品,反应了旅游者在新时期的感性需要和精神需求,体现了游客需要的多样化、个性化和娱乐化。

3.参与性

从根本上说,旅游本身就是一种参与性的活动。体验式旅游提供的是舞台化的体验。在舞台化的旅游目的地,游客成为舞台角色的扮演者,参与到预先设计好的主题情境中,旅游设施和服务提供者也成为游客互动的对象。

4.信息化

信息化给旅游电子商务的发展提供了平台。而旅游电子商务则实现了旅游目的地、旅游产品提供者和旅游消费者三者之间的直接的交流互动,并且目前这种 B to B 和 B to C 的电子销售模式深得旅游者的喜爱,成为体验经济时代的一大亮点,深入和丰富了人们的旅游体验。

5.知识性

体验式旅游在主题的构思和生产、技术的应用中,都要对目标人群进行系统的调查,保证提供符合顾客兴趣和口味的旅游体验,并由此创造顾客管理资料库,进而不断创造新的知识信息,并将它适当地加以运用,使旅游产品更加符合旅游消费者的要求。

6.自我实现

自我实现是马斯洛需求层次理论的最顶层的需求,从某种程度上,体验式旅游是为旅游者提供一种理想的生活状态,通过这种方式帮助旅游者缓解日常生活的压力,在精神上得到放松、满足,获得自信。

拓展阅读

迪士尼乐园的体验之旅

沃尔特·迪士尼不仅是一位艺术大师,也是一位优秀的企业家。在长达40年的时间里,他以杰出的经营才能创建了庞大的迪士尼王国,开辟了体验经济的新路。

迪士尼公司始终把其主题公园看做类似卡通或者电影的舞台设施,将它的娱乐哲学融入其所做的每件事情。迪士尼公司的主题歌《世界真小》营造出理想化的美国景象,而且将异国文化寄予其中,给游客四海一家的温馨感觉。使游客流连忘返的不仅是消遣,还有参与一系列故事的活动。乐园中有黑漆漆的隧道、摇晃不定的车子,却没有现实世界的恐怖事物。游客可以乘坐马克·吐温的船前往虚构的边疆,尽情地享受那里的美丽风光。人们熟悉的迪士尼卡通人物随时帮助游客购买米老鼠和小美人鱼唱片。迪士尼主题游乐园不断增加新活动吸引游客,停车、餐饮、纪念品及其他服务都可带来可观的收入。

迪士尼对人造景观的设计、建造和经营管理在旅游业的影响是首屈一指的,甚至在世界范围内引发了一种"迪士尼化现象"。迪士尼乐园的成功促进了各种主题公园的发展,目前全美国已有20多个大型主题公园,每年吸引的游客超过6 000万人。1983年,东京迪士尼公司成功开园之后,主题公园在日本蓬勃发展,至1990年已有14个大型主题公园开业。

三、体验经济时代下的冰雪旅游策划

体验经济时代的到来,为冰雪旅游提供了更好的发展平台,同时,体验经济时代下旅游者的需求的较大变化,也使旅游业面临着更多的挑战。

(一)体验经济时代下旅游者的需求特点

1.旅游者需求结构中情感需求的比重增加

旅游者在注重产品质量的同时,更加注重情感的需求,偏好那些能与自我心理需求引起共鸣或者能实现自我价值的感性旅游产品。例如,第10届中国(亚布力)企业家年会,把会议与滑雪比赛相结合,会议期间企业家们献计献策,娱乐时间大家尽情享受冰雪的乐趣,彼此交流思想、切磋滑雪技巧,满足了情感交流和体验的需要。

2.旅游者越来越欢迎个性化的产品和服务

随着旅游者消费经验的日趋丰富,其对旅游产品也更加挑剔,能够彰显自己个性的旅游产品服务越来越受到旅游者的欢迎。近年来,旅游部门的调查表明,目前我国居民已由单一组团观光旅游向形式多样的度假游、特色旅游项目扩展,这些项目都具有个性化、参与性强的特点。

3. 旅游者由被动接受经营者提供的旅游产品变为主动参与旅游产品的设计与制造

从近年来的消费实践看,旅游者已经从被动接受旅游产品发展到对旅游产品提出个性化需求,充分发挥自己的想象力和创造力,积极参与旅游产品(物质产品和精神产品)的设计、制造和加工,通过创造性消费来体现他们独特的个性与自身价值,获得更大的成就感。同时,旅游经营者也为旅游者提供了发挥其个性和才华的旅游项目,例如,冰雪大世界给旅游者提供亲自制作冰雕、雪雕的机会。旅游者看到自己亲手雕刻的作品,成就感油然而生,既体验了冰雪旅游带来的愉悦,也增加了对冰雪旅游目的地的亲切感。

4.旅游者对文化旅游产品的需求上升

近年来的旅游实践表明,旅游者对文化旅游产品的需求迅速增加。由于旅游者文化修养的提升,传统的本土文化或异域文化都会影响消费者的旅游消费观念,导致他们自觉接近与文化相关的旅游产品和服务。例如,黑龙江省成功打造了冰雪文化之旅。旅游策划者将黑龙江省悠久的滑雪文化与传统的民族文化结合起来,受到广大旅游者的喜爱。

(二) 体验经济时代下冰雪旅游的策划要点

面对在体验经济时代下冰雪旅游业面临的新问题,冰雪旅游策划要注意以下几方面的问题:

1.细分目标市场,进行个性化体验设计

目前,冰雪旅游的发展还存在许多障碍,如冰雪旅游市场的认知障碍、人际障碍、供给障碍等。不同年龄、性别、经济条件、家庭状况以及教育程度的潜在游客,对冰雪旅游产品有着较大的需求差异。因此,冰雪旅游策划必须根据不同体验主题的认可程度将旅游总体市场细分成几个不同需求特征的目标市场。根据不同目标市场的特征、竞争环境、旅游企业自身的竞争能力和提供体验式旅游产品的难易程度,选择一个或多个目标细分市场,并将这些细分市场建设成为一个或多个体验式旅游区,以便为旅游者提供专业化的旅游服务。

个性化的体验设计要依据不同年龄层次、不同经济条件以及不同知识层次的游客需求的特点,进行体验式场景设计和体验氛围的营造,以达到个性化体验设计的效果。服务人员的服装、服务态度、言语到旅游地周围的环境和旅游产品,都要适合游客的个性需求,让旅游者感到愉悦、新奇和亲切,充分调动游客的全部感官,以便为其提供个性化的旅游服务。例如,哈尔滨香格里拉大酒店在冰雪节期间,特意设计出"冰宫",冰宫内大部分设施都是由冰搭建而成,冰宫内摆设模仿东北农家的装饰,服务员都穿着喜庆的红色衣服。这样的设计为喜爱中国传统农家文化和冰雪文化的游客提供了独特的体验。

2.加强冰雪旅游体验产品的开发

首先,确立一个鲜明的体验主题。体验主题是营造环境、烘托气氛、吸引旅游者注意力,并给旅游者以强烈印象和深刻感受的有效手段。体验主题的确立要注意热点、卖点并结合旅游地或旅游景区的地脉和文脉,突出主题的时代感和地方感。例如,2005年中国沈阳国际冰雪节打造出"冰雪世界的迪士尼",取得了良好的社会效益和经济效益。

其次,开发能充分调动旅游者感官的体验产品。在体验经济时代,旅游产品的设计和开发,要体现差异性、参与性、文化性和挑战性四个特点。

差异性要求给游客新鲜感,景区产品要有特色,具有唯一性,即独特性,为游客提供某种独特的旅游体验;同时这一产品不能与其他景区雷同,给游客提供多种选择性产品,避免单调。例如,辽宁省将当地的冰雪资源和温泉资源结合起来开发的冰雪温泉游,成为东北地区一道亮丽的冬季旅游风景线。

旅游产品的开发不仅要强调旅游企业与顾客之间的互动,更要调动顾客与顾客的互动。互动式旅游产品不仅可以建立企业与消费者之间的稳定关系,而且使消费者的"体验"意识得以增强。例如,在亚布力举行的冰上集体婚礼受到了很多新人的欢迎,每年都有上百对的新人到亚布力参加别具一格的冰上集体婚礼。亚布力不仅仅是他们选择举办婚礼的地方,更成为他们结婚周年纪念的首选之地。

冰雪旅游产品的开发要注重在传承地方文化的基础上进行系列产品的创新设计,这样才能延长冰雪旅游产品的生命周期。文化价值是冰雪旅游产品的核心价值,这种价值体现在民族性和地方性上。例如,哈尔滨已经形成了包括冰雪饮食、冰雪储藏、冰雪建筑、冰雪渔猎、冰雪交通、冰雪运动竞技、冰雪游乐、冰雪礼仪、冰雪文学、冰雪雕塑、冰雪绘画诸多方面的冰雪文化。冰雪饮食、冰雪建筑等已经成为哈尔滨市的重要冰雪旅游吸引物。

现代人追求个性、挑战自我的心理使得产品的挑战功能越来越重要,尤其对中青年旅游者更具吸引力。随着冰雪旅游的发展,各种激烈刺激的赛事也纷纷被纳入城市冰雪运动和冰雪旅游中来。2007年哈尔滨成功举办了第2届中俄汽车争霸赛和哈尔滨国际冰雪节2007首届越野车场地争霸邀请赛,汽车越野赛事首次成为哈尔滨冰雪文化中最新鲜、最刺激也是最时尚的元素。

3. 强化冰雪旅游体验式营销

体验式营销是由著名学者伯德·施密特在《体验式营销》一书中提出的,他指出:体验式营销是站在消费者的感官、情感、思考、行动和关联五个方面,重新定义、重新设计营销模式的思考方法。其中,以感官的刺激最直接。体验式营销是随着体验顾客的购买前提、购买过程和购买心理,为顾客营造难忘体验为目标的营销方式。仍是从环境、形象设计、社交三方面出发制订策略,只是更加注重游客对于个性化、主题化、体验性需求的满足。

冰雪旅游资源既包括自然资源,如冰山、雪地、冰湖,甚至寒冷的天气及其形成的特别景观,又包括人文资源,如冰雕、冰上和雪上娱乐活动,还包括附属的娱乐设施及住宿餐饮。

冰雪旅游体验式营销就是以冰雪旅游景区内的冰雪资源为载体,为游客营造主动参与其中的氛围,使游客置身其中,充分感受冰雪资源及其他附属资源为其带来的难忘经历、愉悦记忆、深刻体验,达到冰雪旅游品牌被游客感官体验的最大化。长春净月潭冰雪旅游节采用生活方式营销、娱乐营销、情感营销、美学营销、氛围营销为一体的体验式营销模式,取得了巨大的成功。

在体验经济时代,旅游产品开发设计策略、旅游营销渠道策略等与传统策略存在很大的差异(见表3.1)。冰雪旅游策划需借鉴其中经验,在具体策划中体现体验经济的特点和要求,保证冰雪旅游策划的时代性,推动冰雪旅游更快更好发展。

表 3.1 体验经济时代 7p's 组合策略与传统组合策略对比表

	传统	体验经济时代
旅游产品开发设计策略	旅游企业或旅游地在吃、住、行、游、购、娱等方面进行开发设计,注重观赏性项目的开发和服务水平的提高	不再只注重观赏性项目的开发和服务水平的提高,更加注重开发设计个性化、参与性强的旅游项目,根据游客需要创造独特的体验环境和氛围,不断增加旅游产品的体验价值,使游客在整个旅游过程中,通过体力和脑力劳动的付出,获得发现、设计、制造等自我体验的满足
旅游产品定价策略	企业根据成本、竞争、市场等因素进行定价	企业与游客同为定价主体,进行互动式协商定价
旅游营销渠道策略	选择适当的旅游营销渠道类型,加强对旅游营销渠道的管理等策略	为满足游客个性化、体验化需要,联合化营销渠道及网络化营销渠道将成为发展趋势
旅游促销策略	广告宣传、销售促进、公共关系促销等	更加注重游客的体验需求,采用情景促销、感情促销、氛围促销、特色促销、利用国际互联网促销等形式
旅游人员管理策略	人员管理是旅游营销中的一项基础工作,加强旅游从业人员管理、提高旅游从业人员素质是人员管理策略的主要内容	旅游从业人员对游客的旅游体验起着很大的影响作用,体验经济时代的旅游营销对人员管理提出了更高要求。在传统人员管理策略基础上,应多采用新观念、新知识、新方法,利用计算机信息技术建立旅游人员信息网络系统等
旅游有形展示	从环境、形象设计、社交三方面出发制订策略,通过良好的有形展示给游客留下服务水平高的印象	仍是从环境、形象设计、社交三方面出发制订策略,只是更加注重游客对于个性化、主题化、体验性需求的满足
旅游营销过程策略	通过缩短送货时间、简化交付手续、提高服务质量,使旅游产品(服务)交付系统更加方便、快捷	借助计算机信息网络技术,建立一个多功能的散客接待中心,为游客提供方便、快捷的服务,提高游客对于旅游体验的评价

第三节 体验经济时代下的冰雪旅游策划案例

案例一：芬兰冰雪趣味体验之旅

一、芬兰自然地理概况

芬兰国土面积为33.8万平方公里，位于欧洲北部，北面与挪威接壤，西北与瑞典为邻，东面是俄罗斯，南临芬兰湾，西濒波的尼亚湾。芬兰属温带海洋性气候，平均气温冬季为零下14摄氏度至零上3摄氏度，夏季为13摄氏度至17摄氏度，年平均降雨600毫米。芬兰有三分之一地区位于北极圈内，北部气候寒冷、多积雪。在最北部，冬季有40~50天看不到太阳，夏季5月底至7月底昼夜都可见到太阳。芬兰地势北高南低，北部曼塞耳基亚丘陵海拔200~700米，中部为200~300米的冰碛丘陵，沿海地区为海拔50米以下的平原。芬兰境内拥有极其丰富的森林资源，全国森林面积达2 600万公顷，人均林地面积5公顷，居世界人均林地面积的第二位。全国有69%的土地被森林覆盖，其覆盖率居欧洲第一位、世界第二位。树种以云杉林、松树林和白桦林居多，茂密的丛林中到处是鲜花和浆果。芬兰的湖泊与狭窄的水道、短河、急流相连，从而形成互相沟通的水路。内陆水域面积占全国总面积的10%。有岛屿约17.9万个，湖泊约18.8万个，素以"千湖之国"著称，内陆水域面积占全国总面积的10%。芬兰的海岸线曲折，长达1 100公里，鱼类资源丰富。芬兰第一大湖塞马湖面积达4 400平方公里。

二、芬兰的冬季旅游概况

越野滑雪是芬兰最流行的运动之一。芬兰有数万公里维护得很好的有标记的滑道，有些滑道适合初学者，有些滑道则对技术要求比较高，适合有经验的滑雪者。此外，还有为体力超群的滑雪者准备的特别滑雪之旅，为滑雪者提供滑道照明，使其可以尽兴滑雪直到深夜。芬兰南部和中部的滑雪高峰期是2~3月份；在拉普兰，滑雪高峰期则是3~4月份。在拉普兰西北角的吉尔匹斯扎尔维地区，滑雪季可以持续到5月份。

芬兰已成为高山速降滑雪的首选地，4~5月份每天的日照时间长达 16~20 小时。拉普兰和芬兰北部有 22 个滑雪度假中心,芬兰中部有 31 个,芬兰南部有 26 个。拉普兰最长的雪道位于于莱,长度为 3 000 米。在芬兰中部,雪道的平均长度是 600~800 米。北卡累利阿最长的雪道位于科利,长度为 1 050 米。

在芬兰的大多数滑雪度假村,滑雪者都可以体验各种滑雪方式,从传统的泰勒马克式到时尚的单板滑雪。度假村为单板滑雪者提供了 U 型场地,U 型场地和游乐场已成为几乎所有冬季运动度假村的标准设施。此外,许多度假村还修建了配备跳台和围栏的单板滑雪街。

在芬兰最适合滑冰的季节是 1~3 月份,可以参加冰上远足。每年冬季,世界顶尖的马拉松滑冰选手聚集在芬兰东部的库奥皮奥,在卡拉韦西湖的天然冰道上举行比赛。芬兰自 1984 年开始举办的冰上马拉松吸引着数以千计的业余滑冰者以及大量观众。

狗拉雪橇的活动组织者一般会为游客提供保暖衣物和鞋,教游客如何驾驭一群狗,乘坐狗拉雪橇穿行在厚厚的积雪上,令人无比兴奋。如果参加约 2 个小时的出行,需要有丰富的食物补给;还可以享受量身定做的时间较长的狗拉雪橇之旅。

在拉普兰感受一个真正天然的冰雪世界,坐在舒适温暖驯鹿皮垫子上,驯鹿快步奔跑穿越白雪皑皑的森林,一路欣赏芬兰雪原的奇观,雪橇上的银铃欢快地叮当作响。通过参观驯鹿农场,了解当地人和他们的家畜,可以学习如何将驯鹿套上雪橇。

看北极光最好的选择是 2~3 月份和 9~10 月份在芬兰最北端的吉尔匹斯扎尔维地区。在拉普兰晴朗无云的夜晚可以看到北极光,如果天气状况良好,在非常靠南的地方,甚至是在赫尔辛基也能看到北极光。

要在冬季减少路程,在安全有保障的前提下,可以走冰路穿越冰封的湖泊,甚至穿越冰封的海洋。芬兰汽车运动联合会有 300 多个会员俱乐部和 3 万余名会员,联合会会员全年为各种汽车运动安排约 400 项国家级和国际级赛事,其中很多赛事都安排在冬天举行。芬兰最大的冬季机动车运动赛事是在拉普兰地区的主要城市罗瓦涅米举行的北极拉力赛。

三、芬兰冰雪趣味体验之旅策划

自 2004 年 9 月 1 日欧洲游正式开放以来,前往芬兰观光的中国游客人数迅速增加,尤其是芬兰北部拉毕地区越来越受到中国游客的青睐。该地区位于北极圈内,特殊的地理位置和气候条件使这片人烟稀少的地区始终保持着神奇而又迷人的色彩。特别是进入冬季,这里漫天飘雪,银装素裹,景色颇为壮观,是冬季旅游和运动的理想之地。

2005年1月20日,为期4天的国际旅游展在芬兰首都赫尔辛基展览中心隆重开幕。在芬兰本国各展台上,芬兰旅游局和芬兰北部地区的旅行社纷纷向参观者推介芬兰冬季旅游产品——芬兰冰雪之旅。同时,芬兰还针对中国市场策划了芬兰冰雪趣味体验之旅,中国游客可以从北京或者上海乘坐芬兰航空公司的班机直飞赫尔辛基。

(一)路线策划

芬兰冰雪趣味体验之旅
(芬兰旅游局)

出发日期:

报名截止:

日期	行程	当日内容	住宿地
1日	上海—赫尔辛基—罗凡涅米	乘坐直航班机,于下午抵达享有"波罗的海的女儿"之称的芬兰首都赫尔辛基,继续转机前往位于北极圈的拉普兰省会城市罗凡涅米。入住酒店休息。大多数芬兰酒店都提供酒店内的免费芬兰桑拿浴,游客可以一解长途飞行的疲劳	罗凡涅米
2日	罗凡涅米	参观圣诞老人村,与圣诞老人合影,在圣诞老人的专署邮局为亲友寄上祝福的卡片。游客可以双脚跨过村口地上画的北纬66°33′位置的北极圈纬线,拍照留念,并获赠"跨北极圈证书"。下午两人一组驾驶雪地摩托车前往驯鹿场参观,芬兰的原住民萨米人将以独特的仪式欢迎游客,然后游客自费选择体验驯鹿撬	罗凡涅米
3日	罗凡涅米—凯米	前往凯米,车程大约2小时,参观冰雪城堡,其中有冰雕室、冰酒吧、冰餐厅、冰教堂,最值得一看的是冰客房,下午参观爱斯基摩犬场,了解这位北极忠心的朋友是怎样和人类和平生活共处的	凯米

日期	行程	当日内容	住宿地
4日	凯米	早餐后,12:00登上"桑普号"破冰船,展开4小时的航程。在品尝可口的驯鹿肉汤或三文鱼汤后,船长将带领大家参观了解破冰船的心脏——机房,接下来,最有意思的莫过于穿上橘色的橡皮密封救生衣,一试冰海沉浮的特殊体验。14:00返回凯米市区	凯米
5日	凯米—赫尔辛基—上海	早餐后,搭乘芬兰航空公司班机返回首都赫尔辛基。观光首都市容:赫尔辛基大教堂及著名作曲家西贝柳斯的纪念雕塑等。下午搭乘芬航班机经赫尔辛基返回上海	飞机
6日	上海	抵达浦东国际机场	

(二)活动策划

1.看破冰船如何碾碎冰层,体验破冰之旅

游客能够观看航进的船头如何把海上的厚冰压碎。当行驶到特别坚硬的冰层处,船员们保护着游客下到冰面上散步,欣赏船头如何碾碎冰层。冰层破开以后,游客穿上特制的防水防寒橡皮密封救生衣,跃入冰海体验漂浮的乐趣。

2.去北极圈访圣诞老人村,体验童话之旅

圣诞老人村村口地上画着北纬66°33′位置的北极圈纬线,过了这条线,便踏足北极圈的范围,游客可以在村口体验和"北极圈"的亲密接触,合影留念。

圣诞老人村包括圣诞老人居所、办公室、购物商场、邮局。圣诞老人的主要工作就是与游客合影。游客可以让圣诞老人在合影上签名。从这里寄出的圣诞贺卡都会印上圣诞老人专用的邮戳。游客离开前,可以在签名册上写下自己的名字及地址,从此每逢圣诞节,圣诞老人便会寄圣诞贺卡给游客。

3.洗用白桦树枝"搓背"的芬兰浴,体验桑拿之旅

芬兰浴又叫桑拿浴,"SAUNA"(桑拿)在芬兰语中是指"一个没有窗子的小木屋"。芬兰是桑拿浴的故乡,这个只有500万人口的国度里有近200万个桑拿房,无论是城乡还是湖畔路旁,经常能见到各式各样的桑拿房。

洗芬兰浴首先要淋浴清洁,随即赤身进入蒸气浴室(除了私家桑拿,都规定男女分室)。桑拿时,人们习惯以泡软的带叶白桦树枝拍打全身,目的是让血液运行加快,皮肤毛孔尽量张开,汗水更顺畅流出体外。最后再淋浴清洁。在位于湖边河畔的桑拿房,即使是在冬天,人们也习惯跳入湖中或者在雪地掘开的冰水池里,待热气散去再回蒸气房拍打、出汗,跟着又回到水中冷却,如此来回两三遍,最后再彻底清洁一次,整个桑拿才告完成。

4. 住全球独有的冰雪酒店,体验冰雪城堡之旅

芬兰每年都会建造一次冰雪城堡:位于波斯尼亚湾的全世界最雄伟的冰雪城堡。城堡内部是冰的世界:旅馆内的床,餐厅里的餐桌、酒杯,甚至教堂里的耶稣像都由冰雕琢而成。雪堡旅馆全是一个个冰雪砌成的房子,冰雪床架上铺着的是柔软温暖的驯鹿皮,游客钻进睡袋里感觉暖洋洋的,即使这里只有零下5摄氏度,游客却依然感觉温暖如春。

5. 参加各种冰雪户外活动,体验冰雪运动之旅

在芬兰,游客可以享受多种多样的户外运动。例如,狗拉雪橇、萨米人驯鹿雪橇、雪地摩托车、雪鞋远足等。

强壮的爱斯基摩犬,曾经帮助许多探险家到达北极,游客可乘坐它们拉着的雪橇奔驰在严寒的冰原之上。萨米人是世代生活在芬兰北部的少数民族,千万年来依靠放牧驯鹿在北极生存,并且严格恪守着祖先的传统,他们以驯鹿拉雪橇运载货物著称于世。驯鹿雪橇的速度比不上狗拉雪橇,但是,坐着驯鹿雪橇游览可以带给游客仿佛返回到了古老的拉普兰历史之城的感觉。雪地摩托车是在雪地上活动最快的交通工具,而且比常见的摩托车更容易学习和掌握。游客可以自驾雪地摩托车体验在雪上自由驰骋的乐趣。雪鞋的形状有点儿像放大了的网球拍,游客穿上它,可以轻松地在松软的雪地上行走。

雪上飞翔,追逐时尚与浪漫

——第七届中国·黑龙江国际滑雪节宣传口号

第四章主要介绍了旅游项目策划的含义、特征、原则、内容以及如何进行旅游项目的可行性分析,并结合冰雪旅游的资源条件和特色进行冰雪旅游项目的创意策划研究,辅之以实例说明。

第四章 冰雪旅游项目策划

旅游项目是旅游活动的物质文化载体,是旅游策划的对象,是旅游策划中要考察、研究的具体内容。

第一节 旅游项目策划的概述

一、旅游项目的定义

总的来看,旅游项目种类繁多,有大有小,一个景区开发可以成为一个旅游项目,一项旅游活动可以成为一个旅游项目,一栋饭店建设可以成为一个旅游项目,甚至一个旅游开发主体、形象设计等都可以成为一个旅游项目,因为在旅游开发过程中,必然把整体旅游资源划分为若干个项目,并根据这些项目进行策划。由此来看,旅游项目是为旅游者活动提供的物质与文化的载体。旅游项目主要涉及旅游资源开发建设和经营两类。

开发建设类旅游项目集中于旅游业发展的物质基础方面,主要从宏观控制和基础设施建设两个方面考虑。例如,不同层次的旅游发展规划、资源开发、项目开发等。

经营类旅游项目主要是指各类组织、机构为旅游者提供的各种服务项目,以及为吸引、愉悦旅游者而组织设计的各种活动。如旅游文艺节目、旅游节庆活动、旅游路线、旅游会展和各种主题活动等。

综上所述,旅游项目是指旅游地开发商或旅游经营者为实现特定的旅游发展目标,整合旅游资源和环境条件所开发出的具有一定旅游功能和经济、社会、环境效益,能吸引旅游者并促进当地旅游业发展的项目或项目综合体的总称。

二、旅游项目策划的含义与特征

(一)旅游项目策划的含义

旅游项目策划是在扎扎实实地调查的基础上,经过挖掘、分析、筛选、对比,借鉴经验教训,运用智力为旅游地开发提出发展主题及整体运筹规划的过程。旅游发展是一个从战略构思到开发规划、经营管理的复杂的循序渐进的过程,规划要解决的是正确地做事情的问题,旅游项目策划则要解决做正确的事情的问题。

(二)旅游项目策划的特征

旅游项目策划是一门新兴的学科,作为影响旅游地或旅游景区经营效益的重要因素之一,旅游项目策划体现出较强的经济性、社会性、创造性、时效性和前瞻性。

1.经济性

旅游项目策划的经济性是指策划能给旅游地或景区带来经济利益。经济性是项目策划要实现的根本目标,是策划的基本功能之一。项目策划的一个重要作用就是使旅游地或景区得到实际的经济利益。

旅游项目策划的主体有别,策划主题不一,策划的目标也随之有所差异。旅游项目策划的经济性分为长远利益、眼前利益等。在旅游项目策划的实践中,应在可持续发展的前提下尽可能的获取最大的利益。同时,经济性是项目策划活动的一个立足点、出发点,又是评价一项策划活动成功与否的基本标准。

从20世纪80年代开始举办的一年一度的哈尔滨冰雪旅游节的策划,充分体现了旅游项目策划的经济性。

哈尔滨在推出冰雪旅游节的同时,举办冰雪交易会,并与外企和国内大型企业联合推动节日期间文化、艺术、体育活动的全面展开。为了扩大冰雪旅游节的影响,哈尔滨以冰雪旅游节为契机,针对旅游市场展开全方位的联合促销攻势,即通过旅游目的地营销和冰雪交易会的贸易营销,塑造哈尔滨"东方莫斯科"和"冰雪世界"的旅游形象,同时,积极打造良好的商业形象。在这样的营销攻势下,美国、日本、法国和东南亚各国的官方与会人员以及四面八方的商务旅游者云集"冰城",为哈尔滨带来了良好的经济效益。第10届哈尔滨冰雪旅游交易会,仅一周的成交额就达51亿元。此外,会展和节庆活动所带动的大量旅游消费收入也十分可观。

2.社会性

旅游项目策划要以目的地的具体情况为前提,不仅要关注本身的经济效益,更要重视它所带来的社会效益。只有将经济效益与社会效益有机地结合在一起,提升旅游目的地的形象,才能创造出更多的旅游消费收入。例如,当前兴起的教育旅游就深受社会各界的广泛关注。教育旅游是经过精心设计安排,让学生感受到教育的重要性,营造学习的良好氛围。

3. 创新性

旅游项目策划的创新性主要表现在旅游项目的不断推陈出新。要在激烈的竞争中保持竞争优势,旅游项目策划一定要适应这种竞争机制,并不断改进原有策划中的陈旧设计,不断注入新的思想。创新要贯穿在旅游项目策划的每一个环节,策划要时刻以创新为前提。

4. 时效性

旅游项目策划的时效性表现在:其一,旅游资源的时效性。旅游项目策划必须以旅游资源为依托,某些旅游资源只有在特定时间才能供旅游者观赏,如冰雪旅游只有在冬季才能进行。其二,旅游者需求的时效性。只有善于抓住旅游者需求,才能促进旅游者旅游行为的产生,避免因忽视需求的时效性而带来的经济损失。

5. 前瞻性

从旅游项目策划的定义来看,旅游项目策划是针对未来一定时期内旅游目的地或旅游景区可能的发展和变化趋势,进行旅游经营活动的策划。这就要求策划工作者在各方面都要具有超前意识和超前的技术支持,利用各种软件对旅游项目运营后的一系列状况进行模拟,确保项目的顺利实施。

三、旅游项目策划的作用

旅游项目策划以旅游目的地经营的核心活动为主要内容,针对明确而具体的任务进行筹划,有利于更好地提高旅游目的地产品的质量,更好地实现旅游目的地资源的价值,促进旅游景区快速发展,更好地满足旅游者的需求,促进旅游业整体经营水平的提高。

(一)指导旅游目的地或企业做出正确决策,避免项目运作出现偏差

旅游项目策划是策划人在对项目市场进行深入调研后总结出来的,可以为旅游地或旅游企业提供决策指导,避免项目运作过程中出现偏差。

(二)增强旅游项目竞争力,使其处于竞争优势地位

近年来,旅游目的地或企业在概念和策划模式上不断推陈出新,使市场竞争日趋激烈。在这种情况下,旅游项目策划要发挥其功能,使其策划的项目更具竞争力,赢得主动地位。

(三)有效地整合旅游项目资源,使之成为优势旅游资源

旅游项目策划要以旅游目的地的资源为基础,对分散的旅游资源

进行有效组合、优化配置，发挥其整合作用，实现旅游项目的预期目标。

第二节 旅游项目策划的原则

一、创新性原则

创新是企业得以发展的动力，是在竞争中立于不败之地的法宝。旅游项目策划成功与否，在很大程度上取决于旅游项目是否具有创新性，是否能吸引旅游者参与。旅游目的地项目策划的重点在于创新，只有不断地推出新的旅游项目才能有效地吸引旅游消费者的关注。

旅游项目的创新性主要表现在两个方面：

（一）项目形式创新

所谓项目形式创新是指将已有项目引入旅游景区中，保持其基本功能不变，但在形式上实现一定的创新和改造。这种方法是比较容易实现的。目前，很多大型游乐场都把过山车这种刺激的娱乐项目重新包装，把原有的包厢改为悬挂式座椅，这样娱乐过程中的刺激性大大加强，吸引更多的游客。

（二）项目功能创新

项目功能创新是指重新设计一个具有创新功能的项目或将原有项目在功能上加以拓展。重新设计的旅游项目要参考国际标准，因此，要求策划者有较为丰富的设计经验。

此外，还要考虑到旅游资源的差异性。我国东北三省的冰雪旅游资源具有普遍性和类似性，如何开发出独特的并难以被模仿的冰雪旅游项目需要开发者精心策划。

二、人本原则

旅游项目策划是面向旅游者展开的，旅游者作为情感体验的主体，对策划产生积极或消极、肯定或否定的评价，进而影响旅游项目策划的成败。

要使旅游项目成功运作必须满足游客的心理需求。心理需求是人们心理活动的前提条件，是人的行为产生的原因，也是个体积极性的源泉。心理学家马斯洛的需要层次理论把人的需要分为五个层次：生理需要、安全需要、爱和归属需要、尊重的需要和自我实现的需要。

人们的这些需要在人际活动中都有一定的体现,旅游开发项目策划要善于运用这些需求,利用一定的手段激发这些需要,从而确保旅游项目的成功运行。

三、效益原则

效益是项目策划活动的一个立足点,又是检验一项策划活动成功与否的基本标准。

旅游项目的效益可以从经济效益、社会效益和生态效益三方面衡量。在市场经济体制下,旅游目的地或景区要想生存下去,首要目标就是获利。只有旅游企业有了用以运营的资本才能把旅游目的地经营得更好。但是,旅游目的地不能只考虑经济效益,由于旅游活动的社会性和其对生态环境的敏感性,旅游目的地策划必须兼顾生态效益和社会效益。生态和社会环境对旅游项目策划的经济利益有着直接的影响。旅游消费者需求虽然是旅游项目策划的前提和基础,但进行旅游项目策划时不能只考虑旅游消费者的需求。因为人的需求是无止境的,无限地满足旅游者的需求会超过旅游目的地对各项指标的承载能力。另外,可持续发展观的提出促进了可持续旅游的开发。可持续旅游开发可以满足经济、社会和文化的需求,在强调为当前的游客和东道主提供旅游和发展机会的同时,保留并强调后人享有同样的机会。

四、可行性原则

旅游项目策划是一项现实性较强的工作,要求项目具备较强的可操作性和经济、社会、法律等各方面的可行性。

首先,要进行周密的考察和资料收集,充分利用所能获得的一切信息,进行严谨和科学的分析,对未来形势作出准确的判断;其次,设计旅游项目时要立足于旅游目的地的客观实际和资源现状,合理地利用资源;再次,采取科学的方法逐步推进,通过试点考察该旅游项目是否有发展的前景,并对实施过程中的不足进行修改,确保整体项目的顺利运营。

五、超前原则

旅游项目策划必须对未来发展的各种可能性和变化趋势进行预测,并对策划的结果进行事前事后的评估。

旅游项目策划虽然具有超前性,但是仍要以客观环境为前提,不能脱离实际,提出毫无根据的设想。

六、一致原则

一致原则主要表现在三个方面：

（一）坚持短期效益和长期效益相一致

旅游项目策划与未来发展密切相关，因此，要以长远的眼光设计旅游开发项目，坚持可持续发展战略，使每一个旅游项目的短期发展状况处于整体策划的控制之中，与长期发展目标保持高度一致。

（二）坚持局部利益和整体利益相一致

旅游目的地项目策划要服从全国旅游业发展的现状和趋势，不能不切实际地超前发展，要从整体利益最大化方向来设计。

（三）坚持项目建设和景区环境相一致

景区内部各项资源不是孤立存在的，而是相互影响、相互关联的。旅游开发项目策划过程中，景区内部各种资源的不同配置会对整体项目的系统功能产生影响，尤其要注意旅游资源之间的平衡。为了维持旅游景区内各项资源之间的稳定联系，旅游项目策划要综合考虑所设计的项目对周边环境和旅游资源本身的影响。

七、特色原则

旅游的本质就是探新求异。因此，旅游者往往是追求与自己原有的生活环境和生活习俗不同的目的地。因此，旅游项目策划要深入了解旅游目的地资源条件和人文环境，做到因地制宜，开发出具有地域特色的旅游项目。

八、集中原则

旅游项目策划要突出重点，分清主要项目和辅助项目，切不可喧宾夺主。要认真分析资源现状，找出决定旅游项目成败的关键点，并集中力量把关键点策划成最具吸引力的项目。只有这样，才能够以最少的资源达到旅游开发项目策划的目标。

九、信息原则

一个好的旅游项目策划是以信息收集、加工、整理、利用开始的，而好的开端就意味着成功的一半，因此，信息性原则是旅游开发项目策划的基础性原则，也是关键性原则。这就要求旅游策划者要收集全面可靠的一手信息，并且要确保这些信息的加工准确、及时。只有这样才能确保信息的系统性和科学性，并更好地为旅游项目服务。

第三节 旅游项目的可行性分析

一、旅游项目的可行性分析概述

可行性分析是指在旅游项目投资之前,对该项目的经营以及经济收益进行评估,从而确定该项目在经济上是否具有可行性的一系列对相关市场的调查分析和预测活动。可行性分析是任何一个项目投资之前所必不可少的重要步骤,其必要性表现在以下几个方面。

(一)可行性分析是旅游项目策划必不可少的工作

每个旅游项目都包括三个阶段,即投资前阶段、投资阶段、服务经营阶段,每个阶段都在为最终的盈利做准备。旅游项目的根本目的就是在一段时间内,以较快的速度回收资金并能在经营过程中产生可观的经济效益。因此,可行性研究就是要使投资者充分了解市场行情和竞争对手,并能科学地预测市场前景,最终确定该旅游项目策划是否可行。

(二)可行性分析是评估旅游项目的重要依据

可行性分析主要是判断拟建的旅游投资项目能否产生预期的效益。为了达到这一目的,必须运用科学的研究方法,经过多次分析和研究,将最终的研究报告向上级主管部门报告,最终决定是否开发该旅游项目。

(三)可行性分析为筹集资金提供重要的参考依据

旅游项目多数属于资金密集型项目,往往需要注入大量的资金。对于旅游开发单位而言,除了自筹资金和国家支持资金以外,大部分需要进行市场融资或者向银行贷款。因此,可行性分析报告可为各融资商或银行提供参考依据。

二、旅游项目可行性研究的原则

(一)目的性原则

旅游策划不同于其他项目的策划,每个具体的旅游项目的背景和条件都是千差万别的,旅游项目可行性研究人员一定要根据旅游市场需求和投资者的具体目的,进行有针对性的可行性分析。

(二)客观性原则

旅游项目可行性分析要符合旅游目的地本身的经济、社会和文化等客观条件,还要符合旅游目的地的整体发展战略。因此,旅游项目可行性研究必须立足于客观实际,并进行充分的调查研究,为研究方案的最终确定提供可靠的依据。

(三)科学性原则

对旅游项目可行性分析的过程一定要运用科学的方法统筹安排。资料调查要以最新、最全面的一手资料为主,分析过程中要有科学的理论指导,这样才能确保可行性分析更加客观、公正,并有效地指导策划工作。

(四)责任细分原则

旅游项目策划要进行详细具体的分工,将研究的具体内容分配到具体的专家手中,并明确责任,以确保可行性分析的科学性和投资后的良好效益。因此,要将具体问题加以细分,让参与分析的工作人员承担相应的责任。

(五)宏观与微观效益一致原则

旅游项目策划的可行性分析不仅要考虑本身的获利情况,还要考虑宏观的经济效益。这是因为,提高旅游企业自身的经济效益是提高宏观经济效益的基础,提高宏观经济效益又是实现旅游企业经济效益的前提和保证。为此,旅游项目策划的可行性分析一定要详细地分析该项目对宏观和微观经济的影响,只有符合二者相一致的原则,该项目才能被通过。

(六)三大效益统一原则

现代旅游业在全球蓬勃发展,被称为"无烟工业"、"民间外交"、"朝阳产业",充分表明旅游业对经济、社会、环境的积极作用。其一,旅游业有其乘数效应,使该产业收入在国民经济运行中得到成倍的放大;其二,由于旅游业本身高度地依赖资源和环境,必须对此进行保护性的开发;其三,旅游业促进不同地区间的文化交流,增进了各民族的感情。然而,由于过度开发旅游资源造成的负面效应也是显而易见的,如环境的恶化、外来文化对本地文化的冲击等。故此,旅游项目策划的可行性分析不仅要针对经济效益,更要将经济、社会、环境三大效益结合在一起进行研究。

三、旅游项目可行性研究的内容及过程

(一)明确旅游项目策划的目的

预期所能达到的目的是衡量旅游项目策划是否可行的一个基本指标。究其实质,可行性分析就是考察一个旅游投资项目能否达到预期的目的。

(二)分析旅游项目策划依托的旅游资源的赋存

旅游资源赋存状况和特色将决定其开发的潜力。一般来说,旅游资源数量越多、越丰富,所具备的开发潜力越大;旅游资源在空间上的集中程度越高,开发后的影响效果越大;旅游资源所蕴含的文化底蕴越深厚,开发后对游客的吸引力越大;旅游资源特色越明显,旅游资源开发后该地旅游业的竞争力越强。

(三)调查旅游项目的市场情况

旅游项目策划的最终目的就是获取经济利益,而经济利益的实现必须发生在市场。因此,分析一个旅游项目是否可行,一定要对其相应的旅游市场进行周密的调查,包括旅游市场发展规律、市场容量,并预测开发后市场对其产品产生的需求量,以确定旅游开发的规模和程度。

(四)研究旅游项目的投资环境和建设环境

旅游目的地的投资环境和建设环境包括宏观经济状况、市场开放程度、旅游项目是否享受政府的优惠政策、旅游目的地的自然条件和配备设施等。投资环境和建设环境越优越,旅游项目策划的成本就越低,其可行性就越高。

(五)研究旅游项目策划的时间周期、具体内容、建设标准等

一般来说,旅游项目策划是分段进行的,这样做的目的在于对建设和营业后所出现的问题进行分析,从而便于对可行性分析加以调整,使之更加适合于现实情况。通常要先选择示范项目,这些项目通常是基础性的项目,然后继续兴建一些投资额更大、功能更强的项目,最终完成策划。因此,对于策划时间周期、内容、建设目标和主要设施的布局一定要慎重,论证后才能予以通过。

(六)研究旅游项目开发过程中所需的资金来源或筹措方式

对于旅游业中的不同部门、行业的建设项目所需资金额要具体地进行有针对性的分析,并设计其融资渠道,为旅游项目开发过程中的资金供应提供保证。

第四章 冰雪旅游项目策划

(七)确定旅游项目开发建设的人力资源、原材料等的来源

一定的人力资源是旅游项目建设和项目建成后的经营活动正常开展需要的基础保证。而旅游业的人力资源并非普通的简单劳动力,而是接受过专门培训、具有一定职业素养的专业人员。所以,在对旅游项目进行可行性分析时,对项目策划过程中所需的旅游人力资源的供应情况和提供服务过程中所必需的原材料以及辅助设施供应情况要加以评估,以保证旅游企业正常运行。

(八)研究旅游项目对环境和周围地区的影响及应采取的措施

旅游策划过程中难免会出现一些盲目性的行为,对环境造成一定的不良影响。所以,在进行可行性评估时要充分考虑旅游项目策划对周围环境的影响,发挥其积极作用,抑制和抵消其产生的消极影响。

(九)研究旅游项目的投资效果和开发后旅游业运营中的效益

研究旅游投资效果及开发后运营过程中的三大效益,即经济效益、社会效益和环境效益,并对此进行反复的修正,最后得出的结论才最具科学性和准确性。

(十)撰写旅游项目可行性研究报告

旅游项目可行性研究报告是可行性研究成果的表现,是指在项目建设之前,对项目所在地的资源赋存、市场规模、社会经济基础、承载力及其投入产出等,进行全面的技术论证和经济分析,从而确定该项目建设的可行性和有效性的书面报告。

旅游项目可行性研究报告一般包括:总论、旅游资源评价、市场分析、利用条件、建设内容与规模、工程设计方案、环境保护及其他、项目实施进度、项目投资估算、效益评价。

第四节 旅游项目策划的主要内容

一、旅游项目环境分析

旅游项目环境是指一切影响和制约项目发展的因素。旅游项目环境由多种因素组成,主要包括宏观环境和微观环境两种。

(一)宏观环境

1.经济环境

旅游项目的经济环境是指影响项目活动的外部社会经济条件,包括经济形势、产业政策、行业区域规划、投资优惠政策以及项目所在地的经济特征。

2.政治法律环境

政治法律环境是指一个国家或地区与旅游有关的政策法规,它影响着该国家或地区旅游发展的走向、规模,决定着政府对当地旅游发展的投资支持力度,甚至左右着区域旅游业的兴衰。

3.科学技术环境

作为旅游活动的宏观环境之一,科学技术不仅直接影响企业的生产与经营内容,还与其他因素互相依赖、相互作用,为旅游业提供一系列便利条件。

4.生态环境

旅游业的发展必须以自然资源为依托,生态环境是旅游活动发展的基础。如果旅游消费者超过旅游场所的承载量,再加上人为的污染破坏生态环境平衡,最终就会影响旅游活动的开展。

5.文化环境

文化环境是指旅游地居民的受教育情况、宗教信仰、生活方式、风俗习惯、价值观念和审美观念等。

(二)微观环境

1.旅游企业或旅游地

旅游企业或旅游地是旅游项目的直接执行者。旅游企业或旅游地的良好环境是旅游项目策划获得成功的基础。因此,旅游企业的总体发展要求、开发理念和决策者知识水平影响着旅游项目的执行效果。

2.竞争者

旅游企业在市场经济下经营必然面临着竞争,而竞争对手的实力直接影响着旅游项目的进行。因此,旅游企业或旅游地必须对竞争者情况进行深入的了解,这样有利于旅游企业了解该项目的竞争对手和占领多大的市场份额,并且通过对竞争对手的分析,找出其优势和劣势,以便有针对性地进行旅游项目开发工作。

3.旅游消费者

旅游消费者是旅游开发项目的直接购买者,针对旅游者的消费倾向进行项目策划,使其适销对路。

二、旅游项目策划优劣势分析

了解旅游项目的优劣势有助于策划者在进行旅游项目策划时能够扬长避短、发挥优势。具体来说,旅游项目的优劣势分析可以参照三个方面进行:一是与竞争对手的比较;二是与目标市场消费要求和特点的对照;三是与周边地区的对照。

三、旅游项目目标策划

旅游项目目标策划是对旅游项目要达到的目标进行筹划,主要是筹划总体目标和阶段目标。总体目标是对项目要实现的社会目标、经济目标和环境目标进行的综合表述。阶段目标是根据项目建设的逻辑关系和时间进程,提出的在不同时段所要达到的指标。总体目标和阶段目标构成了项目策划的目标体系。在进行项目目标策划时一定要注意突出项目目标的明确性、可行性和可控性,以便项目目标能有效地指导项目的实施。

四、旅游项目主题策划

旅游项目的主题是该项目的灵魂,体现了旅游地或旅游企业的目标和特色,构成了旅游项目策划活动开展的中心。项目主题是否鲜明,影响着旅游地或旅游企业的吸引力和竞争力,决定着项目策划效果的好坏。因此,项目主题策划必须深入研究旅游企业或旅游地的发展目标、自身特色和优势,以及旅游者的需求特征和规律。只有这样,才能保证主题鲜明新颖,刺激旅游消费的产生和旅游目标的实现。

五、旅游项目的市场营销策划

旅游项目的市场营销策划,是策划者通过对与项目产品市场紧密相关的各种要素进行系统的分析、组合,创造性地设计和策划旅游方案,然后付诸实施,以求得最优经济效益和社会效益的运筹过程。

六、旅游项目功能策划

体验经济时代促进了体验旅游的蓬勃发展,而旅游者所能直接体验的就是旅游项目的功能,进而深层次体验旅游项目的性质和主题。只有项目的功能明确了,策划人员才能对项目的支撑体系进行大胆的取舍,对项目的内容进行有效的组织,为项目的成功奠定可靠的基础。

七、旅游项目创意设计

旅游项目创意设计是旅游策划人员基于项目的资源特色、市场需求现状以及发展趋势、开发者的实力,凭借经验、知识、信息和策划技能,对旅游项目的内容、形式等进行的创造性构思设计活动。项目的创意设计是项目策划的核心内容。

八、旅游项目可行性研究

具体详见"第三节:旅游项目的可行性分析"。

九、旅游项目的不确定性分析

所有的旅游项目策划都是建立在对未来预测和判断的基础之上的。任何项目策划者都不可能精准地控制各种因素在未来的变化,这些不确定因素随时局变化而变化,构成了策划过程中的不确定性。因此,有必要对旅游开发项目进行不确定性分析,尽可能减小旅游开发项目的风险,增强项目策划的有效性。

十、旅游项目管理策划

项目管理是对项目实施的任务分解和任务组织工作的策划,内容包括管理工作的设计、管理机构的设置、工作程序、制度及运行机制、部门职能的划分、人员的配备以及监督考察、考核、奖惩措施等的配套设计,项目管理的组织协调,管理信息的收集、加工处理和应用等。项目管理策划视项目的规模和复杂程度,分层次、分阶段地展开,从整体到局部逐步深化。

第五节　冰雪旅游项目的创意策划

作为一项新兴的度假旅游产品,冰雪旅游开始受到越来越多的关注,并日益凸显出其在中国旅游市场上的重要性。同时,旅游者对冰雪旅游的品质要求也不断提高,这就要求旅游企业或景区在设计冰雪旅游项目时要突出冰雪旅游的特色,并且在可持续旅游的前提下极大限度地满足旅游者的需求,策划具有创新性的冰雪旅游产品,从而延长冰雪旅游的寿命。

一、冰雪旅游项目创意策划的总体原则

冰雪旅游项目创意策划就是指在冰雪旅游资源条件下,在新的旅游市场形势下,如何通过表现形式或旅游项目内容的变化与更新,来使冰雪旅游项目更适合该旅游地的发展。但是,冰雪旅游项目的创新也要遵循一定的原则,即"人无我有,人有我新,人新我转"。

(一)人无我有

"人无我有"是旅游项目创意策划最基本的含义之一,即创造一个有别于其他旅游景区的旅游项目或者前所未有的旅游项目,这是创新的第一个层次。这种创新需要策划者拥有深厚的策划经验和理论基础,并能从现有的旅游项目中总结经验,设计出别出心裁又独具匠心的旅游开发项目。

哈尔滨从1963年开始在全国率先举办了冰灯游园会,且在1985年成功举办了首届冰雪节,开创了中国冰雪旅游的先河,成为中国首选的冰雪旅游胜地,在全国冰雪旅游界具有领军的地位。1996年哈尔滨市承办了第三届亚洲冬季运动会,成为中国真正意义上冰雪旅游发展的重要标志。此后,各地纷纷开发冰雪旅游资源,逐步形成了以东北地区为首,包括四川、新疆、内蒙古、湖南、河北、北京等地的全国冰雪旅游发展态势。

总的来看,由于某些旅游资源具有普遍性和类似性,这种创意策划的方法有一定难度,但是作为旅游项目创意策划的首要原则必须给予足够的重视。

(二)人有我新

"人有我新"是指如果一个旅游项目在其他的旅游地或旅游景区已经存在了,或者在旅游者中比较流行了,那么在新的旅游项目中就要有所创新。

在旅游项目创意策划过程中,注意旅游项目的差异性,即将其他旅游地所拥有的旅游项目进行本土化改造,使其充满浓郁的本地风情,从而与其他同类型的旅游项目形成反差,成为一个新的旅游项目,吸引旅游者。在改造创新过程中,既可以从旅游项目的硬件基础上加以创新,提高旅游项目中的科技含量,也可以从文化氛围或其他软条件上对旅游项目进行改造。

例如,在哈尔滨成功打造国际冰雪节,并利用冰雪旅游创造了可观的经济效益之后,沈阳和长春也开始重磅出击。

1.沈阳:短处变长处,做足雪品牌

沈阳发展冰雪旅游曾存在过误区,认为沈阳比哈尔滨和长春的气候偏暖,冷冻时间短,对做不做大冰雪经济存在疑问,使其错过了大好商机。现在,沈阳旅游业达成共识,要把短处变为长处,气候偏暖,更适合游人室外活动;冷冻时间短,但可以营造轰动效应,提升群众的广泛参与性和刺激性。"到哈尔滨看灯,到沈阳玩雪。"这是沈阳市提出的冰雪旅游促销口号,避开哈尔滨冰的优势,着重在雪上做文章,打造"东北冰雪旅游第一站"品牌。同时,他们成功借鉴了日本札幌冰雪节的经验,全力打造国内雪雕第一品牌。面对暖冬现象,沈阳引进人工造雪设备,使用高科技手段在夏天打造室内滑雪馆,把旅游受气候、地域的影响降到最低。

2. 长春:冰雪经济剑指"特色"牌

长春冰雪旅游的发展思路是充分利用气候优势,主打特色牌,延长冰雪经济产业链。相比哈尔滨冬季过冷,沈阳则过暖,长春则充分发挥气候上的"适度"优势,在300公里半径内,设有20多个冰雪旅游景点,发挥地理上的"居中"优势来打造冰雪经济产业链。并进一步完善净月潭、莲花山的配套服务设施,集中力量建设几个重点的冰雪旅游项目,形成以净月潭、莲花山、胜利公园、劳动公园等场所为主的冰雪旅游项目集群,并在"瓦萨国际越野滑雪节"这一品牌上下功夫。目前,长春的冰雪旅游收入已占全年旅游收入的三分之一左右。

(三)人新我转

"人新我转"是指当一个旅游项目在其他旅游地已经存在,并且在目前的条件之下,本地区无法通过创新措施使得本地的旅游项目超过其他旅游地时,旅游开发地应该主动放弃这种旅游项目,而寻找新的市场空间,策划出新的旅游项目。

"人无我有,人有我新,人新我转"是旅游项目创意设计中必须坚持的主要原则。旅游市场竞争的核心就是创新能力的竞争,因此,在进行旅游项目创意策划时不仅要充分考虑本地资源的实际情况,更要突出旅游项目的本地特色,并与其他地区的旅游项目之间产生一定的差异性来提升吸引力。当旅游项目的创新性无法提升本地旅游吸引力时,旅游策划者就要主动放弃,以寻求新的旅游市场为突破口,策划出既能满足旅游者需求,又能体现本地特色且有别于其他旅游地区的富有竞争力的旅游项目。

二、冰雪旅游项目创意策划的内容与程序

(一)冰雪旅游项目创意策划的内容

旅游项目创意策划是一项系统工程,它需要在对旅游区进行合理功能分区的基础上,综合利用各个功能分区内的各种资源开发出能够吸引旅游者的旅游项目。

1. 旅游开发项目的名称

旅游开发项目名称是旅游项目创意策划的一个重要内容。旅游项目的名称是连接旅游项目和旅游者的桥梁,在给旅游项目命名时,要仔细揣摩旅游者的心态,力争通过一个有创意的名字来吸引旅游者的眼球。

2009年第35届冰灯游园会更名为"哈尔滨迪士尼冰雪游园会",打造一个冰雪迪士尼的卡通世界。这个项目名称一经宣传就吸引了大批游客前来体验用冰雪演绎的迪士尼传奇。

2. 旅游项目的风格

在旅游项目创意策划过程中,策划人员要将旅游项目的特色或者风格描述出来,使其所蕴含的民风民俗和文化氛围较易为游客掌握,并由此来控制和限制景区的发展方向。具体而言,主要包括:

(1)旅游项目中主要建筑物的规模、形状、外观、颜色和材料。

(2)旅游项目中建筑物的内部装修风格,如内部分隔、装修和装饰的材料。

(3)与旅游项目相关的旅游辅助设施和旅游服务的外观、形状和风格,如旅游项目的路标、垃圾箱、停车场、购物商店、洗手间以及旅游餐厅所提供的服务标准和方式。

以哈尔滨迪士尼冰雪游园会为例,策划者特别注意在细节中体现冰雪迪士尼,在公园外侧的临界围墙和护栏之间都用冰雕刻成米老鼠的头像,这样做不仅使游园内处处体现迪士尼的主题,更是向游园外的行人宣传了冰雪迪士尼的主题,给行人以遐想,吸引潜在消费者入园游览。

3. 旅游项目所占土地面积以及地理位置

一般来说,旅游项目是一个有形的实体,因此具有时间和空间的特征。项目创意策划时一定要明确给出每个子项目的占地面积以及建设的大概位置,而且必须具体到可以在实际空间中进行定点的程度。具体包括:

(1)旅游项目的具体地理范围。

(2)旅游项目中建筑的整体布局、各个建筑物的位置以及建筑物之间的距离。

(3)旅游项目中所提供的开放空间的大小和布局。

哈尔滨迪士尼冰雪游园会全力打造神奇卡通世界，如："梦幻之旅"——冰雪迪士尼前导景区。该景区卡通形象众多通过狭窄的冰胶片甬道，呈现在游客面前的就是宏伟盛大、美艳绝伦的冰雪迪士尼乐园。

4.旅游项目的产品体系

旅游项目产品体系包括关于民风民俗的节庆活动和一些参与性较强、娱乐性较强的旅游产品。在旅游项目创意策划过程中，要明确表明什么是该旅游项目的主导产品或者主导品牌，什么是该旅游项目的支撑项目和品牌。具体包括：规定旅游项目所能够提供的产品类型，确定主导产品或活动。

5.旅游项目的实施与管理

旅游项目创意策划具有全程性特征，并不仅仅是呈交项目策划的文本和方案，还应该包括后期运作过程中的经营管理和对新的市场环境的调整。旅游项目的创意策划还包括旅游项目的工程建设管理、日常经营管理、服务质量管理以及经营成本控制等。例如，在很多冰雪旅游场所都会看到不断增设的提示牌，提示小孩和老人谨防路滑摔倒等，这就是对服务质量的管理，也是旅游开发项目创意策划中不可忽视的细节。

(二)旅游项目创意策划的程序

1.旅游项目所在地的环境分析

旅游项目所在地的内部环境分析主要是针对自然资源、人力资源、物力资源和财力资源的分析,通过分析了解旅游项目所在地的人才储备状况、基础设施水平和开发的资金实力。旅游项目的外部环境分析主要是分析旅游市场上的市场需求状况、景区之间的竞争状况和旅游市场的旅游需求趋势。这是旅游项目策划的首要步骤，也是该旅游项目能更胜一筹的关键所在。长春和沈阳的冰雪旅游就是典型的例子，在充分调查了哈尔滨旅游业的发展现状后,利用自身的区位优势重新进行定位,打造属于自己的冰雪品牌。

2.分析旅游所在地的资源特色

旅游项目的特色是由旅游资源的特色集中体现的,因此,旅游项目策划者在前期旅游资源调查过程中,要充分分析旅游项目所在地的资源状况,并根据不同的旅游功能分区提出各个旅游分区的旅游资源特色,以此作为设计旅游功能分区的基调。

3.旅游项目创意策划的初步构想

在进行旅游项目的创意策划时,首先要提出旅游项目的构思。所谓旅游项目的构思就是指人们对某种潜在的需要和欲望用功能性的语言来加以刻画和描述。旅游项目策划的构思不能够依赖于偶然的发现或灵感的火花,而要在真正掌握了该区域旅游资源特色的基础上,通过不断地刺激思维来得到。这些刺激可能来自规划人员自身的发散性思考,也可能来源于景区项目策划中所涉及的人或企业,如通过调查旅游者、旅游专家学者、旅游竞争对手、旅行社等中间商来寻求构思的原型。

4.旅游项目策划构思的评价

在市场导向的功利性原则下,策划者需要对不同的项目构思进行成本估算和营销测试,通过这种方式对旅游项目的创意构思进行甄别,淘汰那些成功几率较小的旅游项目构思,保留那些成功机会较大的项目。

5.旅游项目的创意设计

在对已有的旅游项目构思进行了甄别之后,将旅游开发项目的构思落实成实实在在的旅游项目创意,并通过最后招标形式吸引投资者来投资建设。这个步骤的主要工作就是将旅游开发项目构思加以完善和具体化,不仅要从总体上对旅游项目的创意进行不断完善,对于一些细节方面,旅游项目的设计者也要从小处着眼,以人性化的设计理念为指导,将较为抽象的旅游开发项目的构思转变成独具地方特色的,深受旅游者欢迎的旅游项目。

6.旅游项目创意策划书的撰写

在一系列前期工作结束后,应着手编写项目策划书。项目策划书的主要构件有以下几项:

(1)封面。主要包括策划组办单位、策划组人员、日期、编号。

(2)序文。阐述此次策划的目的、主要构思、策划的主体层次等。

(3)目录。记述策划书内部的层次安排,给阅读者以清楚的全貌。

(4)内容。主要包括旅游项目的名称、布局、产品体系、特色等。

(5)预算。为了更好地指导项目活动的开展,需要把项目预算作为一部分在策划书中体现出来。

(6)策划进度表。包括策划部门创意的时间安排以及项目活动本身进展的时间安排,时间的制订要留有余地,具有可操作性。

(7)策划书的相关参考资料。项目策划中所运用的二手信息材料要单独加以整理,以便查阅。撰写策划书要注意以下几个要求:文字简明扼要;逻辑性强、时序合理;主题鲜明;运用图表、照片、模型来增强项目的主体效果;有可操作性。

拓展阅读

2011年哈尔滨太阳岛雪博会12项创意活动设计

1.开幕

2010年12月28日16时30分,国内著名的美声歌唱家演唱普契尼歌剧《蝴蝶夫人》中的咏叹调《今夜无人入眠》。

2.征集雪博会老照片

征集第1届至第10届雪博会老照片,征集时间为2011年1月1日至1月31日。由网友评出最具人气奖的老照片5张。

3.冰雪婚礼

第27届国际冰雪集体婚礼于2011年1月6日在雪博会主塑前举办。

4.艺术馆之旅

开发岛内现有的各类艺术馆资源,首推"雪映奇葩"艺术馆之旅。

5.儿童话剧《木偶奇遇记》演出

雪博会期间,每逢周六周日和重要的节假日上映儿童话剧《木偶奇遇记》中的精彩片段,每天上午一场、下午两场,每场10分钟,孩子们还可以和剧中的人物合影留念,共演出24天。

6.名车体验秀

邀请世界著名品牌汽车和众多国产名车在景区内展出,并开展国产名车试驾试乘体验活动。

7."记者眼中的雪博会"风采活动

首次大规模邀请中外50余家媒体记者来太阳岛采风。

8."全家总动员趣味冰雪运动会"

2010年12月29日至2011年春节期间举办,比赛项目有雪地足球赛、堆雪人比赛、冰上拔河比赛、雪地三人四足跑等。引入传统冰雪项目如抽冰尜、推圈、打爬犁、弹瓶盖、占坑等传统冰上活动。

9. 狂欢大巡游

雪博会期间,由60名身着卡通服装的工作人员,进行每天两场、每场90分钟的艺术表演。

10. 欢乐泼雪节

通过泼雪活动,游人充分体验雪的神奇,享受雪带来的无穷乐趣。

11. "中国红吉祥雪"雪博会民俗周暨大型现代民艺展示活动

于2010年12月29日至2011年1月5日举行,充分展示北方民族厚重的历史文化底蕴和时代特色。开幕式上由10位国家最高民间艺术奖"山花奖"获得者共同创作一组表现"南拓、北跃、中兴、强县"为主题的百米剪纸长卷。

12. 百名农民工子女"雪博快乐体验日"

元宵节当天,邀请100名农民工子女到雪博会体验玩冰赏雪的乐趣。

三、冰雪旅游项目策划实例

(一)案例实况

随着假日经济掀起的消费热潮,各地在开发旅游项目上也开始挖空心思,大做文章,其中最受推崇的项目形式,是以展示人文景观为主的主题公园。然而,据统计,目前有近90%的主题公园经营不善,其中最主要的原因是:在中国诸多的主题公园里,极少有自己的研发机构,缺乏创意策划的持久性、专业性,这也就决定了其持续发展的局限性。从另一个角度来讲,政府及企业投资倾向于主题公园,存在着一劳永逸的思想,这也是主题公园不能长久获利的重要原因之一。

令人欣慰的是,仍然有一批以市场为基础、以绝妙创意制胜的主题公园项目破土而出,一鸣惊人。其中,哈尔滨的"冰雪大世界"表现的尤为突出,在资金短缺和时间紧、任务急的情况下,这个意义重大的旅游项目得以成功运作,并使投资商如期获得利润回报。

1. 市场环境

随着生活水平的日益提高,人们对旅游的要求也发生了变化,单纯的观赏已不能满足游客们的需求,集观赏、参与、娱乐为一体的项目越来越受到人们的青睐。

1999年,为迎接新千年的到来,国家旅游局和中央电视台决定在举行2000年世纪庆典之际,向海内外宣传全国10个城市举办的千年庆典活动。

哈尔滨以其自身特色入选十大城市,也是与国家旅游局联合举办神州世纪游首游式的城市。为迎接这一盛大的世纪庆典,哈尔滨市政府决定在松花江江心沙滩上建设融趣味性、观赏性、娱乐性为一体的冰雪精品工程——松花江冰雪大世界。规划占地28万平方米,共设4个主要景区,即"欢乐广场"、"世纪之声"、"冒险乐园"和"卡通世界"。工程总用冰量7万立方米,总用雪量13万立方米。冰雪作品万余件,总投资3 300万元,活动历时8周。

2.项目问题点

从1999年3月立项以来,政府前期投资了1 300万元(其中基础设施投入1 000万元,宣传促销300万元),而实际所需总投入为3 300万元,截止到8月份还有2 000万元的资金缺口没有得到解决。

由于暖冬现象,结冰期缩短,时间紧、任务急、资金短缺等问题摆在哈尔滨市政府及市旅游局面前。路、桥、电、通讯等基础配套部分必须在11月之前全部建好,运作资金必须在10月份全部到位。

冰雪大世界项目面临的挑战是它不能重复利用。如果成功,将成为哈尔滨旅游业的又一拳头产品;如果失败,偌大的工程等到来年的春天会融化为一滩雪水,造成巨大的经济损失。该项目的突出特点是收益大、风险也大,一般企业不敢冒如此大的风险。

3.市场调查与诊断策划

随着倒计时的钟声与新千年的临近,中国十大千年庆典城市正将国内的庆典活动推向高潮,其他大小城市种类繁多的庆典活动也随着新千年的脚步临近而火爆起来。泰山、世纪坛、三亚的千年庆典,无不对哈尔滨的"冰雪大世界"提出挑战。哈尔滨市政府决定迎着困难上,将该项目列入哈尔滨市旅游发展规划纲要。

以往哈尔滨市五光十色的冰灯是靠灯光打上去的,没有真实感,随着科技的不断进步,彩色冰雕技术应运而生。将这一科研成果运用到"冰雪大世界"中,会使冰雕艺术更有真实感和吸引力。

"冰雪大世界"工程在诊断策划时,前期启动资金已基本用完,可后期投资一直悬而未决。尽管政府的思路是"政府支持,市场运作,企业经营"，但企业看不到实实在在的利益，是不会贸然投资的。如此大的资金缺口要在两个月内全部到位显得十分棘手。

其他诸如总经营权、分区经营权、门脸摊位的招租、总冠名权、分区冠名权、门票广告权、景区墙体广告权、冰建筑广告权、市内主要街道广告权、通向景区的四个桥体广告权、景区内空中宣传广告权、沿江一条街广告权、转播权等每一项工作都必须细化，开价既不能过高也不能太低，每一项赞助、制作，都必须一家一家的去谈……所有这些对人力、物力都十分有限的"组委会"来讲，无疑是一个巨大的考验。

4.总体运作思路

新项目在松花江畔构筑占地 28 万平方米的冰雪大世界，与原来运作了多年"冰灯节"的兆麟公园相比，从内容、形式、技术、功能上都要求有重大创新。如果说兆麟公园的突出特点是五颜六色的冰灯，则冰雪大世界应重在"参与"、"刺激"和"喜庆"。

"冰雪大世界"采用了彩冰技术，加之碰巧赶上"千年等一回"的"千年庆典"时光，完全可以做"项目交叉复合"，即以"冰雪大世界"为核心，把兆麟公园的冰灯、松花江的冬泳、太阳岛的雪雕冰雕及亚布力、二龙山的滑雪等诸道"名菜"整合在一起进行"打包"——推出"千年冰雪节"系列套餐，使早已吃惯、吃腻了"冰雪节"老菜的人们找到了新的兴奋点，从而大大增加游客流量。

与此同时，在哈市总体形象上以"千年冰雪节"的面目出现，无疑是原来"冰灯节"名片的提升。以国家旅游局作为主办单位之一，借助全球"千年庆典"大热潮的良机，在国内外众多媒体聚焦中国十大千年庆典城市的情况下，尤其是中央电视台将要推出 24 小时的"相逢两千年"全天直播，如把所有资源"打包"进来，经过多层包装，无形中已把"冰雪大世界"放到了一个良好的操作平台上。

面对时间紧、任务重、资金缺口的事实，计划—投资—建设—广告招商—门票的传统操作流程已经来不及，必须将创意与房地产运作、旅游门票运作、资本市场运作、广告运作、电视转播运作等整合在一起进行超常规运作，才有可能在两个月内解决重大的资金缺口，赶在冬季来临之前将基础设施搞好。

5.创意构想

任何旅游项目都由硬件和软件构成，同样的硬件，创意策划不一样,其效果就会大相径庭。更有人说,旅游就是编故事来吸引游客。面对冰雪大世界这样的现代主题项目,28万平方米这样大的容量必须有丰富的创意才能完成。为此策划者构想了一系列创意:

(1)千年白雪公主评选。哈尔滨素以冰雪著称;冰雪节要在"冰"和"雪"上下功夫、做文章;白雪公主是家喻户晓的童话人物,在人们心中有一定的号召力和影响力。将二者有机结合,千年白雪公主评选应运而生。在国外,特别是像委内瑞拉、泰国等国家,选美已经成为一种产业,成为经济发展的支柱之一。在冰雪节,把评选白雪公主作为辅助活动之一,目的是利用人们对选美的一种关注和好奇心理,一方面为冰雪节打造良好的声势,吸引人们的眼球;另一方面吸引广告和赞助,扩大冰雪节的辐射范围。这项活动分为三个评选范围:12岁以下评选娃娃白雪公主,12~18岁评选青少年白雪公主,18岁以上评选成年白雪公主,共评选2 000名。评选范围为全国性的,这样就可以使全国各地人们的目光聚焦于此,极大地增强了项目的参与性,"冰雪节"不但是哈尔滨的,也是全国的。

(2)空中飞毯。从地理位置来看,黑龙江的乌苏里江镇在中国内地的最东边缘。为满足人们争相观看新千年第一缕阳光的欲望,可以在乌苏里镇举办主要由青少年学生参加的冬令营,来迎接新千年的晨光。在12月31日午夜的钟声敲响后,人们载歌载舞,欢庆新千年的到来;接着,大家等待新千年的阳光,到天亮之时,用摄像头将太阳的升起进行全程拍摄,然后用充气飞毯把祝福、晨晖迅速送到冰雪大世界,通过大屏幕电视放映出来,让在场的人们共同感觉到新千年的来临。飞毯也可以用飞艇或其他空中飞行物代替,这样可以引起"眼球效应",大大增强冰雪节的影响力。

(3)千年雪龙。世纪之交恰逢中国传统的龙年,炎黄子孙是龙的传人。黑龙江名字的由来也与龙有关。龙在中国人心目中有着特殊的地位,为此,有必要在冰雪大世界中突出"龙"的形象。最好的做法就是将冰雪大世界的门做成二龙戏珠的造型,使人们从很远就能感受到龙的气息。而大世界的围墙则雕刻成龙身,围墙上盖着数公里长,绣有龙头、龙珠、龙鳞、龙爪的"龙布",使整个冰雪大世界由"两条龙"环绕。这两块龙布是开放式的,可承载成千上万游客的签名,让大家在"龙身"上表达自己对新千年的美好祝愿。以阿城金代遗址的千年铜座龙为此次活动的标志,取名"千年雪龙"。

(4)灵活的门票。以往的一些主题公园或娱乐场所的门票一般采用两种,一种是单项门票,另一种是通票或联票,即一票到底。但是,有些游客并不是对每个景点都感兴趣,而是钟情于某几个景点。策划者设计了这样一种门票:使用次数不限,用打孔结算。拿着这张门票可以去冰雪大世界的世纪之声、冒险乐园、欢乐广场、卡通世界四个景区,也可以用一张门票在某个景区玩四次。例如,一家三口来玩,家长一般有照顾孩子的要求,儿童喜欢在卡通世界里游览,这样就可以让他拿一张门票在此多玩几次。

(5)旅游一条龙。整个哈尔滨并不是仅有冰雪大世界这样一个景点,可以冰雪大世界为核心,将哈尔滨周边其他景点包括进来,如亚布力滑雪场、东北虎林园等。这样,旅游景点串成了一条龙,人们可以在一次旅游中尽情领略不同特色的北国风光。由此设计几条不同的旅游线路,分别用于一日游、二日游、三日游等,来满足不同游客的需求。

6.融资策略与营销策略

策划者提出,对于合作的伙伴应着眼于上市公司。应该积极争取有资金而苦于没有项目的公司来投资。问题的关键在于项目是否对路,是否有好的创意与回报。事实证明,召开新闻发布会以后,多家上市公司都表示对冰雪节项目感兴趣,愿意进行投资。

如果短期内还是没有筹集到所需资金,策划者另有一个应急方案:通过预售特别门票——有奖门票或彩票来融资,即项目尚未建好,先卖"期货"。例如社会福利彩票,这张彩票可以当场兑奖,奖品丰厚,同时彩票也是冰雪节的门票。一方面哈尔滨市民对冰灯节已有十几年的感情,另一方面有大奖的刺激,如果发行100万张,每张以50元计算,这种门票收入就有5 000万元,而发行了100万张就意味着100万人次前往冰雪节,这样100万人次实际参与冰雪节时的消费也会给组织者和经营者带来一笔不小的收入。冰雪节结束收回全部投资后,将余下的利润全部用于社会福利事业,并由公证处公证,一举两得。

7.实施结果

2000年冰雪节进行之时,哈尔滨成了春节期间全国最为火爆的去处,交通紧张,住宿、餐饮火爆。当年全市旅游直接收入达107亿元,相关产业收入达700亿元。以"冰雪大世界"为核心的旅游项目在这其中起了不可估量的作用。

(二).点评

本项目策划具有以下优点:项目市场分析科学、全面、深入;问题诊断准确,切中要害,对问题准确的把握为本项目策划奠定了成功的基础;策划过程细致周密,可以说做到了无懈可击;策划思路正确,富有创造性;创意独特,符合当时旅游市场的发展趋势;营销措施可操作性较强,可以达到较好的预期效果。

同时,从这个案例中我们还可以看出,任何一个项目要想运营成功,都必须首先对市场的背景、需求及可行性进行分析,其次要有细致的策划过程,做到有的放矢。就旅游业而言,项目策划要侧重特色旅游和特色服务,尽量让消费者参与进来,调动他们的积极性,以满足消费者的最大需求。

欢乐冰雪,激情城市

——第27届中国·哈尔滨国际冰雪节主题口号

第五章介绍了冰雪旅游商品的定义、特征、价值、分类与开发意义。深入探讨了冰雪旅游商品策划原则、内容与开发对策。冰雪旅游商品的发展将对冰雪旅游产业,乃至对冰雪旅游建设起到积极作用。

第五章　冰雪旅游商品策划

旅游商品是旅游业的要素之一,旅游商品消费水平在很大程度上反映了一个地区旅游业的发达程度,直接影响着游客满意度和旅游业的整体收益。据国家旅游局统计资料显示,世界旅游消费结构中,旅游购物的比重在不断增加。在旅游业较发达的国家或地区,旅游购物收入一般占旅游业总收入的40%以上。在我国,目前购物收入一般占旅游业总收入的20%左右。我国旅游产商品消费水平与发达国家或地区的差距说明了我国旅游商品的开发与销售还不能满足旅游业快速发展的需求,针对旅游商品的开发与策划的研究势在必行。

第一节　冰雪旅游商品概述

冰雪旅游也是由"吃、住、行、游、购、娱"六大要素组成的一个有机整体,购物是冰雪旅游的一个必不可少的环节。冰雪旅游购物的过程实际就是游客购买冰雪旅游商品和旅游过程中为自己和他人购买旅游必备品或其他与冰雪旅游相关的物品的过程。

一、冰雪旅游商品的定义

对冰雪旅游商品的描述,源于对旅游购物的兴趣,究竟什么是冰雪旅游商品呢?目前尚无公认的定义,但一般是从世界旅游组织关于"旅游购物支出"的定义来理解。旅游购物支出,指为旅游做准备或在旅游途中购买物品(不包括服务与餐饮)的花费,其中包括衣服、工具、纪念品、珠宝、报刊书籍、音像资料、美容及个人物品、药品等,不包括任何一类游客出于商业目的而进行的购买,即为了转卖而形成的购买行为。

根据上述定义,冰雪旅游商品包含如下条件:首先是它的依赖性,是旅游者围绕冰雪旅游购买的,包括前旅游过程和旅游途中的购物对象。其次是它的有形性,冰雪旅游商品是以物质形态存在的实物,不包括劳务服务、食品和饮料。再次是它的非商业性,是冰雪旅游者为了一定消费目的进行的购物,不包括商业性或投资性购物。最后是它的相对性,将免税商品纳入冰雪旅游商品,主要是以其低廉的价格引起旅游者的购买。

根据以上冰雪旅游商品的条件,我们给冰雪旅游商品下的定义是,旅游者因冰雪旅游而产生购买的,其所有权发生转移的,含有冰雪旅游信息或旅游地文化内涵的劳动产品,不包括商业性或投资性的购买对象。

二、冰雪旅游商品的特征

冰雪旅游商品是多种产品和服务组合形成的特殊商品。其构成因素很多,不仅有满足游客基本生活需要的物质要素,还有满足游客精神需要的原始要素、社会要素及历史要素,这就决定了冰雪旅游商品具有不同于其他商品的典型特征。冰雪旅游商品既有其他商品共同的特性,即它具有价值和使用价值,也有与其他商品不同的个性。冰雪旅游商品的特性体现在:

1. 层次性和针对性

由于游客的旅游动机不同、旅游需求的层次性及冰雪旅游商品不同的消费价值,决定了冰雪旅游商品具有明显的层次性。其结构特征为:文化层、精神层消费旅游商品是核心层;文化性消费品和物质性消费品相结合的冰雪旅游商品是中间层;物质性消费的冰雪旅游商品是外围层。这些层次相辅相成,缺一不可。而且面对大众消费的社会,冰雪旅游商品还可以高、中、低不同层次进行市场定位。冰雪旅游商品的经营者可以根据冰雪旅游商品不同的消费层次生产不同花色、品种、价位的冰雪旅游商品,满足来自于不同的国家、地区,不同风俗习惯和宗教信仰的游客的需求。这就要求冰雪旅游商品要根据游客的风俗、习惯、宗教、国籍等方面的差异,有针对性地进行生产,以确保冰雪旅游商品适销对路。

2.地方特色与民族特色

所谓地方特色,是指一个旅游目的地的旅游商品区别于其他地方商品的显著特征和标志。它是由多种自然资源和人文资源组成的复合体。它的形成和发展反映着深厚的民族文化和地方文化,通过冰雪旅游商品设计,可将不同民族不同地方的消费方式、审美标准、群体爱好和人际关系表示出来,所以,冰雪旅游商品体现着各地的民族风格和地方特色,具有很强的吸引力。

3.艺术性、纪念性和实用性相统一

冰雪旅游商品是人性化的象征,应有趣味性、玩味性和文化艺术的欣赏性,应该将文化、艺术、知识和生活融为一体。冰雪旅游商品的艺术是以冰雪旅游商品的玩味性为标准,即能将旅游者的爱好和个性融入其中,又可促进旅游者欣赏标准的提高,使之能给人以美的艺术享受。因此,内容丰富、设计新颖独特、造型逼真是冰雪旅游商品的核心所在。

冰雪旅游商品要具有纪念性。游客旅游除了欣赏风土人情、冰灯雪雕外,一般都想从旅游目的地购买一些富有纪念意义的冰雪旅游商品。一件纪念性很强的冰雪旅游商品往往能唤起游客对冰雪旅游活动的美好回忆。

冰雪旅游商品要有实用性的文化内涵。要使冰雪旅游商品具有实用性,必须注意做到,一是因人而异,冰雪旅游商品只有在适应某种类型人的需求时才具有实用价值;二是因时而异,要考虑时间性和季节性的影响需求;三是因地而异,要考虑地方特点和民族特色的纪念意义。

4.轻便性

对于大多数冰雪旅游商品而言,旅游者一般是在旅游过程中消费或携带的,因此,冰雪旅游商品应具有轻便性的特征。冰雪旅游商品结构、容积、重量的设计要充分考虑旅游者携带、使用和收藏的方便。

三、冰雪旅游商品的价值

冰雪旅游商品是一种融合客观实用性与旅游者主观需要、地方民族特色与旅游活动的特殊商品,其使用价值主要包括实用价值、艺术价值、纪念价值、商业价值。

1.冰雪旅游商品的实用价值

实用价值是指冰雪旅游商品对旅游者具有实际作用效能,它要求冰雪旅游商品要适应某种类型人的特定需求。实用价值是冰雪旅游商品普遍存在的使用价值。只有具有实用价值的冰雪旅游商品,才具有广阔的市场前景。冰雪旅游商品作为一种有形的物品,必须具有实用性,能够给人们带来某种用处,才能体现其价值。如:第24届大学生冬季运动会旅游商品(如图 5.1 所示)的设计就具有很强的实用性。

2.冰雪旅游商品的艺术价值

冰雪旅游商品的艺术价值,在旅游者进行旅游商品消费时是至关重要的。因为旅游商品蕴含着浓郁的纪念意义,因此,旅游者对旅游商

图 5.1　第 24 届大学生冬季运动会旅游商品

品的艺术性的要求主要是美。当然,由于人与人的修养不同,生活习惯不同,审美情趣也存在着很大的差异。因此,一种旅游商品的艺术价值,不论它的内容和形式如何,它们都会在自己的框架标准内,在其艺术性上有些分量。

3. 冰雪旅游商品的纪念价值

冰雪旅游商品的纪念价值指冰雪旅游商品能显示出旅游者在旅游目的地的信息,便于旅游者看到该商品,能引起美好的回忆。旅游者在旅游过程中购买的一切物品都希望有纪念意义,含有旅游地文化,成为表示自己去过某地的象征。冰雪旅游商品的纪念价值是其区别于一般商品的一个显著特点。

4.冰雪旅游商品的商业价值

冰雪旅游商品的是地方宝贵的物质、文化和品牌资源。其商业价值主要表现为:它是一个地区或民族代表性的物质与文化商品,是地方或民族的特色产业之所在,因而构成整个地区经济发展的方向之一。由于冰雪旅游商品并非是一时形成的,是长期文化积淀的结果,取得了广泛的文化认同,因此极具品牌价值。利用地方冰雪旅游商品进行环境装饰,可以营造具有地方和民族特色的商业文化氛围,增强商业区、商业企业的吸引力。

四、开发冰雪旅游商品的意义

1. 开发冰雪旅游商品能满足游客"购"的需求

购物是冰雪旅游的一个必不可少的环节,开发冰雪旅游商品实际也就是为满足旅游者旅游需要的一个必要手段。

2.开发冰雪旅游商品是增加旅游收入的必要途径

冰雪旅游商品品类繁多,它既有适宜于大规模加工生产的产品,也有适宜于手工生产的产品。冰雪旅游商品的附加值较高,利润空间一般比较大,因此,开发冰雪旅游商品可以带来丰厚的收入回报,有利于促进旅游业的快速发展。

3.开发冰雪旅游商品是扩大旅游宣传、提高旅游目的地的知名度与美誉度的重要手段

冰雪旅游商品虽然种类繁多,但其是以特色取胜的,大多数冰雪旅游商品总会打上浓重的地方印记,这对宣传旅游目的地是极有好处的,游客购买了一件有浓厚地方特色的冰雪旅游商品,实际上也就是把对某一地方的旅游宣传带回家,带给了亲朋好友。因此,对于旅游目的地来说,一件有特色的旅游商品,实际就是一个活动广告。

第二节 冰雪旅游商品的分类

随着社会的进步和科技的发展,冰雪旅游商品品种结构和市场结构不断发生变化。为了更好地进行冰雪旅游商品的生产经营与管理,有必要对冰雪旅游商品进行科学的分类。

一、冰雪旅游商品分类的概念

冰雪旅游商品分类是根据一定的目的,为满足冰雪旅游商品经营管理、冰雪旅游商品市场监督和旅游者选购的需要,选择适当的分类标志或特征,将冰雪旅游商品集合总体科学地、系统地划分为若干概括范围更小、特征更趋一致的部分,直到划分成最小的单元的过程。

二、冰雪旅游商品分类的基本原则

冰雪旅游商品分类的原则是建立冰雪旅游商品科学分类体系的重要依据,为了使冰雪旅游商品分类能满足冰雪旅游商品市场特定的目的和要求,在冰雪旅游商品分类时应遵循以下原则:

1.系统性原则

根据冰雪旅游商品的某些共性进行分类,构成分类体系,并且在进行系统分类时,必须考虑分类体系中应具有补充新的冰雪旅游商品的余地。

2.专一性原则

专一性原则是指冰雪旅游商品分类后,一种旅游商品只能出现在一个类别里,不允许同时出现在两个类别中。这就要求选择分类标志时,尽可能从本质上将各类冰雪旅游商品之间的差异加以明显区别,保证分类清楚。

3.简明性原则

简明性原则要求冰雪旅游商品分类术语通俗易懂；分类的标记应有明显特征，一目了然；分类的方法科学、合理；分类的层次清晰明了，使得管理手段简便、快速、准确。

4. 协调性原则

冰雪旅游商品分类体系应具有适用性、协调性，力求使分类结构合理。如标准冰雪旅游商品上条码技术的应用，其中条码作为一种识别系统，还可和其他控制设备结合实现系统的自动化管理。同时，一旦没有识别设备时还可以实现手工键盘输入。编码体系有利于协调生产、商贸、物流等行业对冰雪旅游商品的管理。

5.稳定性原则

冰雪旅游商品分类既应考虑现实状况，也应符合冰雪旅游商品发展的客观规律，应有相对稳定性，即使分类目录发生变更，也不会破坏整个分类结构。

三、冰雪旅游商品的分类

冰雪旅游商品种类繁多，分布广泛，不同的国家和地区往往根据自己的实际情况对旅游商品做出不同的分类。常见的分类方法主要有：①按冰雪旅游商品的主要用途分类；②按冰雪旅游商品的制作工艺的不同进行分类；③按冰雪旅游商品的原材料进行划分；④按冰雪旅游商品中的成分进行分类；⑤按冰雪旅游商品的形状、结构等进行划分；⑥按冰雪旅游商品的价格进行划分；⑦按冰雪旅游商品的产地进行划分；⑧按冰雪旅游商品的重量、颜色、花形进行划分等。

冰雪旅游商品的主要分类方法是根据旅游者购买的实际用途状况进行分类，可分为如下几种类型。

1.旅游工艺品

旅游工艺品主要指用本地特色材料制作的，具有独特的工艺、精美的制作、新颖的设计的艺术品，它是传统文化艺术定期的重要组成部分。作为旅游购物品的主要有雕塑、金属、刺绣、花画工艺、蜡染、各种玩具等艺术品。

2.旅游纪念品

旅游纪念品主要指以旅游区的人文景观和自然景观为题材，体现地方特色传统工艺和风格的、带有纪念性的工艺品(如图 5.2 所示)。这类商品的品种多、题材丰富、数量大、纪念性强,具有很强的艺术性、收藏性、使用性和礼品性,其中艺术性是最基本最重要的特性。这种类型的旅游商品样式精美,适合馈赠,也可留作纪念。

图 5.2 旅游纪念品

3.文物古玩及其仿制品

文物古玩及其仿制品主要指国家允许出口古玩、仿制古字画等。这类旅游商品真品相对比较贵重,适宜于豪华型游客的购买。而仿制品则价格适宜,深受广大游客的欢迎。

4.土特产品

土特产品种类十分丰富,而且具有很强的地方特色,深受旅游者的喜爱,成为旅游者购买的自用品和礼品。

5.旅游日用品

旅游日用品指旅游者在旅游活动中购买的生活日用品,包括鞋帽、洗漱用具、箱包、地图指南、化妆品及常用的急救品等。冰绘文化服饰图案源自于千姿百态、变幻莫测的冰窗花,其如梦似幻、寓意深刻的天然画境,具有极高的艺术性和观赏性,堪称世界寒带自然艺术的代表。冰绘文化服饰具有极高的艺术性和实用性,并以最大化的视觉艺术效果延展了黑龙江冰雪的神韵魅力,已成功地开发出滑雪服、休闲服、T

恤衫、领带、方巾、遮阳伞等系列产品。

总之,冰雪旅游商品的名目繁多、各具特色,分类方法多种多样。随着旅游业的发展,对冰雪旅游商品的性质和分类的研究也将走向一个新的领域,冰雪旅游商品在旅游业的发展中也将发挥更大的作用。

第三节 冰雪旅游商品策划

一、冰雪旅游商品策划的原则

冰雪旅游商品发展规划应当包括旅游商品开发思路、开发种类和相关政策措施。在冰雪旅游商品的开发思路上,应注意把握如下开发原则。

1.地方特色原则

在区域历史文化积淀、民族风貌及旅游地景区特色三个方面挖掘旅游商品的地方文化特色,力求在"土、特、新、奇、精"和"忆"上做文章。应深入挖掘地区中传统文化内涵,开发能代表和表现当地文化特色的旅游商品,而传统文化特点可以体现在题材、材料、工艺技术等方面。这样的旅游商品才具有不可替代性,才具有纪念意义和收藏价值。

2.功能综合原则

将实用性、艺术性和纪念性综合于一体,不仅开发旅游者在旅游地消费的商品,而且重视旅游者便于携带的商品;不仅有高层次的文化含量高的高档商品,而且有物美价廉、小型便携的低档商品。注重赋予实用日用品以工艺美学性,并强化其旅游纪念意义。

3.多样性原则

在品种、花色、质地、构型、用途和价格等方面具有较大的选择性,突出个性,富有特色。冰雪旅游商品只有具备艺术美才能给人以审美情趣,才能提高人们的审美能力,才具有特殊的欣赏价值和收藏价值。要使旅游商品具有艺术性,不仅要提高生产技术工艺水平,而且要把民族特色、地方特色同时代特色和现代人的艺术欣赏习惯结合起来。

4.协调性原则

注重绿色化需求;旅游商品的特色与旅游资源相协调;旅游商品开发与环境保护并举。

5.立足地方资源原则

充分利用地方资源,就地取材,这样既可减少原材料购买成本费和节约外地购买的运输费,同时还能突出反映地方特色,表现旅游商品的地域特色。

6.创新原则

不断开发新产品来适应旅游购物需求的变化。冰雪旅游商品策划能否有创新,能否有新的突破,是衡量其成败的关键。首创性和独创性是策划的重要表现。要取得成功,必须不断创新。而单是模仿别人,甚至抄袭别人,必然要受市场经济规律的惩罚,付出昂贵代价。策划要做到稳中有变,变中求新,以适应不断变化发展的环境。具体来说,冰雪旅游商品策划应坚持"人无我有,人有我新,人新我换"的理念。要在创新中不断凸显科技文化。现代旅游商品应与时俱进,利用现代科技在材料、加工、设计等方面不断地进行创新,提高科技含量,凸显旅游商品的科技文化,以更好地满足现代人的需求。

二、冰雪旅游商品的策划内容

1.对旅游市场和旅游者消费心理的研究

由于旅游商品生产者不了解国内外旅游商品市场,不了解旅游者消费心理,导致其所生产的旅游商品不能满足市场的需求。旅游商品设计与生产者生产旅游商品的目的是使旅游商品在激烈的市场竞争中处于有利的位置。只有充分了解市场,了解旅游者的购物需求,才能生产设计出适销对路的旅游商品,满足市场的需求。由此可见,调查分析旅游商品市场和旅游者消费心理对旅游商品的开发至关重要。只有充分了解旅游商品市场以及旅游者的消费心理才会为旅游商品的开发提供必要的依据。市场需求与旅游者消费心理是旅游商品开发的基石。

2.以地方文化背景为依托策划冰雪旅游商品

在设计和生产旅游商品时,除了充分调查了解国内外旅游商品市场,了解旅游者的心理和需求之外,更重要的是深入挖掘自身文化内涵,以当地文化背景为依托,设计出独具特色的旅游商品。旅游商品消费是一种娱乐性、休闲性的消费活动,其目的是丰富和美化人们的生活,陶冶人们的情操,使人们在进行旅游商品购物的同时开阔眼界、增长知识,满足人们对物质资料和精神文化的双重消费。因此,在设计旅游商品时,应充分体现当地浓郁的文化底蕴。旅游商品的文化含量,是旅游者在进行旅游商品购物时更深层次的需求。实践证明,文化特征越鲜明、文化品格越高的旅游商品,其价值越高,也越受欢迎。鲜明的地方特色是旅游商品吸引旅游者进行消费的重要因素。以非洲木雕为例,其形象独特而神秘,不仅步入国内外的博物馆殿堂,而且成为最受旅游者欢迎的商品。黑龙江的冰雪山水画(如图 5.3 所示)是一种独特艺术形式,在描绘北方地域风光上有它新鲜的艺术模式。以于志学为代表创作的冰雪山水画,以其特有的原创性艺术语言和独特的技法,表现了"冷逸之美"的冰雪美学核心思想,使传统中国画的表现对象由山、水、云、树拓展到山、水、云、树、冰雪,创立了中国画的"白的体系"。

图 5.3　冰雪山水画

3.利用当地的冰雪资源策划冰雪旅游商品

从某种意义上讲,一种资源可以成为一个国家或一个地区的象征。在设计旅游商品时,充分利用当地资源,不仅经济实惠,更会使其具有浓郁的地方特色。这样的旅游商品不但能激发旅游者购买兴趣,而且具有广告宣传作用。

4.利用冰雪旅游地方工业优势策划冰雪旅游商品

冰雪旅游商品的生产是物质的生产,离不开地方工业的支持。因此,在设计、开发旅游商品时,应充分利用当地的工业优势。一方面,设计、生产出与地方优势工业相匹配的旅游商品,可以降低生产成本,获得更大的经济效益;另一方面,旅游商品的发展,可以促进地方优势工业的发展,使旅游商品成为本地区新的经济增长点,带动整个地区的经济增长;同时,可以起到扩大就业机会等作用。

5.应用新技术开发新的冰雪旅游商品

产品的设计要突出旅游地的风格和特色,挖掘民间能工巧匠的传统技艺和绝活,使商品具有鲜明的民族性和地域性。同时,把新技术、新工艺、新设计、新材料等最新的科技成果引进和应用到生产过程中,提高产品的档次和市场竞争力,以适应不同层次旅游者的客观要求。

6.冰雪旅游商品的宣传推销

在市场竞争十分激烈的情况下,"酒香也怕巷子深",企业要加强同社会的联系,不仅要利用多种媒介进行广告宣传,还要与重点风景区、旅游景点、涉外饭店、旅行社加强联系,广泛建立销售网点,更好地利用各种渠道,来扩大旅游商品的销售。

三、冰雪旅游商品的开发对策

1. 认识到冰雪旅游商品的重要性

由于习惯势力的影响,一些人往往把旅游业简单地理解为对旅游者提供吃、住、行、游等方面的接待服务,而忽视了旅游业的经济性,忽视了发展冰雪旅游商品的重要意义。因此,要以多种方式宣传发展冰雪旅游商品的重要性,充分认识到旅游商品在发展旅游事业中的重要地位和作用。有关主管部门应根据我国冰雪旅游发展的现状和趋势,调整旅游商品的结构,重点发展和扶持一批生产旅游商品的专业企业,加大投入,并给予一定的优惠政策,提高企业生产的积极性和创造性。

2. 冰雪旅游商品开发企业应做好市场定位

从事冰雪旅游商品开发工作,最重要的是冰雪旅游商品的市场定位问题,包括对消费群体的定位、商品用途的定位和市场价格的定位。其中,消费群体的定位指的是产品的消费对象的选择问题。目前,许多从事冰雪旅游商品开发的企业经营决策者将旅游商品开发的重点放在国内旅游者身上,忽视了国外旅游者的消费潜力。所以我国从事冰雪旅游商品开发的企业在开发商品时,要更好地进行消费群体的市场定位。商品用途的定位指的是商品使用价值的选择问题。从一般意义上说,旅游商品或者是单纯的文化艺术品,或者是具有日常生活使用价值的商品,或者是二者兼而有之。旅游市场上的消费群体对商品购买的偏好虽受多种因素的支配,但在各个旅游市场特定环境的气氛感染下,对于既有旅游目的地方特色及其文化内涵,又有日常生活使用价值的旅游商品,游客往往有极大的购买欲望。商品的价格定位主要指的是生产企业开发旅游商品时,对商品质量档次如何进行决策,在市场营销过程中商品的价格围绕价值波动的策略、技巧以及在旅游商品的销售价格制订中如何给流通环节留有较多的经营利润。

3. 冰雪旅游商品的生产企业与旅游部门、外贸部门开展合作

因旅游部门和外贸部门直接与海外游客、外商打交道,对他们的消费心理、消费习惯、消费方式、消费构成最为了解,能掌握第一手资料,及时反馈旅游市场的需求信息。合作后,企业就可以掌握旅游市场行情的变化,以销定产,还可通过外贸部门把产品推向世界市场。

4.加大冰雪旅游商品开发力度

对冰雪旅游商品进行开发时,不仅要认真分析旅游商品市场需求,正确认识当地资源和工业优势以及突出当地文化等因素,还应加大对旅游商品的开发力度。在设计、开发旅游商品时,除考虑旅游商品的核心功能以外,还应考虑旅游商品的质量水平、特色、式样、包装等因素以及可提供的附加利益和附加服务等。这样,设计、生产出的旅游商品具有富有特色、包装精美、携带方便、高质量、高附加值等特点,会产生较好的经济效益。

哈尔滨冰雪艺术中心投用
哈尔滨旅游商品中心开放

位于哈尔滨市道里区爱建新城内的哈尔滨冰雪艺术中心于2010年8月31日开门迎客,与之相邻的哈尔滨旅游商品中心也同时面向游客开放。据了解,哈尔滨冰雪艺术中心、哈尔滨旅游商品中心和于2010年7月投入运营的哈尔滨旅游集散中心,都是哈尔滨市旅游局2010年重点打造的旅游服务综合平台项目,三个中心总占地面积2 160平方米,建筑面积2 510平方米。新开幕的哈尔滨冰雪艺术中心主要以雪花清韵、冰彩神奇和窗花梦幻为主题,以冰雪艺术的独特视角,向参观者展示具有北方特色的冰雪美景和冰雪旅游胜景,使游客四季都能参观到冰雪艺术品。哈尔滨旅游商品中心则首次采用集研、产、销于一体的形式,汇集哈尔滨市旅游局近年来推出的民艺品、工艺品、旅游装备与用品、文化纪念品、土特产、风味食品和特色木制品等九大系列、千余个品种的哈尔滨特色旅游商品。中心拓宽了哈尔滨市地方特色纪念品、旅游商品的研发和产销渠道,为哈尔滨旅游商品形成产业化道路奠定了基础。

> 扩展资料2

2010年冰雪大世界展出的部分旅游商品

1. 呼兰区的剪纸与民俗画

2. 依兰县的桦树皮拼画

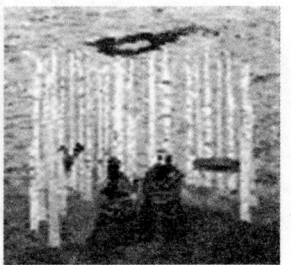

3. 巴彦县的木制工艺与葫芦工艺

4. 赫哲族的鱼皮制作工艺

5. 木兰县的"蓝艺"系列产品

6. 阿城区的铜雕、铜塑、根雕

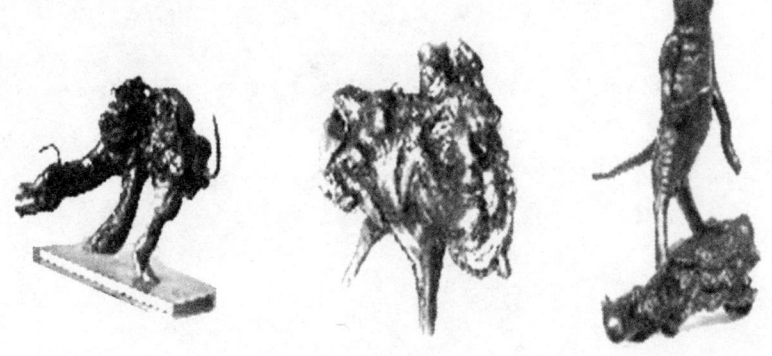

7.双城市的皮影与秸秆作品

8.五常市的蛋雕与泥塑

才见岭头云似盖,已惊岩下雪如尘。
千峰笋石千株玉,万树松萝万朵云。

——唐·元稹《南秦雪》

第六章首先介绍了冰雪旅游线路设计包含的内容、特点、方法和步骤,然后根据游客的需求特点和黑龙江省旅游资源的特点,总结出冰雪旅游线路设计的类型,结合黑龙江省的冰雪旅游线路设计实例加以说明。

第六章 冰雪旅游线路的设计与操作

旅游线路设计是旅游者和旅游企业都关注的问题,它既是旅游者的行为决策,也是旅游组织或者旅游产品设计者(如旅行社、旅游规划者)构建旅游产品的主要环节。旅游线路设计又称旅程设计,是根据现有旅游资源的分布状况以及整个区域旅游发展的整体布局,采用科学的方法,确定最合理的旅游线路,使旅游者获得最丰富的旅游经历的过程。我国冰雪旅游业处于起步阶段,市场还有很大的发展空间,做好冰雪旅游线路设计对我国冰雪旅游的进一步拓展有积极而又深刻的影响意义。

第一节 冰雪旅游线路设计的内容和特点

一、冰雪旅游线路设计的内容

(一)旅游吸引物

旅游吸引物即旅游资源,旅游资源是进行旅游线路设计的核心和物质基础,是旅游者选择和购买旅游线路的决定性因素。旅游线路的设计必须最大限度地体现出旅游资源的价值。冰雪旅游线路的核心资源是冰和雪,根据冰雪资源的存在形式,既可以表现为具体的实物形态,如自然风景:我国黑龙江雪乡美丽的冰雪风光全国首屈一指,吉林松花江边的雾凇举世闻名。滑雪胜地:哈尔滨尚志亚布力滑雪场、龙珠二龙山滑雪场、玉泉狩猎滑雪场、玉泉威虎山滑雪场、华天乌吉密滑雪场、吉华长寿滑雪场、名都滑雪场、欧亚之窗滑雪场、月亮湾滑雪场等。冰雪艺术:冰灯和冰灯艺术博览会、哈尔滨冰雪大世界(如图6.1所示)、太阳岛雪雕艺术博览会、哈尔滨冰灯游园会等。也可以表现为不具体的实物形态,如以冰雪为题材的各种文化经贸

图6.1 冰雪大世界

活动:哈尔滨国际冰雪节、黑龙江国际滑雪节、滚冰节、美食节、服装表演、商业性演出、群众文化活动、展览会、展销会、洽谈会、冰上和雪上竞技等;冰雪民俗:冰宴、冰上婚礼、扭秧歌、二人转、雪地足球、雪地摩托(如图6.2所示)、狩猎、少数民族风情表演等。

图6.2 雪地摩托

(二)旅游设施

旅游设施(包括基础设施和专门设施)是完成旅游活动所必需的各种设施、设备和相关的物质条件的总称,是旅游经营者向旅游者提供旅游服务所凭借的各种物质载体,是旅游者实现旅游目的的保证。旅游设施的完善性直接影响到旅游者的旅游效果。

冰雪旅游目的地一般比较偏远,健全的基础设施是为游客提供便利条件的基本保障。主要包括:道路(苇亚铁路)、桥梁(松花江大桥)、供电、供热、供水、排污、消防、通讯、邮局、银行(自动取款机)、照明、路标、导游指示牌、停车场、环境绿化美化(树木花草)、卫生条件(生态厕所)等。

除了旅游基础设施外旅游地还必须提供专门的旅游设施满足旅游者食、住、行、游、购、娱等方面的要求。餐饮方面主要包括:餐厅、咖啡屋、食品店、冷饮店等;住宿设施主要有:宾馆饭店等;娱乐设施包括:KTV、游乐场等;游览设施包括:观光游览车、景点之间休憩亭等;购物设施包括:超市、便利店、纪念品店等。

(三)旅游成本因子

旅游时间包括旅游者游完整个线路所需的时间,因为旅游客源地、旅游目的地、出游季节、旅游者闲暇时间等不同,旅游线路中的时间安排也不一样。旅游者逗留时间越长,消费越多,旅游经营者获利越多。

旅游价格是旅游者为满足其活动的需要所购买的旅游产品的价值的货币表现。受供求关系、市场竞争状况、汇率变动、通货膨胀等因素影响,旅游价格也会有一定的变动。我国旅游市场价格体系主要由旅游景区景点门票、旅行社价格、旅游饭店价格、旅游交通价格、旅商品价格等构成。

(四) 旅游服务

旅游服务是旅游经营者向旅游者提供劳务的过程,旅游服务质量直接影响旅游线路的质量,是优质旅游线路形成的保证,是旅游线路设计的核心内容。旅游服务人员包括导游、服务员、销售员等与游客直接接触的人员。

二、冰雪旅游线路设计的特点

(一)时间上的多变性

时间是旅游线路设计中的重要因素之一。时间因素包含了旅游线路中总的所需时间、旅游过程中各项活动的时间分配及安排等。这里要注意的是旅游者在旅游过程中,总是追求从居住地到旅游目的地的交通所耗费的时间与在旅游目的地游玩所耗费的时间的比值尽可能小,在线路的时间安排上必须考虑这一点。时间因素随着旅游目的地的地理位置和可进入性、旅游资源类型和特点、自然条件特别是气候条件、季节、旅游设施条件、旅游目的地社会经济条件、行政当局及居民对旅游者的政策及态度、旅游者的旅游偏好、闲暇时间等条件的变化而变化。不同的旅游线路时间安排是不一样的,即使是旅行社推出的同一内容的旅游线路,在时间的安排上也会有所变化。

(二)空间上的差异性

旅游常常是由环境的空间差异引起的。旅游者在外出旅游时,通常追求旅游目的地与常住地之间的差异性。一般说来,旅游者希望旅游目的地的自然环境、旅游资源、文化背景、民情风俗等与自己的常住地有较大的差异,因为这种差异越大对旅游者的吸引力也越大。所以旅行社在设计旅游线路时要对这种差异充分加以运用。

(三)内容上的关联性

旅游线路是根据旅游需求和旅游供给两方面的因素而设计推出的旅游综合产品。旅游线路设计内容涉及食、住、行、游、购、娱等各种旅游要素,并且必须各环节环环相扣,密切配合,有机地安排在事先确定的日程中。

(四)服务对象的复杂性

旅游线路的使用者是旅游者。由于年龄、职业、文化程度、家庭结构、经济收入、社会地位、旅游经历等的差异,旅游者会有不同的旅游偏好,对旅游线路内容、服务标准、价格等都会有不同的要求,这给旅游线路设计带来了较高的难度。

(五)线路价格的敏感性

在旅游经营者进行旅游线路设计时,旅游线路的价格是最敏感也是最复杂的问题。一方面旅游线路价格的构成因子很多,线路设计中的每一项内容都会影响到线路的定价;另一方面旅游者希望旅行社销售旅游线路时价格要尽可能低,同时又不能降低服务标准和质量,还要有较好的旅游体验。旅行社既想以较低的价格吸引旅游者,又要有一定的利润以求生存与发展,还要保证旅游质量,避免旅游者投诉,树立良好的形象。因此,在设计旅游线路时合理定价是需要深思熟虑的。

第二节 冰雪旅游线路设计的方法和步骤

一、旅游线路设计的基本原则

(一)满足旅游者需求的原则

旅游者地区、性格、爱好、年龄、文化、职业、收入状况、受教育程度的不同对旅游市场的需求是不同的,因此,旅游企业要根据旅游者的个性化需求,设计出不同风格的旅游线路。例如,针对哈尔滨的冰雪旅游,可以根据旅游者个性化的需求,结合时代潮流,设计出适合市场需求的旅游线路产品,创造性地引导旅游者消费,针对喜欢时尚元素和刺激冒险的年轻人,可以设计一条集滑雪、狩猎、CS战为一体的线路,既满足游客的好奇心,又是难得的旅游体验。针对中年事业有成者,他们以往投入在工作上的时间较多,需要出来放松身心,锻炼身体,可以将冬泳、攀岩、滑雪、滑冰、冰雪风光游览等项目结合在一起,既能锻炼身体,也可陶冶情操。针对老年银色市场,充分把握他们的心理制订一对一的特殊服务线路,给老年人宾至如归的感觉。

(二)多样化、不重复的原则

组成旅游线路的各项内容的类型各异,有条件组成多种多样的旅游线路供游客选择。由于游客自身条件的差异,对旅游过程中的吃住的条件也会有不同档次的需求,所以在设计游线时要考虑游客经济水平制订出不同级别的线路供游客选用。比如星级宾馆的安排、就餐环境的选择等。

在设计旅游线路时,应慎重选择景点,避免重复或是单调乏味的走马观花式的游览,应适当增加一些参与项目,让游客亲身体验,比如在一个景点参观完冰雪大世界、太阳岛雪博会之后,不能再匆忙地返回市里参观冰灯游园会,一方面因为游客精力有限,会产生审美疲劳,另一方面由于天气寒冷游客受不了长时间在户外活动,此时可以适当增加一些室内活动,比如品尝哈尔滨市内的特色饮食等。

总之,在整个游线中适当增加一些富于变化的旅游项目,既可以增加游客的旅游乐趣,又可以避免单调重复。尽量不要将线路安排得过于紧张,以免将愉快的旅游经历变成疲劳的参观活动。

(三)合理安排旅游景点、丰富旅游体验的原则

黑龙江省的冰雪旅游资源十分丰富,其中尤以哈尔滨的冰雕雪塑最为著名,所以旅游经营者要善于感知和观察旅游者的不同心理反应和需求,同时要根据旅游者身体及年龄等状况安排游览计划。从本质上看,旅游就是人们离开惯常的生活环境到特定的地方去寻求某种审美体验的一种活动。合理安排旅游景点顺序,尽量在最短的时间内让游客游览更多的景点,获得最大的旅游体验。把旅游景点串联成环形路线或是放射性支线,避免浪费时间和金钱。

为了让旅游者体验到所参观景点的特色风貌,在安排旅游景点时,应选取不同的时间段来进行游览,比如哈尔滨冰雪大世界就适合在夜晚参观,配合各种灯光效果,才能感受到冰雪大世界里冰雕雪雕艺术的精华。

(四)突出特色、强化主题的原则

图6.3 冰上雪中婚礼

旅游线路的特色或主题突出会体现强大的竞争力和生命力,展现景点的魅力,吸引更多的游客。如哈尔滨每年都会在亚布力举办冰上雪中婚礼(如图6.3所示),这一特色吸引了很多游客的参与。再比如,哈尔滨松花江上开辟的冬泳泳道,聚集了众多冬泳爱好者,也吸引了很多游客前来

观赏。更具特色的是在冰雕建筑里,坐在冰块做的桌椅上吃着火锅,恐怕只有在哈尔滨香格里拉的冰宫里才能体验到。

(五)旅途安全、机动灵活的原则

据马斯洛需求原理,安全是人们最基本的需要。游客外出游览参观最注重的就是安全问题,所以旅游线路设计首先应考虑的就是安全。旅游安全涉及的范围包括:旅行社、旅游饭店、旅游车船公司、旅游景区景点、旅游购物商店、旅游娱乐场所和其他旅游经营企业。旅游安全事故主要有:交通事故、治安事故、火灾、中毒等。在哈尔滨的冬季外出旅游尤其要注意保暖、防滑、防冻伤和骨折,北方室内外温差大,要随活动的空间适当增减衣物。在旅游线路的设计中要特别注意容易出现安全事故的景区景点等旅游项目,避免出现危害游客安全的隐患,但是由于旅游涉及面广,意外仍在所难免,一旦遇到不可抗力灾害要灵活应对,改变行程计划,这就要求避免将线路安排过紧,需留有一定回旋余地,方便紧急情况另作调整。

(六)经济、生态、社会相协调的原则

旅游业是21世纪新的经济增长热点,成为第三产业重要的一部分,此时在经济增长的同时也给社会和环境造成了一定的伤害。在旅游线路的设计中大多是旅游经营者自己按照自己的意愿考虑自身的利益之后做出的决定,没有考虑到旅游者的意愿,更没有考虑到景区环境的承载力,结果由于景区人满为患,生态环境破坏,景区景点受损,严重影响当地居民的生活环境,还会影响到游客的游览体验效果。这就要求相关人员在设计游线时考虑三者的协调发展,避免将过热的景点安排在一条线路上。

如黑龙江滑雪场存在重复建设和急功近利的倾向,布局缺乏合理性且缺乏科学的指导,建设质量不高,安全设施有隐患。这样的结果既不利于经济的再发展,也会对当地环境造成一定伤害,更会损害旅游者的利益。

(七)保证经营利润的原则

旅游经营者设计旅游线路的初衷是为了盈利,不能为了抢占市场而零团费、负团费接团,将利润来源建立在损害旅游消费者利益的基础上,结果得不偿失。所以旅游线路设计的首要因素就是保证旅游企业正常盈利。

二、旅游线路设计的方法

从形式上看,旅游线路是以一定的交通方式将线路各节点进行合理的链接。节点是构成旅游线路的基本空间单元,一般是城市或独立的风景名胜区。设计旅游线路就是从开端到末端以及中间途径之间的游览顺序,在线路上合理布局节点。如"93中国山水风光游"旅游活动推出了14条旅游线路,针对国际客源市场把全国的山水风光分为五大片,每大片有一个汇合点(黄山汇合点、黄果树汇合点、长白山汇合点、拉萨汇合点及桂林汇合点),其网络延伸点至张家界、天涯海角、华山、沙湖等。在旅游线路设计原则的基础上归纳出以下几种旅游线路设计的方法:

(一)最短路径,优势组合

旅游线路设计中,旅游时间的合理安排既可以为旅游者节约时间和金钱,更能让旅游者在有限的时间内获得更加丰富的旅游经历。这就要求在设计线路时,尽量避免走回程路,尽可能将较多的景点串联在最短的路程内,在不影响旅游质量和旅游线路特色的前提下根据旅游线路的主题和市场需求,有针对性地进行游览景点的组合,以求旅游者和旅游经营者的利益得到双赢。

(二)市场导向,满足体验

满足旅游者的需求意愿和行为法则是旅游线路设计的前提,因此,在设计旅游线路时要根据市场需求不断地创新,以满足旅游者的不断变化的需要,这样才能在旅游市场上保持吸引力和竞争力。

旅游线路设计的合理性需要旅游者的旅游体验才能得以检验,旅游者在旅游中的心理活动各不相同,每个人的审美标准也不尽相同,因此,在旅游线路设计中要注意不同类型资源的分布,以及冷、热景点的交替搭配组合,按照旅游节奏的松紧,合理安排游览景点,以丰富旅游者的旅游经历。

(三)自由灵活,求新求异

因为旅游者兴趣爱好差异很大,所以在旅游线路设计中要留有一定的可以自由发展的空间,以便于导游在旅游途中适当改变游览顺序等,旅游线路经过不断的考验也会走入衰退期而逐渐脱离市场,这是市场的价值规律所决定的,鉴于此,旅游经营者要不断获取市场变化的信息,对旅游线路的设计有所改进和突破,从而使该旅游线路在旅游市场上立于不败之地。

三、旅游线路设计的步骤

(一)调查旅游目的地旅游资源

依托冰雪旅游资源,在线路设计之前,应对现有景区景点做详细的调查,确定哪些有价值的景点可以作为线路设计的核心组成部分,从而有针对性地开展线路营销工作,既能满足游客需要又能让旅游经营组织获利,同时还能将现有景区景点通过此方式推广出去,吸引更多游客。

(二)分析潜在目标市场

冰雪旅游的目标市场在总体上决定了冰雪旅游线路的性质和类型,对目标市场进行细分,对潜在游客进行意向性调查,满足市场需求的同时,旅游经营者也应该走在市场的前沿,不断开发出新产品,激发旅游者的出游欲望。对现有客源市场的调查,主要了解游客对旅游经营者所将要设计的线路是否感兴趣,从而决定是否推出该线路,并根据游客的要求加以改进,提高游客满意度。

(三)分析景区景点设施

结合前两个阶段的背景材料对可开展冰雪旅游的相关旅游景区景点的旅游基础设施和专用设施等进行详细分析,统筹安排时间和空间,制定合理价格,利用合适安全的交通工具,安排合适的住宿、餐饮、购物和娱乐设施,配合高素质正规的导游,设计出若干可供选择的线路。

(四)合理串联旅游景点和设施

旅游线路是在一定地域空间,旅游经营者针对旅游客源市场的需求,凭借交通路线和交通工具,遵循一定的原则,将若干旅游地的吸引物、旅游设施和旅游服务等合理地贯穿起来,专为旅游者开展旅游活动而设计的。

(五)确定旅游线路名称

旅游线路名称是线路性质、大致内容和设计思路的高度概括,直接反映的是旅游产品的主题。线路名称应简短,突出主题的吸引力。如:"95中国民俗风情游"旅游活动就是依托风格独特的民俗节庆活动逐月展开,贯穿全年,产品特点极为鲜明。

(六)遴选最优旅游线路

针对不同的目标群体选择出最优的冰雪旅游线路,这样的线路可以是一条也可以是多条,运用到市场后,给游客发放满意度调查问卷,将信息反馈给旅游经营者,发现做得不够好的环节立即改善,经过市场检验之后的让游客满意单位旅游线路可以作为最优线路保存下来,反之则淘汰。

第三节 冰雪旅游线路设计的类型

冰雪旅游经营者针对不同游客的需求以及本身旅游资源的特点,设计冰雪旅游线路时可以分为以下几种专题性的旅游类型——以黑龙江省为例。

一、观光型冰雪旅游线路

观光型冰雪旅游线路设计主要是将冰雪艺术景观(冰雪园艺、冰雕、雪雕),冰雪自然风光(雪景、雾凇、雪松、冰河、林海雪原、冰溶景观)合理串联起来,供游人欣赏的路线。

二、体育休闲型冰雪旅游线路

体育休闲型冰雪旅游线路能使旅游者既能参加体育健身活动,又能体验休闲娱乐的感觉,满足其体育冰雪旅游心理需要。如滑雪旅游、冬季森林探险体育旅游、冰雪游戏、攀冰等。

三、赛事型冰雪旅游线路

赛事型冰雪旅游线路是指组织各项体育赛事的观众前往比赛举办地进行观摩并参加各种节庆的旅游线路。如冬季奥运会、亚冬会、世界锦标赛等。

四、节庆型冰雪旅游线路

在冰雪旅游项目中包含特定节庆因素(体育节、地方特色的体育盛事、大众体育比赛或日常发生的体育冰雪旅游特殊事件等)的体育冰雪旅游产品。如哈尔滨国际冰雪节、中国黑龙江国际滑雪节、齐齐哈尔关东文化节等。

五、民俗游乐型冰雪旅游线路

民俗冰雪旅游线路设计思路与旅游地的风土人情、生活习惯、宗教信仰等密切相关并反映当地独特的冰雪文化。如满族人喜欢的冬季活动抽冰猴、滑冰车、拉爬犁、冰上踢石球等;达斡尔族的打冰嘚溜;锡伯族的瞪冰滑子、撑冰车;赫哲族的滑雪、狗拉雪橇;鄂伦春族的森林狩猎等。

拓展资料

2010年黑龙江省旅游局精心设计了"冰情雪韵，精彩黑龙江"特色旅游，为国内外游客提供丰富多彩的12条冰雪风情精品旅游线路（见下表）。

神奇梦幻冰雪游	旅游线路	哈尔滨—牡丹江
	特色景点	哈尔滨冰雪大世界、太阳岛雪雕博览会、哈尔滨极地馆、哈尔滨东北虎林园、哈尔滨冰灯艺术游园会、哈尔滨伏尔加庄园、牡丹江雪堡
趣味休闲冰雪游	旅游线路	哈尔滨—阿城—玉泉
	特色景点	（哈尔滨同上）金上京历史博物馆、上京国际滑雪场、平山神鹿滑雪场、玉泉狩猎滑雪场
动感健身冰雪游	旅游线路	哈尔滨—长寿山—二龙山—香炉山
	特色景点	（哈尔滨同上）哈尔滨吉华滑雪场、龙珠二龙山滑雪场、香炉山景区
浪漫假期冰雪游	旅游线路	哈尔滨—亚布力
	特色景点	（哈尔滨同上）亚布力阳光度假村、亚布力国际广电中心、雅旺斯（亚布力）国际会展中心、亚布力滑雪场
童话雪乡冰雪游	旅游线路	哈尔滨—横道河子—大海林
	特色景点	（哈尔滨同上）威虎山影视城、横道滑雪场、大海林双丰雪乡
明湖美景冰雪游	旅游线路	哈尔滨—镜泊湖—牡丹江—绥芬河
	特色景点	（哈尔滨同上）镜泊湖雾凇、镜泊湖冬捕、渤海国遗址、牡丹江雪堡、绥芬河国门景区，可出境到俄罗斯符拉迪沃斯托克市观光

续表

神秘界湖冰雪游	旅游线路	哈尔滨—鸡西—兴凯湖
	特色景点	(哈尔滨同上)麒麟山滑雪场、北大荒纪念馆、松阿察河雾凇、兴凯湖冬钓、界湖冰雪风光
雪地温泉冰雪游	旅游线路	哈尔滨—大庆—杜尔伯特—齐齐哈尔
	特色景点	(哈尔滨同上)石油科技馆、铁人纪念馆、连环湖雪地温泉、扎龙冬季观鹤、龙沙公园冰雪博览会、尼尔基斯湖滑雪场
火山风光冰雪游	旅游线路	哈尔滨—五大连池—黑河
	特色景点	(哈尔滨同上)五大连池、黑龙山、火烧山冬青园、龙门石寨、冰洞、瑷珲历史陈列馆、卧牛湖景区、龙珠远东滑雪场,可出境到俄罗斯布拉格维申斯克市观光
林海雪原冰雪游	旅游线路	哈尔滨—铁力—伊春
	特色景点	(哈尔滨同上)铁力日月峡滑雪场、五营森林公园、汤旺河国家公园、梅花河山庄、桃山狩猎场、乌马河西岭狩猎场
神州北极冰雪游	旅游线路	哈尔滨—加格达奇—漠河
	特色景点	(哈尔滨同上)大兴安岭资源馆、鄂伦春民族博物馆、映山红滑雪场、北极村、漠河圣诞世界、最北人家
华夏东极冰雪游	旅游线路	哈尔滨—佳木斯—同江—抚远
	特色景点	(哈尔滨同上)松花江冰雪大世界、卧佛山滑雪场、同江八岔岛、街津口赫哲民族风情园、抚远东方第一哨,可出境到俄罗斯参观哈巴罗夫斯克市观光

与冰雪为伴,与快乐同行

——2007年中国长春冰雪旅游节宣传口号

第七章主要介绍了冰雪旅游节庆的概念、特征;冰雪旅游节庆策划的概念、原则、意义、方法和程序。最后结合第26届中国·哈尔滨国际冰雪节及2005年沈阳国际冰雪节策划方案文本供读者研读。

第七章 冰雪旅游节庆策划

旅游节庆对拉动地区经济、塑造城市形象、凝练传统文化起着重要的作用，是旅游业发展的重要内容和热点问题之一。冰雪旅游节庆策划要关注节庆选题的新颖性和创新性、活动的参与性和体验性、节庆氛围的营造以及节庆安全保障等问题。

第一节 冰雪旅游节庆概述

一、旅游节庆

节庆是人们依据长期生活习俗的需要而逐渐约定俗成的庆典节日，并随着人们社会习俗和思想的改变而改变，其形式包括传统节日以及在新时期创造的各种节日。

传统的旅游节庆是以某地区特有的旅游资源为主题，周期性地举行大型的庆祝活动，这些活动通过内容丰富、开放性强、参与性强的活动项目，吸引大量游客，从而带动一系列消费和投资，传统节庆被旅游业所利用逐渐演变成旅游节庆，如傣族的泼水节等。

现代旅游节庆是在利用旅游目的地的自然、人文、历史、文化特色的基础上，人为进行节庆形式的策划，在一定时间内展示这种特色，以吸引游客，如中国·哈尔滨国际冰雪节等。

随着旅游事业的发展，以传统节庆旅游和现代节庆旅游为载体，出现了一种特殊的专项旅游形式——节庆旅游。

二、冰雪旅游节庆

冰雪旅游节庆是随着冰雪旅游的不断发展而形成的现代旅游节庆。冰雪节庆是利用旅游目的地的自然、人文、历史、文化特色，人为进行节庆形式的策划，在一定时间内展示冰雪的特色，以此来吸引游客。冰雪旅游节庆的举办在加拿大、瑞士等国开始于18世纪（见表7.1）。在国内，冰雪旅游节庆的举办历史不长，但发展速度快，在哈尔滨、沈阳等多个城市举办各类冰雪旅游节庆（见表7.2）。从沈阳、长春、哈尔滨的冰雪节对比（见表7.3）可以看出，国内冰雪节的举办正在朝着国际联合、地区联合的方向发展。

第七章 冰雪旅游节庆策划

表 7.1 世界主要冰雪旅游目的地冰雪节庆汇总

国　家	发展历史	主要节庆活动
加拿大	1894 年已有关于冬季节庆活动的报道	魁北克冬季狂欢节 (世界三大狂欢节之一)、渥太华冬令节
瑞士	阿尔卑斯山早在 1864 年就开展滑雪运动	阿尔卑斯山山地旅游节、格林德尔瓦尔德国际冰雪节
挪威/瑞典/芬兰	世界滑雪故乡，世界滑雪比赛的诞生地	挪威奥斯陆滑雪节 (世界四大冰雪节之一)
日本	1911 年引进现代滑雪技术	札幌雪节 (世界四大冰雪节之一)、北海道冰雪节
韩国	最早的滑雪场始建于 1975 年	太白山滑雪节、大关岭雪花节滑雪节、FunSki&Snow Festival

表 7.2 中国主要旅游目的地冰雪节庆汇总

省市区	主要城市	主要节庆活动
黑龙江	哈尔滨 牡丹江	哈尔滨(国际)冰雪节、中国黑龙江国际冰雪节
吉林	长春 通化	中国长春净月潭冰雪节、吉林国际雾凇冰雪节
辽宁	沈阳 大连	沈阳冰雪节、大连冰雪游园会
内蒙古	阿尔山 呼伦贝尔	呼伦贝尔中国开雪节、阿尔山冰雪节
北京	延庆 密云	北京延庆冰雪旅游节、密云旅游冰雪节
河北	崇礼	中国崇礼国际冰雪节
新疆	乌鲁木齐 阿尔泰 伊犁	新疆阿勒泰国际冰雪艺术旅游节、乌鲁木齐丝绸之路冰雪风情节
四川	成都 峨眉山	中国南国冰雪节、峨眉山冰雪温泉文化节

119

表7.3 沈阳、长春、哈尔滨冰雪节对比

举办地	沈阳	长春	哈尔滨
冰雪节名称	中国·沈阳冰雪节	中国·长春冰雪旅游节暨净月潭瓦萨国际越野滑雪节	中国·哈尔滨国际冰雪节
创办时间	创办于1997年。2004年,沈阳与日本友好城市札幌合作,举办第1届冰雪节	创办于1998年,2003年,长春冰雪节与著名品牌瑞典瓦萨国际越野滑雪节结缘。2005年,长春净月潭冰雪旅游节更名为"中国·长春冰雪旅游节"	创办于1985年,每年固定从1月5日开始,到2月末结束;2001年升级为国际性节庆——中国·哈尔滨国际冰雪节
发展目标	冰雪世界的迪士尼	中国冰雪旅游名城	世界冰雪旅游名城
形象口号	"到哈尔滨看灯,到沈阳玩雪"	"滑雪名城,消夏之都"	"冰城夏都"
主要活动	冰雪大世界大体分为9大活动区域	容纳了国际越野滑雪比赛、汽车冰雪体验活动、冰雪主题园区等方面的54项活动。	冬泳表演、冰雪旅游洽谈会、摄影大赛、汽车拉力赛、冰上婚礼、亚布力企业家论坛
主要景区	棋盘山冰雪大世界——冰雪节主会场	南湖公园的冰雪彩灯大观园;劳动公园的冰雪欢乐园	冰雪大世界、太阳岛雪雕博览会、冰灯游园会
国际性活动	世界杯滑雪空中技巧比赛	FIS洲际杯资格赛、国际雪联越野滑雪短距离世界杯赛等国际专业赛事	国际雪雕比赛 国际冰雕比赛 第24届世界大冬会
合作伙伴	日本札幌	中国滑雪协会、瑞典诺迪维国际发展公司	日本、加拿大、法国、韩国
知名度	近年来"东北冰雪旅游第一站"的形象为游客所知	随着净月潭瓦萨国际越野滑雪节连年举办,其美誉将越来越高	中国·哈尔滨国际冰雪节已经成为我国最具影响力的十大节庆活动之一

三、冰雪旅游节庆的特征

(一) 主题性

主题是冰雪旅游节庆的统帅,是对每一届旅游节庆所要表达的核心思想的高度提炼。没有主题的冰雪旅游节庆活动就如同一盘散沙,在形式上往往表现为对活动项目进行随意的拼凑,既不能集中体现举办地区独特的资源优势,又不能满足旅游者在某一特定方面的体验。

主题要和当地的自然、人文、城市形象相匹配,需要分析现有旅游资源特色、产品与服务质量,挖掘、整理本地的历史文化、地理特点,比较周边地区及类似旅游地举办的旅游节庆活动,从而寻找可以体现特色的节庆旅游主题。顺应市场需求及发展趋势,结合消费者心理,设计策划出能适应、引导、创造消费需求的旅游节庆活动。主题要突出举办地特色资源的重点、亮点、热点和卖点。如第9届中国黑龙江国际滑雪节的主题为"酷省龙江,滑雪天堂"。

(二) 参与性

随着体验经济时代的到来,参与性对于冰雪旅游节庆越来越重要。它摒弃了传统旅游中把人排斥在旅游吸引物之外的做法,而是让参与者融入其中,亲身体验各项活动。

冰雪旅游节庆活动是表演性、群体性、参与性和娱乐性相结合的开发形式多样化、开发层次多重化的旅游节庆活动。居民对活动的认可和广泛参与,为活动聚集了人气,营造了欢乐热闹的气氛,加深了游客在旅游地的体验。如中国·哈尔滨国际冰雪节通过观赏异域风光、品尝异域风味等参与性活动给人们留下了鲜明而深刻的印象。

(三) 地方性

冰雪旅游节庆活动在依赖于冰雪自然资源的同时,还是以地方特色文化、习俗、物质与精神文明成果为基础的,因而它的存在依赖于其他资源与环境要素的陪衬和协调。旅游节庆活动要充分体现其地方色彩,才更能彰显它的独特性和吸引力。地域特色是冰雪旅游节庆的魅力所在,能否最大限度地展现地方精神的独特性是关系到节庆活动成败的关键,也是节庆策划应着重考虑的问题。

由于冰雪活动在很大程度上是受自然资源限制的,所以节庆活动的地方性特色就显得尤为重要了。瑞士由于其地理风光发展起来的欧洲乡村型度假村镇,成为阿尔卑斯山山地旅游节和格林德尔瓦尔德国际冰雪节依托的地方特色,该国也被称为阿尔卑斯山滑雪天堂。

(四)综合性

冰雪旅游节庆活动的综合性是多方面的,包括活动内容的综合性(涉及吃、住、行、游、购、娱各个方面)、组织活动部门的综合性(涉及交通、卫生、医疗、安全、城管、文化、旅游等多个部门)、功能的综合性(包括旅游功能、经济功能、庆典功能、区域形象塑造功能等)。

拓展阅读

旅游节庆提升龙江冰雪魅力

作为全国冰雪旅游资源最丰富的省份和冬季旅游热点地区,黑龙江省陆续推出丰富多彩的旅游节庆活动,为海内外游客献上精美的冬季旅游大餐。

十年辉煌打造国际品牌

创办于1998年的中国黑龙江国际滑雪节2008年迎来了十年华诞。在"激情十年,雪舞龙江"的节庆主题下,此届滑雪节精心设计了开幕式文艺盛典、十年回顾展、走进2009世界大冬会、激情滑雪表演以及各种丰富多彩的主题活动。来自亚洲、欧洲、北美洲、南美洲等六大洲、25个国家和地区的驻华使节、旅游官员、媒体记者、旅行商等各界嘉宾300多人云集黑龙江,共同感受黑龙江滑雪旅游的十年辉煌。

在对十年来走过的历程和取得的成就进行回顾的同时,此届滑雪节提出了把黑龙江建设成"国际滑雪旅游胜地"和"世界冰雪旅游名都"的更高目标。在实践中,进一步提高滑雪设施的安全性、规范性、舒适性,以诚信经营规范旅游经营行为,为游客提供全方位、高质量的滑雪旅游服务。滑雪节期间继续举办初冬热身滑雪月、隆冬发烧滑雪月、春节黄金滑雪月和春天活力滑雪月,推出多项滑雪赛事活动、儿童滑雪活动、滑雪娱乐活动、花样滑雪表演活动、滑雪文化活动等。亚布力、龙珠二龙山、吉华、平山神鹿等滑雪场开门迎客,直达亚布力滑雪度假区的苇亚铁路和亚布力雅旺斯五星级酒店正式投入使用。广大游客可以在黑龙江尽情享受滑雪旅游带来的激情和快乐。

奥运主题唱响冰情雪韵

第 24 届哈尔滨国际冰雪节以"冰雪奥运"为主题，以冰雪情诠释奥运文化，邀请千名中外嘉宾和上百万群众参加开幕式系列活动。作为冰雪节主打产品的冰雪大世界、雪雕博览会和冰灯游园会也将推出特色主题冰雪游览活动。第 9 届冰雪大世界，以"冰雪世界、奥运梦想"为主题，主景区以奥运历史、文化，及北京的代表性建筑前门、天安门、世纪坛、奥运标志物为主，以冰景、雪塑来表现奥运主题，全力打造冰雪版的奥运乐园。第 20 届雪雕博览会以"风情法兰西·相约哈尔滨"为主题，侧重反映法国的历史和文化，体现浓郁的法国风情。总用雪量 12 万立方米，总用冰量 1 万立方米，创雪博会历史之最。

第 34 届冰灯游园会以"冰雪家园"为主题，在规划建设上体现出两大特点：以营造观赏游玩于一体的冰雪乐园为目的，把观灯赏景与体验活动相结合；全面使用声、光、电高科技成果，营造喜迎奥运、欢乐和谐的梦幻冰灯世界。此届冰灯游园会在活动安排上重点设计了宝鼎圣火、冬季垂钓、水幕电影、梦幻舞台、冬泳表演、科技雪堡、世界最大的彩冰雕塑、世界最大的冰花、冰制音乐编钟、音符走廊十大亮点。

此届冰雪节更加注重参与性、娱乐性。除主要景点增加了很多互动和冰雪体验活动外，市区内主要广场、街区和松花江畔都建有冰雪艺术景观和群众冰雪活动场所。徜徉在哈尔滨市的大街小巷，到处都能感受到冰雪节浓浓的氛围。游客可以通过参与冰帆、冰尜、冰橇、冰滑梯等娱乐活动，尽情享受与冰雪零距离接触的乐趣。

特色冰雪丰富旅游内涵

随着冰雪旅游的日益成熟，除传统的冰雪艺术观赏和滑雪旅游外，近几年黑龙江省充分挖掘冰雪资源优势，打造了牡丹江雪堡、大海林雪乡、齐齐哈尔雪地观鹤、五大连池火山冰雪景观和大庆雪地温泉等特色冬季旅游产品，进一步丰富冬季旅游的内涵，使黑龙江冬季旅游由环哈尔滨区域进一步向省内其他地区延伸。

牡丹江雪堡以"异域风情"为主题，以冰雪文化为主线，突出雪堡的观赏性、参与性和娱乐性，建有传奇城堡、魔幻森林、神秘沙漠、疯狂小镇等六大景区。此届雪堡是历年来占地面积最大、规模最大、最好看、最好玩的。此外，牡丹江还以雪堡为核心，以周边景区为辅，举办首届中国·牡丹江雪城旅游文化节。节庆期间推出"快乐雪堡、梦幻世界、林海雪原、全新体验、心系冰雪、身置自然"六大系列主题、30项活动。

位于深山之中的大海林双峰雪乡,是中国观雪、赏雪的最佳地点。游客在赏雪之余,还可以深入伐木工人之家,坐在火炕上品尝地道的东北美食。每年1月中旬,这里都会举办雪乡旅游节,邀请海内外嘉宾感受中国雪乡的风情。

齐齐哈尔扎龙自然保护区不仅在夏季是鸟类的天堂,冬季里依然可以看到丹顶鹤的美丽身姿,这里的雪地观鹤堪成世界一绝。当其他地方的候鸟都随着季节的转换飞到南方越冬时,这里的饲养员却用特殊的人工喂养技术留住了美丽的丹顶鹤。寒冬时节,成群结队的丹顶鹤翱翔在雪原上,非常壮观。游人在感受北国壮丽风光的同时,还可以与丹顶鹤近距离接触。2007年12月28日至2008年2月22日举办的第6届中国·齐齐哈尔关东文化旅游节,除鹤文化旅游活动外,还举办了关东文化旅游合作等七大系列活动,让各界来宾充分感受鹤城冬季旅游的魅力。

在以工业旅游闻名的中国石油之都——大庆,近年来又发现了丰富的地热资源。这里的温泉温度适中,还含有多种微量元素,特别适合于开发温泉旅游。大庆地区已建有多家温泉酒店,游客四季都可享受温泉旅游的舒适浪漫。尤其是冬季,雪花飘舞,露天温泉池却热气蒸腾。

凭借得天独厚的冰雪资源,黑龙江省深度挖掘冰雪文化内涵,不断丰富冰雪娱乐项目,并通过举办各类冰雪旅游节庆活动扩大特色旅游产品的知名度和影响力,全力打造"国际滑雪旅游胜地"、"世界冰雪旅游名都"。

第二节 冰雪旅游节庆策划的原则

一、冰雪旅游节庆策划的概念

冰雪旅游节庆策划是一项以冰雪节日为载体,通过对冰雪节庆活动的安排和冰雪节庆内容的设置,以旅游的形式来达到对当地优势资源的宣传或者获得经济资源收入目的的活动。

世界上的冰雪旅游节庆活动丰富多彩、影响深远。特别是随着旅游业的兴盛，冰雪节、滑雪节等冰雪旅游节庆活动如雨后春笋般地出现，演绎出世界冰雪文化的无穷魅力。

二、冰雪旅游节庆策划的原则

(一)主题性

主题是冰雪旅游节庆的主旋律，如果主题模糊，就会使节庆活动显得内容杂乱无章、效果平淡无奇，进而导致节庆活动缺乏活力，前景暗淡。而鲜明的主题，会指引着冰雪旅游节庆活动各个项目的策划设计和执行，从而使整个节庆活动显得利落不拖沓。例如，从1998年创办第1届黑龙江国际滑雪节起，黑龙江每年都举办滑雪节，开启了中国滑雪旅游的先河，滑雪节还特别创作了展现滑雪旅游"激情、浪漫、健康、快乐"的独特魅力的节日歌曲，滑雪节提出简洁而响亮的口号——"滑雪快乐你的生活"，号召更多的人参与到滑雪运动中来，感受滑雪的魅力与乐趣，因而使黑龙江国际滑雪节届届获得成功，并走向全国，走向世界。

(二)特色性

冰雪旅游节庆要办好，关键在于有特色。冰雪旅游节庆活动的特色主要表现在民族特色、地域特色、文化特色和时代特色上。这些特色在一些举办得比较好的冰雪节庆中都得到了充分的体现。如哈尔滨冰灯节，在内容策划上，突出了哈尔滨地区富有浓郁特色的民族文化，设计出了一系列观赏性强的活动内容，充满了狂欢气氛，极大地吸引了游客，取得了很好的效果。

(三)参与性

冰雪旅游节庆是一种大型的群众性活动，是"市民节"、"狂欢节"，吸引最广泛的民众参与是冰雪节庆永葆品牌生命力的根基。冰雪旅游节庆必须办成群众踊跃参与、国内外游客热烈推崇的活动。

(四)国际化和市场化

在信息化时代和全球经济一体化的大背景下，冰雪旅游节庆国际化是一种必然的趋势。冰雪旅游节庆要尽可能办成国际性的盛会。随着市场经济的深入发展，世界各地都在探索按市场化机制举办冰雪旅游节庆。市场化运作方面，主要通过门票、广告、赞助、交易会、冠名权、摊位出租、委托承办、买断举办权、媒体和企业投资或入股参与、拍卖活动等方法进行市场化运作,注意社会效益和经济效益相结合、近期效益和远期效益相结合、单项效益和综合效益相结合。

(五)创新性

注意研究新情况、解决新问题、总结新经验、探索新思路,不断推陈出新,是冰雪旅游节庆的灵魂所在,冰雪旅游节庆的策划应在原来的水平上有所进步和创新,升华到一个新的高度,使得每一次活动都富有新意和亮点,富有新意的节庆内容有利于塑造冰雪节庆活动富于变化的鲜活生动的形象。如:哈尔滨冰雪节的活动在原有基础上,不断创新,向游客展现了一个具有丰富活动内容的冰雪节庆(见表7.4)。

表7.4 哈尔滨冰雪节旅游活动创新历程

年 份	创 新 历 程
1985年	增加冰雪艺术、民俗、冰雪体育等活动项目,并同经贸、科技相结合
1986年	增添冰上婚礼
1987年	增加科技人才交流活动、国际冰雕比赛及滑雪狩猎
1988年	增加了老年迪斯科表演赛
1989年	增加群众参与雪雕比赛和国际雪雕大赛
1990年	增加松花江边冰雪游乐世界、冬冰活动、灯光夜市
1991年	开展"我为冰雪节献计"征文活动
1992年	首次举行冰雪节狂欢游行,办起灯光夜市
1993年	首次提出"冰雪搭台,经济唱戏,繁荣经济"的办节指导思想
1994年	举办了"老巴夺杯"全国冬泳邀请赛和中俄冬泳联谊表演
1995年	增加了街头冰灯冰景的数量,举办了全国冰雪摄影作品展
1996年	在第3届亚冬会基础上,雪山开发项目延伸到森林雪场,建东北虎林园
1997年	举行了国际女子冰球邀请赛和雪地足球赛
1998年	落户无锡、冰雕推广
1999年	"富士杯"摄影比赛优秀作品展览、冰灯与雪雕艺术博览会
2000年	雪地足球赛、老年舞蹈百花赛、老年迪斯科比赛、创新秧歌比赛
2001年	白雪公主评选活动,全民冰雪活动

续表

2002 年	中国冰雪汽车挑战赛和青少年冰壶比赛
2003 年	冰雪故事园,中国著名作家哈尔滨冰雪笔会
2004 年	首次举行大学生冰雕比赛和名人冰雕表演,推出泼雪节、欢乐大游园等
2005 年	整体推出冰雪文化、冰雪艺术、冰雪体育、冰雪旅游、冰雪经贸五大板块;举办冰雪大世界开幕式及大型焰火晚会
2006 年	突出了俄罗斯风格的节目,体现"中国俄罗斯友好年在哈尔滨"的主题
2007 年	中国、加拿大、韩国三国共同参与打造,具有浓郁的异域文化风情
2008 年	主推北京牌,营造奥运氛围
2009 年	在园内出售迪士尼产品,有冰雪打造的迪士尼景区和迪士尼故事
2010 年	首次举办中国冰雪动漫展

三、冰雪策划的意义

冰雪旅游节庆在全国各地已经被作为专项的旅游产品来开发、培育,甚至与地区形象、城市形象联系在一起,具体来说,发展冰雪旅游节庆具有以下几个重要意义:

(一)冰雪旅游节庆可以迅速塑造并传播旅游地的形象

冰雪旅游节庆作为特殊的旅游产品与其他旅游产品不同的是,它能在较长时间内引起公众的关注,甚至可以在一段时间内成为公众注目的焦点。这会使旅游目的地的形象得以迅速提升。如哈尔滨国际冰雪节经过多年的举办,在公众心目中,将冰雪节与哈尔滨的城市形象等同起来,使哈尔滨市成为美丽、浪漫、精彩纷呈的象征。同时,通过举办冰雪旅游节庆活动,可以促使旅游地环境的不断改善,使旅游地在游客心中的形象不断提升。

(二)冰雪旅游节庆最终将突显旅游地的文化精神

冰雪旅游节庆活动不仅会成为旅游地的特殊吸引物,更重要的是,长此以往,它将成为旅游地的象征,成为当地居民的精神寄托和骄傲。同时,冰雪旅游节庆活动使当地居民具有文化使命感,他们会自觉保护、传承民族文化或地方文化以及民间艺术。冰雪旅游节庆活动非但不会破坏当地的传统文化,反而会促进当地传统文化的推广和传播。

(三)冰雪旅游节庆可以增强旅游目的地的竞争力

由于冰雪旅游节庆具有地域性和独特性,它是在自然资源的基础上,民族文化或自然文化的合理延伸。所以,旅游地通过发展冰雪旅游节庆,可以增强旅游地的形象,使自己的形象比其竞争对手更易被旅游者所识别,从而增强竞争力。

冰雪旅游节庆以其浓厚的文化底蕴和丰富多彩的生活情趣显示出了永恒的魅力。

(四)冰雪旅游节庆可以拉动旅游目的地居民就业

冰雪旅游节庆活动的举办需要大量的人员支持,因此,冰雪旅游业的发展能解决旅游目的地大量剩余劳动力的就业问题。例如,很多滑雪场的导滑员都是当地的年轻人,由于他们从小就在冰天雪地的环境中长大,所以对于滑雪有一种天赋,往往只要经过短暂的培训就能成为一名技术娴熟的导滑员,这样既可以为企业节省了培训的费用,也可以解决大量剩余劳动力就业的问题。

第三节 冰雪旅游节庆策划的方法与程序

一、冰雪旅游节庆策划的方法

冰雪旅游节庆策划是一项综合性很强的工作,因此,要在把握冰雪旅游节庆活动基本规律的基础上,依据科学的规划,运用科学的方法,结合多种理论,从多方面入手。

(一)选好主题

主题的确定要结合时代背景和策划背景,做到突出特色,主题鲜明。特色可以通过如下几个方面体现:一是要突出冰雪旅游节庆活动举办地的历史文化背景。二是要突出冰雪旅游节庆活动举办地的民风民俗,民风民俗其实本身就是独具特色的旅游资源。举办冰雪旅游节庆一定要注意对当地民风民俗的研究,要通过冰雪旅游节庆活动把当地的民风民俗旅游资源充分挖掘出来。三是要突出冰雪旅游节庆活动举办地的经济特色,活动举办地的经济特色是物产、人民生活水平、人们生活习惯的综合体现,在策划和组织冰雪旅游节庆活动时,一定要对当地的经济特色进行深入研究,并通过冰雪旅游节庆活动来彰显其闪光点。

(二）准确定位

美国的一项调查显示：节庆旅游者很少是退休的人，他们更年轻、更乐意接受新鲜事物；逗留时间更长、收入更高，在旅行上有更多支出；节庆的对象有一半是度假的夫妻，其中超过三分之一的人带着孩子。此外，不同的节庆有不同的消费者，如冰雪节、服装节、艺术节的消费对象就不一样。由此可以看出，节庆旅游者的消费对象不同于一般的游客。由于冰雪旅游节庆具有季节性、地域性和参与性的特征，因此市场细分和准确的市场定位更为重要。

（三）全面促销

冰雪旅游节庆需要大众的参与和支持，因此，促销是冰雪旅游节庆策划不可缺少的环节。举办者要利用各种促销手段在冰雪旅游节庆的各个阶段做好促销工作，将节庆的时间安排、活动内容、文化特色、项目安排、参与嘉宾等告知游客，提高游客对节庆的兴趣。当然，从营销的角度来说，也应把握好信息公开的分寸，在一定程度上保持冰雪旅游节庆的神秘感，以满足外来消费者的求异心理。

（四）精心组织管理

冰雪旅游节庆活动的内容多，规模大，参与者多，导致了在较短的时间里，人流和物流汹涌，狂欢与商机共存，这就需要以精心的组织和系统的管理来应对由此产生的问题。精心组织、统筹安排、系统布局、分工合作是组织管理的基本要求，是冰雪节庆活动高效率和高质量的保证。

（五）不断创新

冰雪旅游节庆要通过创新来永葆生机，要做到求新、求特、求变和求俭。求新是指冰雪旅游节庆的策划必须使人感到新颖、别致，必须给人以强烈的视觉冲击、思维冲击。求特是指策划必须要突出特色，有出人意料之外、又在情理之中的惊人之处，要做到人无我有、人有我专、人专我特、人特我绝。求变是指策划在突出当地的自然、文化和经济特色的同时，要对内容进行经常性的变化，即使是同一个冰雪旅游节庆活动，在突出其核心理念的前提下，活动的内容也要经常有所变化。求俭是指冰雪旅游节庆活动要走出一般节庆活动"伪繁荣"、"空热闹"的怪圈，必须在策划阶段就牢牢树立效率意识，要尽量以较低的投入获得较高的回报。

二、冰雪旅游节庆策划的程序

一个完整的冰雪旅游节庆策划一般要经过四个基本阶段：基础调查研究、策划方案确定、方案组织实施以及效果总结提高。

(一)基础调查研究

基础调查研究是冰雪旅游节庆策划的第一个阶段。调查的主要内容包括：

(1)需求调查。市场需求调查是冰雪旅游节庆策划的基本出发点，一般要了解目标市场的心理特征、行为特征、动机等。

(2)资源调查。包括自然资源、文化资源、社会资源以及人力资源等方面的调查。

(3)媒介调查。包括冰雪旅游节庆的广告、过程、效果，以及需要邀请哪些媒体、通过哪些媒介、选择什么传播方式等方面的调查。

(4)资金调查。确定冰雪旅游节庆活动的融资渠道和资金来源。

(5)社会环境调查。包括冰雪旅游节庆的举办地的安全情况、气候情况、政策法规情况等方面的调查。

(二)策划方案确定

冰雪旅游节庆策划的方案应包括如下几方面的内容：

1.时间

规定冰雪旅游节庆活动的起止时间，以及活动过程中各项目的时间顺序安排，要考虑游客的心理需求特征，以及节庆高潮的自然过渡时序等。例如，中国·亚布力企业家论坛的举办时间定为正月十五元宵节，既是黑龙江省滑雪的极佳时段又是中国传统的民俗节日。

2.地点

限制冰雪旅游节庆举办的空间范围，与承办城市、企业有关。同时，空间布局要注意如何划分活动点，标志性节庆活动的场所选择及与其他旅游活动场所如何呼应，要讲究意境，注意节事活动、人文景观与周围环境相协调。例如，中国·亚布力企业家论坛的举办地点定在中国滑雪胜地——亚布力。

3.主题和宣传口号

主题的定位要体现独创性和新奇性，设计兼具艺术简洁性的主题口号，让旅游者通过接触产品的形象以及参与活动，深刻体验到节庆活动的特定主题。例如,2009年哈尔滨冰雪大世界以"喜迎大冬会"为主题;太阳岛雪博会以"走进太阳岛,共享绚丽芬兰"为主题。

4.冰雪旅游节庆活动的组织者

确定主办单位、承办单位、协办单位和其他赞助单位,以及组织机构如何建立,各自的职责和分工等内容。

5.市场分析

包括竞争者分析、预计接待人数、收入来源和收入预测等。

6.原则

从宏观上引导冰雪旅游节庆的策划方向和应坚持的基本理论依据。如市场主导与政府运作相结合的原则、独创性与现实性(可行性)相结合的原则等。

7.目标

明确冰雪旅游节庆要达到的效果、实现的效益和远景展望等。例如,第10届黑龙江国际滑雪节提出了把黑龙江省建设成"国际滑雪旅游胜地"和"世界冰雪旅游名都"的目标。

8.具体活动项目、内容及表现形式

详细规定各项目内容的时间、运作方式、项目之间的衔接等。

9.冰雪旅游节庆活动的各种行动计划

包括财务计划、消防计划及安全计划、接待计划、宣传促销计划、开幕式和新闻发布会计划、各主题和配套活动的日程安排等。

10.经费预算

费用预算包括场地租用、购置器材设备、日常行政费用、劳务报酬,以及公关与广告活动费用等。由于节庆活动中有许多不确定的因素,需要在情况变化时对费用支出做相应的调整。对活动费用要进行一个比较宽松的预算。

(三)方案组织实施

方案在组织实施阶段,要特别注意营销推广、组织实施模式选择、节庆氛围营造、环境整治和安全保证。

1.营销推广

冰雪旅游节庆活动同其他旅游产品一样,需要进行营销推广。根据营销推广策划的时间顺序,可以分为活动准备初期、准备中期、举办前夕和举办过程中。

(1)冰雪旅游节庆活动准备初期。运用新闻发布会、新闻报道、网络发布等软性宣传方式进行预告宣传,把冰雪旅游节庆活动的主题、宗旨、意义等告知公众,让各类潜在参加者了解活动中蕴藏的机会,吸引他们的注意力和视线,创造新闻话题,引导舆论关注。

拓展阅读

2005年中国·长春净月潭瓦萨国际越野滑雪节媒体宣传策划

(一)境外宣传

国际瓦萨网站制作专栏、欧洲广播电视联盟播出长春瓦萨专题节目及消息、瑞典首都斯德哥尔摩举办净月潭瓦萨滑雪节新闻发布会、北欧20个城市瓦萨大棚车巡回宣传。

(二)境内宣传

香港举行瓦萨国际滑雪节推介会、北京及长春瓦萨国际滑雪节推介会、中央电视台、人民日报、光明日报将对净月潭瓦萨国际滑雪节赛事进行报道;省内所有新闻媒体将作净月潭瓦萨滑雪宣传。国内外共有50多家媒体150多名记者将到净月潭进行现场相关报道。

(2)冰雪节庆活动准备中期。冰雪节庆主办者主动参加旅游产品交易会,与旅行社、旅游公司、海内外批发商联系。并根据节庆的文化内涵、经济联系、区位条件、客源市场需求特征来进行客源市场细分,采取相应的促销策略,可以利用招贴画、小册子和旅游节庆宣传片、国际互联网、开办旅游节庆咨询活动等途径来促销。创造热烈回应的群众印象并积极追踪报道,同时,利用冰雪节庆创造一定的商业机会,吸引商家参与,寻找赞助商。根据活动的性质、资金运转情况有选择地选择宣传媒体、信息性软文(新闻稿、消息稿、行政通知、公文)印刷媒体(彩页、DM、报纸、杂志)、电子媒体(电视、电台、网络)、代言人(地区性推广责任人或联络人)等。

(3)冰雪节庆活动举办前夕。加大宣传的力度和密度,特别是在当地火车站、汽车站、机场等第一印象区的促销活动,与潜在和现实的参与者进行沟通,并采取旅游节庆倒计时策略。这一时期的宣传应该是全方位、多层次的宣传,加大宣传、包装和促销力度;刺激群众参与,调动高昂情绪,拉开活动序幕。

(4)冰雪节庆活动举办过程中。通过各种媒体全方位、多角度报道节庆盛况,继续塑造区域旅游形象与传播冰雪旅游节庆形象,并为下一次的节庆活动造势。

拓展阅读

2004年中国·长春净月潭瓦萨国际越野滑雪节营销推广策划

对外宣传促销

(一)宣传促销方式

(1)电视媒体选择中央电视台、旅游卫视、芬兰电视台、瑞典电视台、挪威电视台、北京电视台及国内客源地城市和省市电视台的新闻、旅游类栏目,采用新闻、专题、祝贺版、广告、旅游专栏等形式进行宣传。

(2)报刊媒体选择人民日报、瑞典每日商报、中国体育报、新华社每日电讯、中国青年报、中国旅游报、北京青年报、吉林日报、长春日报等一些国内外影响广泛的报刊,采用消息、系列报道、专题、祝贺版、广告版等形式进行宣传。

(3)其他媒体选择瓦萨国际网、新华社互联网、央视国际网、欧洲体育媒体杂志、中国民航杂志、中国国际广播电视台、吉林人民广播电台、长春人民广播电台等国内外影响广泛的媒体,采用消息、报道、专题、专版等形式进行宣传。

(4)新闻宣传从冰雪旅游节庆活动策划开始炒作,定期召开新闻发布会、组织会展赛事促销、组团赴外促销,及时公布冰雪旅游节活动内容及进展情况,冰雪旅游节开幕式和闭幕式形成高潮,历时半年。

(二)宣传促销措施

(1)提前制订宣传促销工作方案和计划,从7月份即开始进行冰雪旅游节宣传促销工作。

(2)采取"两节"结合、中外互动的宣传促销模式。

(3)充分利用当地新闻媒体的优势和积极性,加强长春周边城市的宣传促销。

(4)邀请中外新闻媒体记者来长春采访。

(5)制作长春冰雪旅游宣传光碟、网页,上网进行宣传促销。

(6)利用国内外举行的各类大型会展、旅游活动,进行宣传促销。

(7)利用户外广告扩大对外宣传。

(8)加大对赞助企业的宣传促销力度。

2.组织实施模式选择

(1)运作模式选择。

模式一:政府包办

政府包办模式是一些城市特别是一些小城镇在举办冰雪旅游节庆活动中,采用较多的运作模式。这种模式的特点是:冰雪旅游节庆活动由政府部门牵头主办,按行政方式运作,较少由企业承办,政府在节庆活动的举办过程中身兼数职,扮演着策划、导演、演员等众多角色。冰雪旅游节庆活动的主要内容由政府决定,活动场地、时间由政府选择,参加单位由政府行政指派。冰雪旅游节庆产品的运作流程大致可划分为前期资金投入、中期具体操作、后期资金回流三部分。前期资金投入以后,政府会组建筹委会,筹委会一般设八组:办公室、宣传组、接待组、旅游、文体组、经贸组、商业组、财务组、安全组、交通组等。

这种运作模式给政府带来很大的财政负担,而节庆活动给城市、给社会、给当地民众带来的经济效益、社会效益等却大打折扣。

模式二:各部、委、局及协会主办或与政府、地区联办

各部、委、局及协会主办或与政府、地区联合主办的模式是目前许多专题城市冰雪旅游节庆活动采用较多的模式,它具有政府包办模式的一些特点,但也在不断地加入市场化运作的一些成分。如第24届中国·哈尔滨国际冰雪节是由国家旅游局、黑龙江省政府、哈尔滨市政府联合主办的。

模式三：市场化运作

所谓冰雪旅游节庆活动的市场化运作模式，就是在政府的主导下，大胆引入市场手段，不论是冰雪旅游节庆活动举办的需求，还是供给方面，都应当遵循一定的市场规律，注入"成本与利润"、"投入与产出"的理念，建立"投资—回报"机制，把冰雪旅游节庆活动纳入市场经济的轨道，并作为一种品牌来经营。这种模式通过招商办会，吸引大企业、大财团以及媒体的参与，解决资金问题，并配置新的经济增长点。通过出色的市场化运作，形成"以节庆养节庆"的良性循环发展。

这种模式的优点：一是可以节约成本。在节庆活动举办过程中，时间地点选择、广告宣传方式等方面完全按照市场的需求来做，可以大大的节约成本，避免因行政力量介入造成的不必要的浪费。二是可以做到收益最大化。这里的收益包括参加企事业的收益、政府的形象收益，也包括给当地带来的其他社会效益。

模式四：政府引导、社会参与、市场运作

政府引导、社会参与、市场运作是一种综合的运作模式，这种模式的优越性明显，效益显著，正在越来越多地被各方面所认同。

这种运作模式的特点是：政府仍旧是重要的主办单位，政府引导作用主要体现在确定冰雪旅游节庆活动的主题及名称，并以政府名义进行召集和对外的宣传；社会参与就是充分调动社会各方面的力量来办好冰雪节庆活动，它体现了广泛的民众性。社会力量主要体现在：一是民众在冰雪节庆活动主题选择时献计献策；二是冰雪旅游节庆活动举办时成千上万人结伴前往，积极参与，营造出一种普天同庆、万民同乐的节日气氛。市场运作则是将冰雪旅游节庆活动的举办过程交给市场来运作。比如冰雪旅游节庆活动从项目策划、集资、广告、会务、展览、场地布置、彩车制作、观礼台搭建、到纪念品制作，都以招标投标、合同契约的市场竞争方式，激励企事业单位来参加。企事业单位可以获取活动冠名权，成为赞助商。这样既可以为企事业扩大知名度，又可以节省大量开支，从而逐步形成新兴的"冰雪节庆经济"和"冰雪节庆产业"。如第2届黑龙江滑雪节在第1届大获成功的基础上上升为国家级、国际级的节庆，主办单位是国家旅游局、黑龙江省人民政府和哈尔滨市人民政府，由省、市旅游局、亚布力滑雪中心和中国旅游报承办。

3.节庆氛围营造

安德鲁·布利比在《对节日进行面向21世纪的重新改造》一文中说:"一个非常关键,同样非常重要但同时又常常被忽略的因素,就是节庆要想吸引游客,首先必须得到当地人的认可、支持和喜爱。如果当地人不喜欢这个节日,那么这种不喜欢的消极态度很快会波及游客,这个节日在游客心中就没有价值了。"因而,举办旅游节庆活动,必须大力倡导当地居民的参与意识,密切当地居民与游客的关系,创建良好的节庆环境,塑造良好的节日氛围。因而冰雪旅游节庆活动必须有"气势"、有"声势",必须"热闹",让尽可能多的企业和市民参与进来。

另外,现代人的生活、现代人所面临的社会压力和环境挑战、现代人的价值观,更需要在策划冰雪旅游节庆时对节庆环境和氛围有新的规划和设计。这种表达既不是完全遵循传统的挂彩灯、贴标语、树彩旗、放气球、放鞭炮等,也不是模仿西方时尚潮流,而是基于当代人的心理诉求和体验要求,使旅游者进入规划者所设定的或营造的一种休闲和惬意的氛围中的一种创新性的表达。

同时,冰雪节庆氛围营造应倾听大地的声音,按照自然的内在规律,基于游客的视觉、听觉、触觉、嗅觉、味觉乃至心理感觉的多重体验需求的综合,恰到好处地安排每一块体验空间,并为旅游者带来全方位的冰雪节庆体验。

拓展阅读

第27届哈尔滨国际冰雪节冰雪大世界六大亮点

本届冰雪大世界划分了七个区域,分别是欢乐城堡中心区——以"天鹅堡"为中心,大气恢弘;冰雪迪士尼展区——集结迪士尼经典卡通形象于一园,生动形象;安徒生童话冰雪展区——展示各种童话故事;梦幻西游展区——栩栩如生的西游人物,回顾古典名著的独特魅力;璀璨丛林展区——体验惊险刺激的丛林探险;冰雪活动体验区——体验大规模的冰上娱乐项目;冰雪实景演出——震撼的户外实景演出,美轮美奂。

在这个区域的冰景,较往年增加了如下六个亮点:

亮点一:大型演出

以欧洲风情红磨坊式的表演为主的"冰雪欧秀",大型冰上杂技秀"COOL 哈尔滨"以及场面震撼、气势磅礴的大型户外演出实景"激情冰雪——哈尔滨"。

亮点二:用冰量

本届冰雪节占地60万平方米,用冰量18万立方米。

亮点三:童话王国

今年冰雪大世界将建设迪士尼卡通故事园区,将童话王国的主题进行到底。

亮点四:玻璃观赏长廊

今年冰雪大世界增加建设了百米长的玻璃观赏廊道,内设酒吧、商场、快餐,游人通过玻璃观赏外面冰雕雪景的同时,可以取暖、购物、休息。

亮点五:"火箭蹦极"

引进惊险刺激的"火箭蹦极"大型娱乐活动,将人抛升高度可达70余米,惊险刺激无极限。

亮点六:就餐更方便

在原有的经营项目之上增加了经营种类,同时引入8家日本餐饮企业,为游客提供优质舒适的就餐环境。

4. 环境整治

环境是冰雪节庆举办地给旅游者的第一印象,净化、绿化、硬化、亮化、美化、畅通、有序、整洁的环境是留住旅游者的重要条件,策划者在策划时要明确要求旅游目的地努力营造文明、卫生、和谐、舒适、生态的居住环境,提升城市品位,树立良好的城市形象,给旅游者良好的第一印象,延长旅游者在当地的逗留时间。同时,在完善对市区主要街道综合整治的基础上,重点对城市河流、排水沟等进行整治,对建筑楼群、小区进行规范管理,加强对市场经营和店外经营进行整治。

5. 安全保证

安全是冰雪旅游节庆活动要随时应对的危机。各有关部门要按照组委会的统一部署,切实制订好工作实施方案、安全措施及相关预案,严防各类事故发生,确保冰雪节庆活动的安全,做到万无一失。

安全监管部门要加强对重点单位和行业的监管工作,督促检查安全责任制的落实情况,确保冰雪节期间各项活动的安全。

公安部门要加大对冰雪节庆活动场所、来宾驻地的安全保卫力度,维护治安秩序,加强道路巡查,保证节日期间各主要活动场所道路畅通。

消防部门要采取严密防范措施,杜绝火灾等事故发生。

交通部门要增加窗口服务意识,树立文明新风尚;根据各项大型活动的举办日程,及时调整公交车线路和营运时间,以方便游客参加节庆活动。

安全生产监管部门要加强节日期间的安全生产监督管理,确保不发生重大安全生产事故。

各级党委、政府及信访部门,要深入细致地做好群众来信来访工作,确保节日期间不发生集体上访等群体性事件。

劳动和社会保障部门、民政部门要认真做好养老保险金、失业保险金、国有企业下岗职工基本生活保障金、城市居民最低生活保障金的发放工作,确保人心稳定、社会安定。

工商、物价、质量技术监督等部门,要进一步加强市场和物价管理,整顿和规范市场秩序,优化市场发展环境,营造诚实守信、公平竞争的氛围。

(四)效果总结提高

冰雪旅游节庆活动结束后,要对整个活动进行评价,看策划是否成功,效果是否理想。评估主要包括是否提高了主办者所在地区和企业的知名度,主办者及承办者的投入、支出、利润是多少,对当地经济是否得到了促进作用等方面。此外,对环境的影响也要进行评价。

第四节 世界主要冰雪节简介

中国·哈尔滨国际冰雪节与日本的札幌雪节、加拿大的魁北克冬季狂欢节、挪威奥斯陆滑雪节和瓦萨国际越野滑雪节是世界上少数几个内容最丰富、气氛最热烈的冬令盛典之一。

一、中国·哈尔滨国际冰雪节

中国·哈尔滨国际冰雪节是我国历史上第一个以冰雪活动为内容的国际性节日，是世界四大冰雪节之一。自1985年1月5日创办以来，智慧、勤劳、勇敢的哈尔滨人化严寒为艺术、赋冰雪以生命，将千里冰封、万里雪飘的北国冬天，创造成融文化、体育、旅游、经贸、科技等多领域活动为一体的黄金季节。成为世界著名的冰雪盛会。经地方立法，1月5日已成为哈尔滨人的盛大节日。

（一）中国·哈尔滨国际冰雪节简介

哈尔滨国际冰雪节是哈尔滨人特有的节日，内容丰富，形式多样。如在松花江上修建的冰雪迪士尼乐园——哈尔滨冰雪大世界、斯大林公园展出的大型冰雕，在太阳岛举办的雪雕游园会，在兆麟公园举办的规模盛大的冰灯游园会等。冰雪节期间举办冬泳比赛、冰球赛、雪地足球赛、高山滑雪邀请赛、冰雕比赛、国际冰雕比赛、冰上速滑赛、冰雪节诗会、冰雪摄影展、图书展、冰雪电影艺术节、冰上婚礼等。冰雪节已成为向国内外展示哈尔滨社会经济发展水平和人民精神面貌的重要窗口。1985年第1届初名哈尔滨冰雪节，2001年第17届提升为中国·哈尔滨国际冰雪节。

中国·哈尔滨国际冰雪节是世界上活动时间最长的冰雪节，它只有开幕式——每年的1月5日，没有闭幕式，最初规定为期一个月，事实上前一年年底节庆活动便已开始，一直持续到2月底冰雪活动结束为止，期间包含了新年、春节、元宵节、滑雪节四个重要的节庆活动，可谓节中有节，节中套节，喜上加喜，多喜盈门。

每年一度的哈尔滨冰雪节，以"主题经济化、目标国际化、经营商业化、活动群众化"为原则，集冰灯游园会、大型焰火晚会、冰上婚礼、摄影比赛、图书博览会、经济技术协作洽谈会、经协信息发布洽谈会、物资交易大会、专利技术新产品交易会于一体，吸引游客多达百余万人次，经贸洽谈会成交额逐年上升。不仅是中外游客旅游观光的热点，而且是国内外客商开展经贸合作、进行友好交往的桥梁和纽带。

（二）中国·哈尔滨国际冰雪节的由来

20世纪80年代初，哈尔滨冰灯已扬名四海、观者如云，群众性的滑冰、乘冰橇、乘冰帆等冰上运动及冬泳也为哈尔滨之冬增加了活力。中共哈尔滨市委宣传部的有关同志在接待来哈观赏冰灯的港澳台胞过程中,发现他们不仅爱哈尔滨的冰灯,也爱哈尔滨的白雪,由此产生了举办"'哈尔滨之冬'冰雪节"的设想,并于1983年10月向市委提出建议,经过一年多的不懈努力,得到省委主要领导的首肯,于1985年1月5日在冰灯游园会所在地兆麟公园的南门外举行了隆重的开幕式,并宣布,以后每年从1月5日开始都举行为期一个月的哈尔滨冰雪节。

(三)中国·哈尔滨国际冰雪节的特色

1.艺术性突出

第11届哈尔滨冰雪大世界以"冰雪建筑华章,欢乐相约世界"为主题。第22届太阳岛雪博会突出中国元素,确定了"雪舞太阳岛,欢乐中国行"的主题。第36届哈尔滨冰灯艺术游园会暨哈尔滨迪士尼冰雪游园会以"迪士尼的故事"为主题。融入冰雪灵魂的冰雪音乐会将在充满俄罗斯文化情调的伏尔加庄园上演。

2.资源优势明显

哈尔滨城市周边的14家S级滑雪场的条件和设施都有了极大改善,能满足中外游客不同层次的滑雪需求。今冬将开展初冬热身滑雪月、隆冬发烧滑雪月、春节黄金滑雪月、春天活力滑雪月四个滑雪主题月活动。

3.旅游与经贸合作

冰雪节上举办冰洽会、第9届中国·亚布力企业家年会、中国冬季体育用品博览会和中国冬季旅游博览会,还首次与欧元之父罗伯特·蒙代尔合作,举行哈尔滨蒙代尔经济发展论坛等活动。

4.强调参与性

冰雪节将推出以参与性为主的冰雪娱乐景区——首届哈尔滨伏尔加冰雪乐园,以"相聚'伏尔加',冰雪乐无穷"为主题,创办首届伏尔加冬趣节和伏尔加"音乐之冬"两大系列活动,开发越野滑雪、冰雪冬令营、冰上拔河比赛、冰雪拓展训练等活动。

(四)中国·哈尔滨国际冰雪节的内容

1.冰雪文化

在冰天雪地的自然环境中,哈尔滨人注意从文化角度审视冰雪资源,在不断探讨挖掘其历史渊源、总结积累新鲜经验的基础上,创造了独具特色的冰雪文化。哈尔滨人喜爱冰雪,喜欢热闹,更热衷于文化。

每年冰雪节,哈尔滨人在充分展示其精美的冰雪艺术品的同时,也为冰雪文化注入了新的内涵。

2.冰雪体育

坚冰厚雪为哈尔滨提供了良好的冬季体育运动场所,素有"冰雪运动之城"美誉的哈尔滨为中国冰雪运动作出了重要贡献。冰雪节期间,在国际性冰雪体育比赛方面,组织举办国际女子冰球邀请赛、国际冰壶邀请赛、国际太极拳邀请赛、国际冬泳邀请赛及冬泳表演等活动。在具有地方特色的体育方面,"万人上冰、万人健身"、中小学生上冰雪等系列活动,其中包括冰舞表演、速滑比赛、冰球比赛等项目,让市民尽享冰雪情趣,举办雪地足球赛、全国台球邀请赛、保龄球邀请赛、"冰灯杯"篮球邀请赛、"希望杯"棋类比赛、"育苗杯"乒乓球邀请赛及表演活动。

3.冰雪经贸

伴随哈尔滨国际冰雪节而生的"冰洽会"是一个大流通、大经贸、上档次、上规模的大型盛会。2008年冰雪节展会举办地点为黑龙江省冰上运动基地,设立十个展区,是上届的两倍;展位设置800个,是上届展位数量的2倍以上。展馆设计新颖,展场氛围热烈,突出了冰雪文化,带动了冰雪经贸。"冰洽会"在发展冰雪文化、促进冰雪旅游的同时,广泛进行了经贸交流、加强技术合作,加深与全国各地的经济往来,增进区域经济蓬勃发展。达到洽谈贸易、交流信息,面向全国、面向世界,横向联合、纵向延伸,增强互进、共同发展的目的。

二、日本札幌冰雪节

札幌冰雪节是日本北海道札幌市的传统节日。始于1950年,在每年最冷、雪最多的2月的第一个星期举行,到星期日为止,为期5天。所谓冰雪节就是用雪堆积、雕刻成人物、动物及建筑物等各种各样的塑像,供人欣赏。虽然是雪像,却反映当时的时代气息,使生活在冰天雪地的北海道人能愉快地度过寒冷的冬天。

(一)札幌冰雪节简介

冰雪节期间,在札幌市的大通公园、真驹内公园、薄野展出的巨大雪雕和冰雕,非常有气魄。札幌市内的三处会场矗立着大大小小的雪雕,包括外国游客在内每年有200万人前来观赏。其中,主会场的大通公园正好位于市中心,1.5公里长的区域内俨然变成一座白雪的博物馆。位于大通西 11 丁目的国际广场是"国际雪雕比赛"的会场,每年,都有来自世界各地的 10 余个团体参加比赛。因为会场原本就是公园,所以无论何时都可以自由参观。夜幕降临,华灯衬托下的雪雕分外夺目。因夜景而闻名的"薄野会场"上所展示的冰雕给人带来梦幻般的感觉,在这里,人们可以欣赏到将螃蟹、墨鱼、鲑鱼等北海道特产镶嵌于冰雕中的充满奇思妙想的作品。

(二)札幌冰雪节的由来

众所周知,北海道的人民有近半年的时间在冰雪覆盖的世界里生活。那里年降雪量为四米多,一进入漫长的冬季,人们就似昆虫入蛰一样,整日憋在房间里,多想到户外活动活动。札幌市政府理解大家的心情,设法满足人民的夙愿,改造单调的冬季生活,决定努力开辟北方城市的观光事业。冰雪节举办以前在北海道就有"雪站会"(有数万人参加的骑马站,相互争夺对方的雪城)、"冰上狂欢节"和"学校雪像展",在此基础上,决定在最冷、雪最多的 2 月初,由札幌市有关单位共同组成札幌雪节实行委员会,由该组织主办札幌冰雪节,号召市民、教师、学生走出房门,自己动手雕刻雪人、雪物、雪像,用自己的智慧和劳动丰富市民的生活。1950 年第 1 届札幌冰雪节一举成功,收到了意想不到的好效果,博得了群众的欢迎和支持。从此,决定每年举办一次冰雪节。

(三)札幌冰雪节的组织与展区

在冰雪节举办前,札幌市雪节实行委员会就要通过各种宣传报道机构,征集大雪像的主题。在一般情况下,具有一定纪念意义、市民对其内容又感到亲切的、易于被采纳作为主题。主题决定后,先着手制造模型,后转移到塑造现场,按其实际尺寸搭架子,接着往里填雪,夯实。为使雪像坚固,不倒塌,边填雪边浇水,冰雪冻在一起,不仅结实而且容易雕刻。冰雪节从准备到完工要花一个月左右的时间。

雕塑雪像要用大量纯白清洁的雪,以 1984 年为例,其年用雪量为 29 160 立方米,载重 5 吨的大卡车,要运 5 832 辆次,如将所用雪制成一米见方的雪块,竖直接起来相当于富士山高度(3 776 米)的 7 倍多。札幌冰雪节一般是取近邻丘珠机场的雪,如果当年降雪少,还要到距离雪节现场 36 公里的中山岭或更远的支芴湖周围去取好雪。早期,大型雪雕的制作以及积雪的搬运在很大程度上依赖自卫队员的协助。

自从自卫队被派往伊拉克后,这些工作主要由市民志愿者来承担。

札幌冰雪节展区有大通展区、薄野展区和萨托兰托公园展区。

1.大通展区

在札幌市中心1.5公里的大通公园展出冰雪节最有名的大型雪雕,有10余座高20余米宽的雪雕陈设在这里。

除了大型雪雕,大通公园内还展出超过100件小型的冰雕和雪雕,同时也举办一些娱乐活动,很多都直接借用了这些雕塑作为舞台。

2.薄野展区

薄野展区以札幌最大的娱乐区而闻名。这里展出大约100件冰雕展品。

3. 萨托兰托公园展区

萨托兰托展区位于萨托兰托公园内相对比较偏僻。这里有由冰雪修建的滑道和迷宫,也展出一些小型雪雕。

(四)札幌冰雪节的内容

1.国际雪像比赛

每届札幌冰雪节都邀请雕刻家创作众多的雪雕和冰雕,作品的内容丰富多彩。为扩大札幌市在国际上的影响,从1973年开始,雪节增设国际雪像比赛,邀请世界各地的代表队参加。各国参赛选手制作有本国特色的冰雕和雪雕,争夺流动优胜旗。

一些巨型而复杂的雪像,多是北海道陆上自卫队员塑造的。有时任务紧急,需要昼夜不停赶工。由于角度不同、照明不同、气候不同,塑造出来的雪像情趣也各异。

"国际雪像比赛"是一次很好的国际交往,在雕塑雪像期间,各代表队用本国美味食品热情招待在冰天雪地里同甘共苦的各国代表,呈现出国际大家庭的气氛。

2.文化展览

札幌冰雪节是一次很好的文化展览。冰雪节期间开办"雪与科学"、"雪与生活"、"雪与气象"、"雪与健康"等专题图片展览,向人们介绍有关雪的知识。

3.艺术家和普通市民共同的盛会

札幌冰雪节是艺术家的盛会,每逢冰雪节开始,日本各地享有盛名的歌手、演员、曲艺家汇聚札幌,在雪制舞台上表演,并由电视、广播向全国转播实况。

札幌冰雪节同样是普通市民的节日,每年在真驹内广场都会为孩子们雕塑一个大型雪制滑梯,塑造各种各样的童话故事形象、千姿百态的人物和珍禽异兽,蒸汽机车和雪橇马车等。1974年,大熊猫的雪雕曾是雪节的一个珍品,很受观众的欢迎。从2006年起,农业主题公园"札幌SATORANDO"对外营业,也成为冰雪节会场之一。这里有孩子们喜爱的100米雪滑梯、雪迷宫等游乐项目,还可以体验乘坐热气球、漂流船等穿越雪原。

冰雪节也是一个大商场,到处是临时搭起的商店。纪念品、小百货、各式小吃琳琅满目,生意十分兴隆。

三、加拿大魁北克冬季狂欢节

(一)魁北克冬季狂欢节简介

每年吸引近百万国内外游人。在加拿大东南部的港口城魁北克冬季狂欢节为期10天,每年从2月份的第一个周末起开始。狂欢节的规模盛大,活动内容奇特多彩,具有浓郁的法兰西文化色彩。节日前美术工作者往往要花上一个月的时间,用冰块堆砌起一座五层楼高的"冰雪城堡"。城堡上彩旗林立,迎风招展,雄伟壮观。节日到来时,市民们推选出一个"魁北克冬季狂欢节之王",作为狂欢节期间该市的临时"统治者"。他身穿白色衣服,头戴白色帽子,手戴白色手套,被打扮成一个活"雪人",向参加狂欢节的人们含笑招手,表示欢迎。狂欢节期间举行冰雕比赛、划船比赛、越野滑雪比赛、轮胎滑雪比赛、大型滑车、狗拉雪橇赛、冰上赛马等各种体育活动。冰雕比赛是狂欢节的主要活动项目之一,20多个国家的冰雕大师,云集魁北克市。在一条被称为"狂欢节大街"的街道两旁,随处可以看到用冰块堆砌或雕刻而成的各种人像、动物、建筑物、几何图形等,晶莹剔透,千姿百态,令人目不暇接。花车游行更是节日里热闹的一幕,一辆辆装饰得五彩缤纷的花车播放着悠扬动听的乐曲缓缓进行,人们随着乐曲载歌载舞,尽情狂欢,直至深夜。

(二)魁北克冬季狂欢节的由来

魁北克的冬季狂欢节,起源于1894年,当初这只是一个精心策划的庆典,让当地居民在严寒冬季得以放松身心,并没有一定的组织和活动形态。

到了 1955 年，一群当地的商人发现，如果每年冬季定期举办狂欢节，不失为漫漫严冬中，刺激停滞经济的好方法。

从此以后，一年比一年盛大的魁北克冬季狂欢节，不但带来前所未有的商机，而且还成了魁北克市第三大产业，被公认为全世界最大的冬季狂欢节，并且是全世界第三大狂欢节，仅次于里约热内卢、纽奥尔良的狂欢节（如图7.1所示）。

图 7.1　魁北克狂欢节活动

（三）魁北克冬季狂欢节的吉祥物

博纳是魁北克冬季狂欢节的吉祥物，负责掌管这段期间所有人的欢乐。博纳头戴红帽、腰系红白相间腰带、笑容满面，胖胖的模样很有亲和力，走到哪里都很受欢迎，大人、小孩都喜欢和他热情拥抱。

（四）魁北克冬季狂欢节的内容

1.冰雕和雪雕展览

冰雕和雪雕展览是魁北克冬季狂欢节的重要项目，每年都有加拿大各地的队伍，以及来自世界 20 几个国家的队伍参与盛会，以熟稔的技术，将一堆白雪雕成精美的艺术品。这项展览同时也最受游客喜爱。

2.圣罗伦斯河独木舟大赛

圣罗伦斯河独木舟大赛不仅是国际水准的独木舟竞赛，同时也是在极地气候下考验参赛者的勇气及决心。在寒冷的气温下，河面上还漂浮着冰块，参赛者除了要排除水上障碍，还须抵抗外来的寒冷，可以说是一项对体能及耐力极具挑战的竞赛。

3. 攀登冰瀑

每年冬季狂欢节，瀑布前会堆起数公尺高的"糖丘"（像白色糖霜状的冰山），攀登冰瀑也是狂欢节另一项专业竞赛活动。各国选手齐聚，挑战层层冰柱。

四、挪威奥斯陆滑雪节

挪威首都奥斯陆有"世界滑雪之都"的美称，每年3月的第一个星期六,挪威人都要举办特有的"奥斯陆滑雪节"。这是挪威全国仅次于国庆节的第二个盛大节日。

除了大型滑雪比赛项目、花样滑雪表演、极限滑雪运动比赛外,还有一个拥有 100 多年历史的侯门库伦跳雪台举办精彩刺激的跳雪。这绝对是勇敢者的游戏,从 100 米的跳雪台上,以绝美姿势把自己从空中抛掷出去。据说最远的记录达 113 米。

五、瓦萨国际越野滑雪节

由瑞典国王于 1922 年创办的瓦萨国际滑雪节,是一项风靡欧洲的冬季群众性体育活动,至今已有 80 多年历史,每年有近 4 万名来自世界各地的滑雪爱好者参加,瓦萨滑雪赛已经不只是单纯的滑雪比赛,更是一个全瑞典人的节日。瓦萨国际越野滑雪节已成为目前世界上规模最大的越野滑雪赛事。

(一)瓦萨国际越野滑雪节的由来

16 世纪初期,瑞典被迫与丹麦结成国家联盟。瑞典人古斯塔夫·瓦萨号召人们起来反抗丹麦的统治和压迫,他在莫拉鼓动达拉纳人和他一道推翻丹麦国王,不过没有志同道合者,他滑雪到挪威去另寻出路。就在这时,丹麦人在斯德哥尔摩大肆屠杀瑞典人的消息传到了莫拉,达拉纳人决定要与逃亡的瓦萨联合起来,于是立即派当地最好的两个滑雪运动员去追赶瓦萨,这就是瓦萨越野滑雪节的历史渊源。1523 年 6 月 6 日,古斯塔夫·瓦萨被推举为瑞典国王。

1922 年,一位新闻记者倡议为了纪念古斯塔夫·瓦萨以及他所取得的成就,创立一个每年举行的全程 90 公里的滑雪比赛。这就是后来的瓦萨越野滑雪节,比赛路线与当年瓦萨奔波于莫拉和萨伦两地的路线相同。

首届瓦萨越野滑雪比赛于 1922 年 3 月举行,以后每年举办,至今已有 80 多年的历史,每年吸引 4 万多名滑雪爱好者参加,是世界上最大规模的越野滑雪赛事。

(二)瓦萨国际越野滑雪节发展情况

越野滑雪又被称为"北欧滑雪",许多运动生理学家和研究人员认为越野滑雪是世界上最好的有氧运动。从事这项运动时需要调动全身的力量,包括胳膊、大腿、腰腹等身体各个部位的肌肉。长春瓦萨国际越野滑雪节开始于 2003 年,瑞典瓦萨国际总部到中国考察,被长春净月潭独特的自然景观和生态环境所吸引,认为这里的环境与北欧相似,是开展越野滑雪的最好场所,于是与长春市人民政府签订合作协议,在净月潭开展瓦萨国际越野滑雪运动。2003 年 3 月 15 日,长春市人民政府与瑞典诺迪维公司共同组织发起第 1 届中国·长春净月潭瓦萨国际越野滑雪节。2004 年 1 月 2 日,第 2 届中国·长春净月潭瓦萨国际越野滑雪节在净月潭举行,来自世界 15 个国家的两千多名选手同场竞技。2004 年,瑞典瓦萨国际总部与长春市人民政府签订十年友好合作协议,中国·长春净月潭瓦萨国际越野滑雪节开创了该项国际赛事在欧洲以外国家举行的先河。

第五节　冰雪旅游节庆策划案例

案例一:第26届中国·哈尔滨国际冰雪节——冰雪旅游节庆盛典

一、哈尔滨简介

(一)哈尔滨基本概况

哈尔滨地处东北亚中心位置,是第一条欧亚大陆桥和空中走廊的重要枢纽,被誉为欧亚大陆桥的明珠。哈尔滨也是东北北部政治、经济、文化中心,全市总面积 5.3 万平方公里,其中市区面积 0.7 万平方公里。截至 2010 年末,户籍总人口 992 万人,其中市区人口 479 万人。

哈尔滨属于中温带大陆性季风气候,四季分明;春季山野披绿、满城丁香,夏季清凉宜人、休闲避暑,秋季天高云淡、层林尽染,冬季银装素裹、雪韵冰情。春、秋两季气温升降变化快,时间较短,属于过度季节。得天独厚的气候条件,使得哈尔滨成为休闲避暑胜地。

(二)哈尔滨的美誉

1.冰城夏都

冬天,当大自然的慷慨馈赠遇上哈尔滨人的智慧与创造,冰与雪的艺术生命便得以永恒。在哈尔滨被发扬光大、散发出熠熠光彩的冰与雪,一次次感动着来自四面八方的游客。

2.音乐之都

哈尔滨是音乐和艺术的沃土。"哈尔滨之夏音乐会"悠扬的旋律已经激荡了 40 多个春秋。走在大街上,偶尔也会听到某个小巷中传来小提琴悦耳的声音。

3.丁香之城

五月的哈尔滨,满城尽开丁香花,白色、紫色的花朵弥漫着淡淡的清香,令人陶醉。丁香花也被称为哈尔滨的市花。

4.风情之都

历史造就了哈尔滨的万种风情,多元文化在这里交汇,它不仅荟萃了北方少数民族的历史文化,而且融合了中外文化。仅就哈尔滨的建筑来说,就既有欧洲中世纪的浪漫,也有中国古典的典雅,还有现代的奔放:巴洛克装饰、拜占庭穹顶、俄罗斯木屋、浪漫主义建筑、新世纪的摩登符号、中世纪的寨堡等,不同风格的建筑,在这里轮番上演,各展身姿。

5.荣耀之城

哈尔滨人的想象力和创造力让哈尔滨获得了诸多荣耀,包括:

首批中国优秀旅游城市;

2008年北京奥林匹克运动会十大热点旅游城市;

中国十佳宜游城市;

中国十大品牌城市;

全国避暑旅游名口碑金榜前20名;

中国十佳避暑城市排行榜第三名,被誉为"夏日圣地";

中国节庆总评榜2008中国最具影响力节庆城市;

中国十大节庆城市;

黑龙江省政府于2010年荣获国际旅游联合会颁发的"世界冰雪旅游卓越贡献奖"、黑龙江省旅游局获"世界滑雪旅游杰出贡献奖"、哈尔滨市政府获"世界冰雕艺术特殊荣誉奖"。

二、哈尔滨冬季冰雪旅游节庆简介

1.中国·哈尔滨国际冰雪节

哈尔滨是中国冰雪艺术的摇篮,素有"冰城"之美誉。每年一度的中国·哈尔滨国际冰雪节已成为集旅游、经贸、金融、文化、艺术、体育为一体的传统的盛大节日,是中国第一个以冰雪为内容组织的区域性节庆活动,并创下多项吉尼斯世界纪录。冰雪大世界幕天席地,奇丽瑰伟;冰灯艺术游园会奇光流彩,美妙绝伦;雪雕艺术博览会铄玉流银,气象万千;异彩纷呈的冰雪文化活动更是令人心神驰骋……

2.中国·黑龙江国际滑雪节

每到冬天来临之时，缤纷的雪花就为在省会城市哈尔滨举办的中国·黑龙江国际滑雪节拉开帷幕。黑龙江国际滑雪节是国家级、国际性的节庆，亚布力、龙珠二龙山和吉华长寿山等国内滑雪一流水准的滑雪场，各种活动项目丰富多彩：花式繁多的自助滑雪；国内、国际滑雪比赛；单、双板，离、跳台的等滑雪表演；雪地摩托、马拉雪橇、滑雪圈、冬捕、冬钓等游乐活动；雪域圣诞狂欢、焰火篝火及民族风情等晚会；国际滑雪论坛、中国企业家年会等学术会议；美食、摄影和冰雪旅游等展会……为滑雪节增添了无穷的魅力，使游人尽情体会滑雪运动的无限乐趣。

3.中国·哈尔滨国际爱斯基摩冰雪节

哈尔滨国际爱斯基摩冰雪节是由中国首家情景式极地主题公园——哈尔滨极地馆，2007年首创，现已成为哈尔滨国际冰雪节重要活动之一。它以"观冰赏雪游极地"为主题，将冰雪文化、极地文化、民族风情有机融合在一起。新颖独特的爱斯基摩狂欢活动、世界唯一的白鲸水下表演，还有可以近距离接触的极地动物，让游人仿佛置身于真实的极地世界，体验真实的极地生活。

4.哈尔滨国际冰上集体婚礼

爱来自四面八方，爱来自火热心肠，洁白无瑕的冰花作为爱的翅膀，梦就能够飞翔。在这童话般的浪漫冬日里，晶冰瑞雪簇拥着一对对不同国度的幸福甜蜜，鲜花、彩灯、美妙的冰景和祝福，使哈尔滨国际冰上集体婚礼汇成欢乐的海洋。

5.哈尔滨冰雪节经济贸易洽谈会

早在20世纪初，世界的目光就青睐这个从不设围墙的城市，多个国家的国际商社、数十万的异国侨民纷纷来这里创业。时至今日，严寒的冰雪，不仅激热了哈尔滨人的冬季生活，更是引来了寻"冷"而至的天下客，并从中催生出了冰雪产业。每年的冰雪节经济贸易洽谈会、中国企业家论坛、冬季用品博览会都如期举办。如今的哈尔滨冰雪变"白金"，"冰雪蛋糕"越做越大。

三、第26届中国·哈尔滨国际冰雪节

（一）第26届中国·哈尔滨国际冰雪节及其特点

第26届中国·哈尔滨国际冰雪节以"冰雪庆盛世,和谐共分享"

为主题,于 2010 年 1 月 5 日盛大开幕。第 26 届冰雪节的形象大使是著名演员范冰冰,冰雪节期间推出百余项活动,更加突出了国际性、艺术性、休闲娱乐和群众性。主要有以下特点:

1. 突出国际性,打造国际冰雪盛会

为了扩大冰雪节的国际影响,第 26 届冰雪节在重点景区建设上与国际知名品牌进行合作,哈尔滨冰灯艺术游园会获得华特迪士尼公司授权,与迪士尼公司联手打造具有鲜明特色的迪士尼冰雪游园会。冰雪大世界与好莱坞合作,用一个园区打造好莱坞冰雪乐园。第 26 届冰雪节开幕式和文艺晚会与美国五洲电视台合作,邀请著名的政要、学者、好莱坞和港澳台演员。冰雪节期间举办了国际雪雕比赛、国际冰雕比赛、国际冬泳比赛、哈尔滨国际友城旅游合作论坛等赛会活动。

2. 突出艺术性,塑造冰雪艺术的殿堂

哈尔滨是中国冰雪艺术的发源地,经过 25 年冰雪节的积累和发展,哈尔滨冰雪景区的开发建设及丰富多彩的节庆活动与赛事,更增添了艺术性和观赏性。第 26 届冰雪节的三大主题景区:第 11 届冰雪大世界、哈尔滨冰灯艺术游园会、雪博会更是各具特色。

3. 突出资源优势,营造滑雪度假胜地

哈尔滨在成功举办亚冬会和大学生冬季运动会后,40 余家 S 级滑雪场的条件和设施都有了极大地改善,能满足中外游客不同层次的需求。著名的亚布力滑雪场交通便捷,有旅游专列直达,有 3 家五星级大酒店。哈尔滨已成为名副其实的世界级滑雪度假胜地。

4. 突出经贸合作,搭建冰雪经济的舞台

发展冰雪节平台作用,积极开展国内外经贸合作和经济往来,举办第 26 届冰雪节经济贸易洽谈会、第 9 届中国·亚布力企业家年会、中国冬季体育用品博览会暨中国冬季旅游博览会,还首次与欧元之父罗伯特·蒙代尔合作,举办哈尔滨蒙代尔经济发展论坛等活动,为内外企业家和业界人士来哈尔滨投资兴业、谋求合作提供便捷的服务和展示的舞台。

5. 突出参与性,开创冰雪旅游的乐园

为让市民和游客都参与到冰雪世界中,推出了崭新的第四大冰雪娱乐景区哈尔滨伏尔加冰雪乐园,创办首届伏尔加冬趣节,开发具有广泛参与度的冰雪乐园和越野滑雪、冰雪拓展训练等项目,同时建设松花江、马家沟河"一江一河"冰雪游乐带,满足游客参与冰雪活动的需求。整合松花江面冬季冰雪冬季冰雪娱乐活动项目,开设冬泳、冰帆、冰滑梯等健身游乐项目。建设马家沟河十里冰雪长廊风光带,在河道上开发滑冰、越野滑雪等项目。推出"冰城狂欢夜"和"夜游冰城"精品旅游线,让广大中外游客体验流光溢彩的"夜幕下的哈尔滨"。

(二)第 26 届中国·哈尔滨国际冰雪节主题景区

1.第 11 届哈尔滨冰雪大世界

每年冬天在松花江畔都会举行一场名为"冰雪大世界"的盛会,来自世界各地的运用冰雪的能工巧匠就地取材,在哈尔滨堆砌出一个晶莹剔透、精彩纷呈的童话世界。第 11 届哈尔滨冰雪大世界的主题是"冰雪建筑华章,欢乐相约世界"。园区大气磅礴、气势恢宏,规模体量较往年大幅增加,占地面积 60 万平方米,用冰量 15 万立方米,用雪量 10 万立方米。冰雪艺术作品 2 000 余件,均创世界冰雪艺术之最。分为文明之旅、艺术之旅、城市之旅、欢乐之旅、梦幻之旅和冰雪运动六大景区。作为本届冰雪节开幕式的主会场和哈尔滨冰雪节的重点景区,园区内将设置雪地摩托、冰滑梯、攀冰岩、太空体验等 30 余项游乐活动,夜晚还举办北方特色动物表演、冰上芭蕾表演、雪幕电影等文艺活动。

2.第 22 届中国·太阳岛国际雪雕艺术博览会

太阳岛每年冬天都会举行持续 2 个月左右的太阳岛雪博会,这是目前国内开发最早、规模最大的以雪为主题的冬季游乐园,每一座雕塑都经过精心的设计、出自名家之手。第 22 届雪博会为庆祝伟大祖国成立六十华诞,在雪雕景观设计上突出中国元素,确定了"雪舞太阳岛,欢乐中国行"的主题,以极具原创性的雪雕作品和文娱互动项目,展现中华民族的璀璨文明及中华人民共和国的崭新成就和面向未来的美好憧憬。本届雪博会景观设计、文化活动、互动项目的总体构思主要体现在七大景区、六大欢乐互动区、五大文艺展演、四大雪雕赛事、三大艺术长廊、两项群众性风采展示和一项慈善活动。总占地面积达到了 100 万平方米,用雪量达到了 12 万立方米,规模超过往年。

3.第 36 届中国·哈尔滨冰灯艺术游园会暨迪士尼冰雪游园会

冰灯艺术以冰为载体,融多种艺术形式于一身。拥有 30 多年历史的中国·哈尔滨冰灯艺术游园会,已成为世界冰雪艺术的三大奇葩之一。2009 年获得华特迪士尼公司授权,与华特迪士尼公司联手打造一个具有鲜明特色的冰雪娱乐世界,被称为"永不重复的童话世界"。本届冰灯艺术游园会主题为"迪士尼的故事",建有七大景区,增加了中外游客喜闻乐见的参与性更强的迪士尼冰雪活动,并推出了多项别具特色的服务项目。

4. 哈尔滨伏尔加冰雪乐园

伏尔加庄园位于哈尔滨市香坊区成高子镇阿什河畔,占地面积60多万平方米,是以俄罗斯文化为主题,集会议培训、休闲娱乐、文化沙龙、冰雪活动、户外活动等功能为一体的文化旅游度假区。庄园建有尼古拉教堂艺术馆、普希金沙龙、米尼阿久尔餐厅、伏尔加宾馆、敖连特会所、凡塔吉娅俱乐部、巴甫洛夫城堡、巴尼亚洗浴、奥尔洛夫马房等项目,可接待800人住宿、1 000人参加会议、2 000人用餐,让游客一日体验俄罗斯,领略异域风情。

(三)经典活动策划

1. 第26届中国·哈尔滨国际冰雪节开幕式系列活动

(1)第26届中国·哈尔滨国际冰雪节开幕式暨市委、市政府招待酒会:

时 间	地 点	内 容
2010年1月5日	哈尔滨国际会展中心体育馆	开幕式文艺演出
2010年1月5日	华旗酒店	招待酒会,宣布冰雪节开幕,宴请参加冰雪节的国内外嘉宾

(2)冰城巡礼:

时 间	地 点	内 容
2010年1月5日	开发区、南岗区、道里区、松北区	中外嘉宾乘车参加冰城巡礼活动,沿途参观主要街道夜景和群众文化活动

(3)冰雪大世界开园式：

时间	地点	内容
2010年1月5日	哈尔滨冰雪大世界	举行第11届冰雪大世界开园式,并举行焰火表演,中外嘉宾游览冰雪大世界

2.第26届中国·哈尔滨国际冰雪节亮点活动

(1)冰雪艺术活动：

活动名称	时间	地点
第22届太阳岛雪雕艺术博览会开园式	2009年12月18日	太阳岛风景区
第22届太阳岛雪雕艺术游园会暨2010迪士尼冰雪游园会开幕式	2009年12月20日	兆麟公园
第15届国际雪雕比赛、第16届全国雪雕比赛	冰雪节期间	太阳岛风景区
第24届国际冰雕比赛	冰雪节期间	兆麟公园

(2)冰雪文化活动：

活动名称	时间	地点
首届中国冰雪婚礼节庆暨26届冰雪节冰上集体婚礼系列活动	2010年1月17~21日	太阳岛风景区
第3届国际青少年综艺邀请赛冰雪节标志及吉祥物征集活动	2010年1月17~21日	哈尔滨青年宫
第22届老年舞蹈百花赛	2010年1月5日	哈尔滨市人民体育馆

(3)冰雪体育活动:

活动名称	时间	地点
哈尔滨市太极拳国际邀请赛	2010年1月上旬	市体育局体育馆
哈尔滨市第四届冰雪越野汽车场地赛	2010年1月下旬	汽车主题公园
哈尔滨市体育舞蹈国际邀请赛	2010年1月中旬	黑龙江大学体育馆
冬钓节	2010年1月	太平湖
哈尔滨市第3届国际业余羽毛球邀请赛	2010年1月下旬	哈尔滨商业大学

(4)冰雪经贸活动:

活动名称	时间	地点
中国冬季体育用品博览会暨冰雪旅游交易博览会	2009年12月4日	哈国际会展中心
哈尔滨国际冰雪之约	2010年1月4~7日	哈国际会展中心
第26届冰雪节经贸洽谈会	2010年1月5~8日	哈国际会展中心
第8届中国企业家年会	2010年2月中旬	亚布力

(四)精品线路策划

1.精品线路之一日游:哈尔滨冰雪风光

08:30赴太阳岛,途经松花江公路大桥,在桥上可观赏到冰封的松花江及两岸美丽风光。抵达太阳岛后在太阳石拍照,远眺亚洲第一独臂斜拉桥太阳桥,进园参观驰名中外的冰雕艺术博览会。

中餐后参加北方特有的松花江冰上活动:观冬泳、打滑梯、乘冰帆、滑冰橇,游览坐落在松花江畔的斯大林公园。步行游览哈尔滨具有欧洲风格的百年商业街——中央大街。参观圣·索菲亚教堂。参观阿列克谢耶夫大教堂、龙塔等。

晚间参观一年一度的冰灯艺术游园会或哈尔滨冰雪大世界。

2.精品线路之二日游:哈尔滨——亚布力

第一天:(同"精品线路一日游:哈尔滨冰雪风光"白天的活动)

第二天:07:30乘车赴亚洲最大的国际滑雪中心亚布力滑雪场(约3.5小时),沿途观赏北国雪野风光,抵达后参观大地之子风车网阵、风车山庄别墅群、木屋别墅。中餐后亲自体验滑雪的惊险与刺激。滑雪过后,参加有趣的冰上活动:雪地摩托、滑轮胎、马拉爬犁、打雪仗、堆雪人,还可以乘坐高山缆车上山,欣赏林海雪景或世界第一滑道。

下午乘车返回哈尔滨。

3.精品线路之三日游:哈尔滨—漠河

第一天:乘火车至漠河县城,并在当地住宿。

第二天:早餐后,乘车到达中国漠河大北极旅游区,晚上在中国漠河大北极旅游区住宿休息,并欣赏北极光、极昼和极夜现象。

第三天:乘车返回漠河县城,晚上乘火车返回哈尔滨。

4.精品线路之四日游:哈尔滨—亚布力—中国雪乡

第一天:(同"精品线路一日游:哈尔滨冰雪风光"白天的活动)

第二天:(同"精品线路二日游:哈尔滨—亚布力"第二天白天的活动)

下午乘车前往牡丹江。

第三天:早餐后赴中国雪乡(约4.5小时),途中参观唐代千年古榆以及雾凇、树挂、白桦林等林海雪原风光,抵达后参观八一国家队滑雪训练,还有可能观摩到国家级滑雪运动员高山花样滑雪训练,可与运动员合影留念;在双峰滑雪场进行趣味滑雪、滑雪橇等娱乐活动,夜宿雪乡人家,感受东北民俗。

第四天:早餐后自由摄影,在雪中漫步、赏雪、戏雪,乘坐马拉爬犁,沉浸在童话般的白雪世界,中餐后乘车返回哈尔滨。

案例二:2005年沈阳国际冰雪节策划方案文本(节选)

愿景描述部分

一、基本愿景

通过一系列的媒介组合和最广泛的大众参与,将2005中国·沈阳国际冰雪节办成"冰雪世界的迪士尼"。通过辐射区域较大的宣传活动、超越景区地理局限的娱乐活动和口口相传的消费者人际传播,使熟知冰雪节概念并认可"冰雪世界的迪士尼"定位的公众在全市达到80%以上,参与者超过60万人次。要把沈阳冰雪节做成国际品牌,就要先把冰雪节做成沈阳人喜欢的本土品牌。

二、经营愿景

(一)社会效益目标

2005年中国沈阳国际冰雪节游客人数达到80万人次,比2004年中国沈阳冰雪节增加一倍。

(二)经济效益目标

2005年中国沈阳国际冰雪节总经营额要达到亿元以上,经营总收入达到3 500万元,比2004中国沈阳冰雪节翻一番。

CIS建构部分

一、标准名称

标准中文全称:2005中国沈阳国际冰雪节

标准英文全称:Shenyang International Ice&Snow Festival China 2005

二、时间

时间:2005年1月15日至2月15日

三、主题语

主题语:激情体验、快乐极地

四、宣传口号

动起来,才快乐,别真把自己当游客

快来这雪地上撒点野

五、服务主题歌：《爱斯基摩》

在冰天雪地这/就得听我的,把严肃高搁/用活泼找快乐

开始在雕刻/你个人的角落,站不动就你一个/别真把自己当游客

在冰天雪地这/就得听我的,雪人瞧你乐/雪橇要和你亲热

运动从来没原则/健康很奇特,身体不及格/其他生活没颜色

爱斯基摩,爱斯基摩,我就是雪地的爱斯基摩

爱斯基摩,爱斯基摩,我就是雪地的爱斯基摩

六、冰雪节网站

制作冰雪节网站,并与各大门户网站直接链接。

七、冰雪节电视栏目

每日 1~2 小时的冰雪节娱乐节目,如辽宁卫视《七星大擂台》,制作现场在棋盘山,邀请当红明星参与,主要内容即为冰雪节的各大主题活动,其中多数活动都是自始至终贯穿整个冰雪节的。

八、冰雪节报纸专栏

强调与受众互动,如"鹿鼎山的藏宝图"等。

冰雪嘉年华娱乐设计部分

基本创意点:借 2005 年中国沈阳冰雪节举办之机,借助一系列文化表演,参与互动节目,大力推广冰雪旅游,为百姓提供丰富的现代娱乐文化内容;通过对竞猜、中奖式活动的发掘,加强对 2005 年中国沈阳冰雪节的宣传和推广工作,引起更广泛的社会关注与参与。竞猜者可以按照投注额获得若干冰雪节吉祥物作为当场颁发的奖品,该奖品可以到冰雪节指定地点兑换现金;充分利用电视传媒的娱乐特性,结合冰雪旅游文化中对新享受、新时尚、新体验和新形象的打造,让冰雪文化深入百姓的日常生活。

九、冰雪节活动

(一)冰雪节开幕式

1.活动时间

2005 年 1 月 15 日上午 11:00~11:30。

2.活动地点

棋盘山雪雕园对面的湖面上,以约 3 000 平方米的半圆冰面作为

仪式及表演场地,在岸边搭建临时看台,可容纳约5 000名观众。

3.活动组织

主办——冰雪节组委会、沈阳电视台;承办——北京戴斯公司、东北大学、沈阳体育学院、沈阳军区八一体工队、沈阳市蓝天航空俱乐部。

(二)俄罗斯冰上芭蕾

1.活动时间

2005年1月15日至1月21日。

2.活动地点

开幕式现场。

3.活动组织

冰雪节组委会。

4.活动安排

(1)俄罗斯西伯利亚冰上表演演出团(共8人),每天演出2场,每场20分钟。

(2)设立参与奖和鼓励奖,鼓励现场观众同场竞技。

(三)雪山寻宝

1.活动时间

冰雪节期间,活动共分八场,冰雪节期间的周末和情人节、除夕均有决赛。每日有选拔活动,决出一名选手参加定于每周末和和特定节日的决赛。

2.活动地点

冰雪节现场附近的山,活动期间命名为"鹿鼎山",采用金庸小说《鹿鼎记》故事典故,意为藏宝山,获奖者可称"鹿鼎公",活动由始至终的悬念即:"谁是最后的鹿鼎公?"

3.活动组织

(1)主办:冰雪节组委会。

(2)承办:雪山寻宝组委会;合作公司;合作媒体。

(四)东北冰上汽车拉力赛

1.比赛时间

2005年1月15日至16日(15日为排位赛,16日为决赛)。

2.比赛地点

冰雪节现场湖面,规定线路。

3.参赛人员

汽车俱乐部成员,执合格驾驶执照,自备汽车(含保险,损伤自理)。

(五)冰上老爷车追逐赛

1.比赛时间

冰雪节期间每天下午举行。周一至周五为练习赛,周六为排位赛,周日为决赛。

2.比赛地点

湖面绕岛棋盘山。

3.组织活动

(1)主办:冰雪节组委会、沈阳电视台、辽宁电视台、主赞助商。

(2)承办:老爷车追逐赛组委会、北京戴斯广告公司、其他赞助商。

(六)雪地足球

1.活动时间

冰雪节期间。

2.活动地点

冰雪节现场。

3.活动组织

(1)主办:冰雪节组委会、沈阳市足协。

(2)承办:冰上足球组委会、合作公司。

(3)费用:根据收入制订专业,自负盈亏。

(七)冰尜大赛

1.活动时间

2005年1月15日至2005年2月15日。

2.活动地点

沈阳棋盘山滑雪场边的秀水湖面(冰面)。

3.活动项目

(1)由游客自带的冰尜至比赛现场。

(2)冰尜竞队赛,每人限抽三鞭,转动最持久者获胜。

(3)冰尜障碍赛,抽冰尜越障碍,速度最快者获胜。

(4)冰尜创意赛,参赛选手在冰面上展示自己的独创花样,由组委会评选出每日最有创意的冰尜,并授予其所有者奖品。

(5)在2005年2月14日评选总冠军并进行表演,为其所有者颁发奖金。

十、爱斯基摩村的招商经营

爱斯基摩村是一个集餐饮服务、贸易、游览、观光于一体的大型冰雪旅游文化市场。爱斯基摩村的摊位以雪屋为基本形式,根据经营品种的需要进行改建。爱斯基摩村大体分餐饮、礼品纪念品、运动用品、服装、综合服务五个经营类别,每一类选择20家经营者,总计100家企业。

爱斯基摩村的企业经营,是由组委会根据企业自主报名提供名单,经沈阳消费者协会审核,在几百家行业先进企业中筛选出来的,最后经过拍卖的形式,来确定项目的经营者。

(一)爱斯基摩村经营分类

1.餐饮类

(1)烤活鱼雪屋。

在冰面上用冰建造爱斯基摩屋(冰屋),冰屋内的冰面上事先打好冰窟窿。冰窟窿下放置渔网,并随时补充。开展冰上钓鱼及叉鱼活动(收取门票),吸引游客参与。冰屋附近的岸边设置烧烤摊位,游客可以将捕获的鱼就地烧烤食用。

(2)粥房。

开幕式开煮的腊八粥,将成为极大的卖点。按照腊八的传统习俗,在饮粥之前,先要敬神。粥房除了提供各种热粥之外,还提供可带回食用的冰雪节品牌冰粥。

(3)野味馆。

东北地区是满族聚居区,也是最喜欢吃野味的地区,在冰天雪地品尝野味,别有滋味。冰雪节期间正值春节、小年,恰是办年货的好季节。野味馆主营野鸡、野兔、铁鸟、鼋鱼等。

(4)串店。

主要供应烤肉串和麻辣烫。冰桌和冰凳使每个食客觉得的别有风味。

(5)糖阁。

冰雪节期间的小年和春节,都是吃灶糖和糖果的好时候,节日里吃糖是很有气氛的事。在冰雪节吃冰糖葫芦也是种享受。

此外,像咖啡店、蛋糕店等也可以按上述模式经营。

2.礼品纪念品类

在银白的世界里,晶莹剔透的钻石和亮闪闪的首饰别有特色。在冰雪节现场,最受欢迎的还是一些爱斯基摩风格的银饰品。孩子们喜欢的玩具和其他有意义的纪念品。

3.运动用品类

在棋盘山委员会出售和租赁高档滑冰滑雪器具,实行会员制。其经营活动受棋盘山组委会监管。

4.服装类

出售或租赁棉衣、棉帽、棉手套、耳包、棉口罩及冬季护肤品(防冻膏)等御寒产品。出售貂皮、羊皮等高档时尚产品。

5.综合服务类

针对市内不许燃放鞭炮的规定,有针对性地开设烟花摊位;夜晚在空旷的雪地上燃放烟火,是今年冰雪节的一大特色。

(二)爱斯基摩村的服务

1.交通

冰雪文化特色的交通工具——爬犁与冰车:在某些路段(如市内的步行街)禁止机动车驶入,代之以爬犁和冰车,使冰雪节更增添了娱乐氛围和文化卖点,爬犁分狗拉爬犁、马拉爬犁等,冰车分单人、双人和多人冰车(如仿古冰上拖车)等。

招商的构想:管委会的以上交通工具既可以承包给个人经营,也可以向外招商,任何企业和个人只要达到组委会的硬件(包括交通器具和服装)要求并参加相关培训,缴纳一定的管理费和税费,均可进入园区经营。

2.沐浴

沐浴的愿望:运动总会使人汗流浃背,在冰天雪地里实在令人烦恼。

招商的构想:在运动区附近提供场地,另觅投资者建设热水浴室。

3.人员管理

工作人员服装不必追求完全统一,但也要相对一致。

工作人员的言谈举止要符合 CIS 的要求,与游客交流一律采用歌谣的形式，RAP节奏，如为游客引路时说："在冰天雪地这，你得听我的，向前走十米，就在右边了。"

对工作人员进行培训，以最灿烂的笑容，让游客觉得宾至如归。

北国风光，千里冰封，万里雪飘。
望长城内外，惟余莽莽；大河上下，顿失滔滔。
山舞银蛇，原驰蜡象，欲与天公试比高。
须晴日，看红妆素裹，分外妖娆。

——毛泽东《沁园春·雪》

第八章主要介绍了旅游营销策划的含义、特点、作用、原则及冰雪旅游活动营销策划的程序和内容。将旅游基本营销理论与冰雪旅游自身特点相结合，从体验经济的角度和时代要求探讨冰雪旅游活动的新型营销模式，并辅以具体的冰雪旅游营销策划实例加以说明。

第八章 冰雪旅游营销策划

第一节 旅游营销策划的基本理论

旅游营销策划是保证旅游活动顺利开展以及旅游目的地、景区、旅游企业与旅游者和当地居民实现经济上的平衡的重要桥梁。

一、旅游营销策划的内涵

(一)营销策划的概念

策划既是一门科学,又是一门艺术,成功的策划源于科学性与艺术性的正确结合。营销策划是企业对将来要发生的营销行为进行超前决策。企业营销是一种以交换为目的的经营活动。企业为了实现目的,达到预期目标,就必须与市场建立密切关系,科学地分析市场、顾客及与之相关的各种因素,创造性地运用自身的能量,力求在适当的时间、地点,以适当的价格和促销方式让顾客获得满足。在这个过程中,营销人员所做的分析、判断、推理、预测、构思、设计、安排、部署等工作,便是营销策划。

(二)旅游营销策划的含义

旅游营销策划是指旅游策划者为实现旅游组织的目标,通过对旅游市场营销环境等的调查、分析和论证,创造性地设计和策划旅游方案,谋划对策,然后付诸实施,以求得最优经济效益和社会效益的运筹过程。

现代市场经济日益发达,市场竞争愈演愈烈,在经济全球化、市场竞争国际化、通讯技术网络化的今天,需要富于创新的、巧妙统筹的营销策划,正如古人所云"谋定而后动"。这种策划建立在对市场环境和市场竞争充分了解的基础之上,综合考虑外界的机会和威胁、自身的资源条件和优劣势、竞争对手的竞争战略和策略以及市场变化趋势等因素,编制出规范化、程序化的行动方案,从构思、分析、归纳、判断,直到拟定策略、实施方案、跟踪、调整和评估方案的实施。

二、旅游营销策划的分类和特点

(一)旅游营销策划的分类

旅游营销策划是旅游企业对其未来营销活动的谋划,其内容非常丰富,涉及的领域十分广泛,依据不同的标准,可以划分为不同的类型。

1.按对象划分

按对象划分,可将旅游营销策划分为旅游地或旅游区域营销策划和旅游企业营销策划。

2.按业务划分

按业务划分,可将旅游营销策划分为旅游景区营销策划、旅行社营销策划、旅游饭店营销策划、旅游交通营销策划、旅游娱乐营销策划、旅游购物营销策划等。

3.按类别划分

按类别划分,可将旅游营销策划分为生态旅游营销策划、文化旅游营销策划、休闲度假旅游营销策划、体育旅游营销策划、城市旅游营销策划、乡村旅游营销策划等。

4.按功能划分

按功能划分,可将旅游营销策划分为旅游形象策划、旅游产品开发策划、旅游客源市场开发策划、旅游定价策划、旅游分销渠道策划、旅游广告与公共关系策划、旅游节事活动策划等。

(二)旅游营销策划的特点

1.目的性

旅游营销策划的目的在于通过营销策划活动帮助企业以最小的投入得到最大的产出。具体来说,具体的旅游营销策划都是为了制订营销战略和策略,或者进行旅游产品开发、客源市场开发,以及进行某个旅游项目而进行的谋划,因而针对性强,目标比较明确。

2.超前性

旅游营销策划是旅游企业根据SWOT分析法和PEST分析法等对未来营销环境进行的一种超前的谋划。

3.系统性

旅游营销策划是关于旅游营销的系统工程。首先,这种系统性表现在时间上,旅游营销策划需要一系列的营销活动来支持,营销策划的每个环节总是环环相扣的。一个活动的结束,必然是下一个活动的开始,各个活动又由一个主线——策划目标联结在一起,构成整个体系。其次表现在空间上的立体组合。营销活动需要多种因素配合,通过对整个营销组合的各个要素的整体策划,才能在实践活动中使营销组合形成推动力,促进旅游产品的销售。

4. 复杂性

营销活动是一项系统工程,涉及旅游学、营销学、资源学、文化学、地理学、传播学等学科的知识和理论,同时还需要引入大量的直接和间接经验,是要求投入大量智慧的高难度脑力劳动,是一项非常复杂的智力操作工程。

5. 动态性

旅游营销策划的动态性主要表现在两个方面:在策划之初,要考虑未来形势的变化,做出一定的预测,并使方案具有灵活性和可调适性,以备将来适应环境变化。在策划执行过程中,根据市场的变动和反馈及时修正方案中的偏差,让方案能更具弹性,适应不断变化的市场。

三、旅游营销策划的作用

(一)使旅游企业从劣势走向优势

一个企业在市场活动中,冒着种种危险,接受着种种挑战,难免要在某些时候处于劣势。这时就需要一个完整、系统而又行之有效的营销策划方案,使企业扭转不利局面并逐渐走向优势。

(二)强化旅游营销目标

旅游企业的营销活动都有一定的目标,有了目标,旅游企业就有了方向。而旅游营销策划则是把营销目标明确提出来,并经过精心的策划,使营销目标更加清晰。

(三)加强旅游营销工作的针对性

旅游营销策划的一个基本任务就是要找到市场空当,为旅游地或旅游企业进行市场定位,即根据竞争者的市场地位和旅游消费者对旅游产品的某种特征或属性的需求程度,为旅游地和旅游企业塑造与众不同、个性鲜明的旅游形象,并把这种形象生动地传递给旅游者,从而使该旅游地或旅游企业在市场上确定适当的位置。一旦位置确定,便可以展开定向营销。

(四)提高旅游营销活动的计划性

旅游营销策划就是要确定未来营销的行动方案。一旦确立了旅游营销方案,旅游目的地或旅游企业的营销活动就会变得井然有序,未来营销操作也就有计划可依,从而使整个旅游营销活动有条不紊地进行。

(五)降低旅游营销活动的费用

旅游营销活动要经过精心策划和合理安排来降低营销费用,以较少的投入取得较理想的效果,同时避免在旅游营销互动过程中由于盲目行动造成资源浪费或成本增加。

四、旅游营销策划的原则

(一)战略性原则

旅游营销策划是旅游营销中的一种战略性决策。首先,策划一经完成,就成为旅游地或旅游企业在相当长时间内的工作方针和行动指南,必须严格贯彻执行;其次,一个系统完整的旅游营销方案应保持其相对稳定性,不能随意改动;最后,一个成功的旅游营销策划方案是站在战略的高度为旅游地或旅游企业所做的谋划,它是旅游地、旅游企业未来进行营销决策的依据。

(二)可行性原则

旅游营销策划是有一定的目的并且要被实施的,因此,它不能是抽象的设想,而应该有具体的实施方案和行动指南,要充分考虑其操作的可行性,即在旅游企业现有的资源条件下是可以实现的,而且是易于实施的。因此,旅游营销策划的目标应该是明确的、具体的,长、短期目标要协调一致,要得到全体员工的认可和支持。

(三)经济性原则

旅游营销策划首先要节省开支,减少不必要的浪费;其次,要有详细的预算;最后,要求策划必须产生预期的收益。能否取得效益是检验旅游营销策划方案优劣和评估效果的基本标准。

(四)可持续发展原则

旅游营销的一个重要特点就是要保持人与自然的和谐,将生态本身作为一种旅游资源,通过保护性开发来为人类的发展服务。保护是第一位的,开发是第二位的,必须在保护的前提下进行开发,在开发中实现更好的保护,以促进旅游的可持续发展。

(五)创新性原则

旅游营销策划最重要的特点就是创新性,旅游营销策划的过程就是创造性思维发挥过程。旅游营销策划一般都是围绕旅游企业的某一具体目标或某一具体问题而进行的,其目的是力争最大限度地达到目标和寻求到解决问题的有效途径,因此,依靠传统的营销方法,模仿他人成功的营销策略,或者重复自己过去的经验是远远不够的,是难以在激烈的市场竞争中取胜的,必须要有创新性,打破思维定式,充分发挥想象力和创造力,这样才能获得最大的营销效果。

(六)应变性原则

旅游营销策划是根据事物内在的因果关系,对旅游企业未来的营销活动进行当前的决策,决定未来可供选择的行动方案。而实施过程中难免遇到很多不确定因素,既有旅游企业自身条件的变化,又有外部客观环境的变化,这就要求旅游营销策划还要具有较强的应变性。为此,首先在实施营销策划前对可能发生的突发事件进行周密的分析,建立预警系统,准备防范措施;其次,一旦营销策划受到不可预料的事件的影响,要立即采取应变措施,减少突发事件造成的不良影响,力求营销目标的实现。

五、旅游营销策划的方法

(一)点子法

营销策划的点子,是一种创造性思维,是苦思冥想后的智慧的结晶,它是人们在已有经验基础上,从某些事实中更进一步地找出新点子、寻求新答案的思维。它新颖、独特,突破习惯的思维方式,在很大程度上以直观、猜测和想象力为基础。

美国广告专家大卫·欧格威说:"要吸引消费者的注意力,同时让他们买你的商品,非要有很好的点子不可,除非你的广告有很好的点子,不然,它就像快被黑夜吞噬的船只。"

(二)运筹学法

"田忌赛马"是典型的运筹学的应用。对策论、博弈论、组合论等,是运筹学原理运用的具体方式。运筹学就是在客观条件相对不变的情况下,运用最合适的方式,最简单、经济的方法,通过最短的途径,达到最佳目的。例如,神农架作为一个旅游目的地,如果从山体、文化等方面进行策划,就不能对游客产生多大的吸引力。但神农架也有自己的特色和亮点,它有丰富的动植物资源,有良好的生态环境和适宜的气候,还有神秘的"野人"传说。因此,用运筹学思维方法,以神农架在旅游形象上的定位与设计、主打产品开发等方面,就可以独树一帜,以科考、避暑度假、生态旅游为基础,以"野人寻踪"为卖点,突出"中国最神秘的原始森林"的形象。这样，神农架才有可能跻身名山大川的行列，成为中国最有魅力的区域旅游目的地之一。

(三)创意法

创意不同于点子。"点子"在很大程度上是以直观、猜测和想象力为基础的，而"创意"是指在市场调研的前提下，以市场策略为依据，经过独特的心智训练后，有意识地运用新的方法组合旧的要素的过程，并在其间不断寻求各种事物之间存在的关系，然后将其重新组合，使其产生奇妙变幻的主意。

(四)头脑风暴法

头脑风暴法又叫集体思考法或智力激励法，其核心是高度自由的联想，提倡创造性思维、自由奔放、打破常规和创造性地思考问题。其目的是以集思广益的方式在一定时间内大量产生各种主意或设想。

第二节 冰雪旅游活动营销策划

随着旅游业的不断发展，很多旅游企业意识到旅游营销策划的重要性。通过有效的营销策划方法能够将旅游资源的特性充分展现给旅游者，刺激旅游者的旅游动机，同时对旅游企业自身的品牌和形象进行良好的宣传。

就冰雪旅游资源本身的特点，需要旅游营销活动充分利用得天独厚的冰雪条件变"冷"为"热"，这就要求旅游企业管理者具备创新意识，突破原有的营销模式的束缚，形成适应冰雪旅游的营销策划。

一、体育营销

随着我国冰雪旅游的发展和全民健身运动的兴起，冰雪旅游作为我国冬季旅游的一个热点已经有了很大的发展。奥运会的成功举办对全国的体育事业产生了重大的影响，将会促进和带动赛事旅游、会展旅游以及商务旅游的发展。旅游度假市场需求加大，冰雪旅游休闲化成为必然趋势，因此，抓住机遇，完善硬件设施，创新游玩形式，发挥我国民俗文化特色将是冰雪旅游发展的必由之路。

体育活动可以推动旅游设施供给水平的提高，吸引更多游客。一方面，旅游目的地完善的体育设施可以刺激旅游淡季时社区活动的开展，通过会员制系统使这些设施得到有效利用。另一方面，旅游市场的发展有利于体育设施的不断完善,可以改善本地体育设施有效需求不足的状况。此外,人们在度假过程中大量参与体育活动可以激发潜在的旅游市场。

体育营销是依托于体育活动,将景区的旅游产品与体育结合,将景区的旅游产品与体育结合,把体育文化与品牌文化相融合以形成特有企业文化的系统工程,是市场营销的一种手段。体育营销具有长期性、系统性和文化性的特点。它最基本的功能就是把景区的资源进行重新整合,景区的一切经营完全服务于体育营销,将体育活动中体现的体育文化融入旅游产品中去,实现体育文化、品牌文化与景区特色文化三者的融合,从而引起消费者与景区的共鸣,在消费者心中形成长期的特殊偏好,成为景区的一种竞争优势。然而,在各种体育活动中,滑雪是可参与性最高,娱乐刺激性最强的体育活动,因而近年来颇受关注。

滑雪是人类冬季最贴近大自然的一种运动方式,也是当今世界最为流行的冬季旅游运动项目,它与高尔夫、马术、排球并称为四大贵族运动。黑龙江省是全国发展滑雪旅游最早的省份。黑龙江省冬季气候严酷,积雪期长达150天左右,黑龙江独特的地理环境每年都吸引着大量的国内外滑雪爱好者的涌入,1996年以前,涉足这项运动的还仅限于专业运动员以及驻京使馆商社的滑雪爱好者。自1996年以来,借助第3届亚冬会的宣传影响和亚布力滑雪场正式对普通游客开放,加之新闻媒体对这项运动的广泛宣传和报道,人民群众广泛地介入这项高雅、时尚的运动中,滑雪人数不断攀升。

【冰雪旅游营销策划实例1】

激情大冬会带热龙江冰雪游

从2005年1月哈尔滨获得第24届世界大学生冬季运动会的主办权开始,到2009年2月大冬会圆满落幕,黑龙江省旅游产业充分借助大冬会这一难得的机遇,加强冰雪旅游基础设施建设、创新冰雪旅游产品、提升冰雪旅游服务质量、加快冰雪旅游产业提档升级、加大冰雪旅游宣传力度,使黑龙江冰雪旅游软、硬件服务水平得到大幅度提高,国际影响力和知名度大幅提升,实现了"旅游助力大冬会"和"借力大冬会提升旅游"的双赢目标。大冬会的成功举办展现了黑龙江省承办世界级冰雪体育赛事的实力,展示了黑龙江省国际一流冰雪体育旅游设施,向世界推出了黑龙江省作为"国际滑雪旅游胜地"、"世界冰雪旅游名都"的完美形象。

冬日幻想国度————游客数量、旅游收入全面攀升

哈尔滨第24届大冬会是继北京奥运会、残奥会成功举办后我国举行的又一个高水平的综合性国际赛事,也是我国首次承办的国际综合性冬季体育赛会,来自世界各地的朋友在观看比赛的同时还领略到了冬日黑龙江的迷人风光,享受到了一次童话世界与现实生活完美结合的旅程。

据省旅游局粗略估算,大冬会期间,哈尔滨市共接待游客约76.5万人次,同比增长21.1%;旅游收入约6.1亿元人民币,同比增长21.2%。据交通部门介绍,大冬会期间,哈尔滨机场民航起降航班班次大幅度增加,日均进港旅客约1.8万人次。铁路加开临客列次增多,日均接待旅客超过6万人次,超过去年日均接待量1万余人。此外,主要赛区附近的酒店客房出租率明显增高,华旗饭店等高档宾馆在大冬会开幕式前后纷纷爆满,"一床难求"、"一票难求"成为各家媒体争相追逐的热点新闻。

我们从来没见过如此壮观、神奇的冰雪景观!"忙里偷闲的国际知名体育频道SKY SPORTS记者罗伯特在畅游冰雪大世界之后兴奋地说。据统计,除尚志地区的亚布力等主赛区因大冬会加强安保工作,不开放接待游客以外,哈尔滨主要冰雪景区在大冬会期间游客接待量明显增加。冰雪大世界接待游客6万人次,同比翻一番;太阳岛接待游客1万人次,同比增长15%。此外,极地馆、科技馆、萧红故居、东北虎林园、建筑艺术馆等旅游景点接待游客数量均高于上一年度。

大冬会旅游热潮不仅带火了旅游景点,更刺激了亚布力和帽儿山的经济发展。据介绍,赛会期间,亚布力餐饮、住宿业总收入950万元,同比增长47%。销售地产品、旅游纪念品销售收入突破百万元大关。亚布力滑雪旅游度假区附近的青山村民开设的30多家家庭旅馆赛会期间实现总收入200万元。帽儿山日接待游客约5 000人次,同比增长400%,带动全镇经济收入300万元。

白色奇妙旅程————辐射全省旅游版图

大冬会全方位、立体化的宣传,使更多的人关注黑龙江、聚焦哈尔滨,黑龙江省冬季旅游产品的国际吸引力和影响力显著增强,冰雪旅游的知名度和美誉度不断提高,入冬以来,黑龙江省入境游客由原来的75个国家和地区增长为100多个国家和地区。

春节前,黑龙江省旅游局精心策划推出了主题为"看大冬会世纪盛事,游黑龙江冰雪天堂"的精品旅游线路和产品,前来观冰赏雪的海内外游客持续攀升,来黑龙江省旅游的广东、浙江、福建、江苏、上海、北京、香港游客大幅增加,上述各地飞往哈尔滨的航班经常爆满。香港至哈尔滨航线更是因为需求旺盛由每周两班增加为每周三班,上座率一直保持在99%以上。春节的7天假日里,黑龙江省实现接待国内旅游人数600万人次,国内旅游收入40.5亿元人民币,分别比上年同期增长25%和28%。

大冬会最大限度地利用了黑龙江得天独厚的冰雪资源,让"酷省"的旅游热潮进一步升温。以哈尔滨为中心,哈尔滨—大庆—齐齐哈尔—大兴安岭—漠河北极村西部线、哈尔滨—伊春北线、哈尔滨—佳木斯东北线、哈尔滨—牡丹江东线、哈尔滨—黑河西北线的"一区五线"冰雪旅游版图正徐徐铺展开来;滑雪、冬猎、冬泳、冰雪民俗、冰雪汽车拉力赛、雪雕冰雕大赛等系列冰雪旅游产品,大海林雪乡、伊春雾凇雪凇、镜泊湖冰瀑、扎龙雪地观鹤、大庆雪地温泉、北极村极地观光、兴凯湖冬钓等50余个冰雪旅游精品项目,使全省冰雪旅游设施实现了全面的升级。

从省旅游局获悉,大冬会前后,黑龙江省其他城市旅游和重点旅游景区的游客接待量都有不同程度的增长,齐齐哈尔市接待游客23.2万人次,同比增长21.6%;佳木斯市接待游客5.2万人次,同比增长34%;七台河市接待游客7.5万人次,同比增长74.4%。到漠河北极村游玩的江浙及广东旅游团络绎不绝,当地日均接待500人次,同比增长150%。

黄金周变身黄金月——"后大冬"持续燃点相关产业

第24届大冬会精彩而短暂,除了"酷省冰城"旅游这出红火好戏仍在舞台继续上演外,相关行业也持续着"后大冬效应",并因此而衍生出更大、更多、更广的市场。

2009年3月伊始,省旅游局联合哈尔滨市旅游局启动了"体验大冬会,激情冰雪游"活动,游客们可以免费参观哈尔滨速滑馆、冰球馆等大冬会比赛场馆;乘滑雪专列赴亚布力,参观大冬会广电转播中心、雅旺斯大冬会运动员村等国际一流服务设施和越野滑雪、自由滑雪、跳台滑雪、北欧两项等比赛场地。据不完全统计,活动开始仅10多天的时间,就有2.5万人次参加了本次活动。天马国旅工作人员介绍说:"往年哈尔滨冰雪游基本上过了春节就接近尾声了,但今年的旅游季节明显由于大冬会的召开而延后了近一个月,南方来哈'体验大冬'的游客络绎不绝。"

大冬会带动的还有滑雪,在赛会结束后的近一个月时间里,亚布力、帽儿山、吉华、乌吉密等各大滑雪场每个周末都能迎来大量的滑雪爱好者。帽儿山滑雪场工作人员叶先生介绍说,按照惯例,春节假期才是滑雪场的运营黄金期,但今年滑雪的人数却在节后呈现居高不下的态势,甚至比春节期间还旺,这都是借大冬会的光。大冬会还把哈市体育用品销售旺季延长了一个月,各大商场冰刀、雪板、滑雪服等运动配件全线销售火爆,滑冰、滑雪类的教学光碟、图书也搭上了顺风车变得十分畅销。

2009年3月28日,"2009冬季运动暨休闲产业投资洽谈会"在亚布力召开,黑龙江省体育运动及休闲产业借"第24届世界大学生冬季运动会"在哈尔滨成功举办的有利契机,依托黑龙江省、哈尔滨市冰雪竞技运动、休闲运动、冰雪旅游资源优势,以洽谈会为平台,争取吸引更多资金、技术、企业落户,以推动其发展,来自美国体育产业联盟、美国国际商会、博鳌亚洲论坛等国际组织的代表以及国内外专家学者等参加了会议。

拓展阅读

欧洲阿尔卑斯山的冬季滑雪旅游

滑雪运动可能是体育旅游中最为广为人知、发展也最完善的形式。阿尔卑斯山的滑雪运动可以追溯到19世纪晚期。到20世纪初,瑞士拥有十几个滑雪胜地,而且基础设施完善,其旅游业得到显著发展。今天的滑雪市场异常庞大,在旅游业中占有坚实的地位。例如,英国的雪上运动市场可以分为三类:含有滑雪运动的旅行或者包团滑雪旅行(大约58.8万个假日)、个人组织的滑雪旅行(24.3万个假日)和学校组织的滑雪旅行(12.3万个假日)。滑雪市场占欧洲度假市场的20%,其中欧洲阿尔卑斯山的4万个滑雪组织吸引了4 000万到5 000万游客,而在2000年至2001年,美国的490个滑雪胜地吸引了5 730万滑雪者。

滑雪是一种经典的体育旅游形式。这些典型的运动包含了对身体素质和技术的挑战,可以满足不同程度的能力、竞技或者其他方面的需求。奥林匹克运动就是其中一种竞技水平的体现,此外,父母带着孩子也可以在滑雪中得到快乐。和其他运动方式一样,滑雪也包括不同的目标、挑战、动力,在某种情况下,还带有风险。除了一些人造的滑雪坡道,最近还兴建了一些人工的滑雪圆顶,这些体育活动依赖特定地区的特殊的自然资源。因此,大量的参与者必须千里迢迢地来到这些地区,并且待上十几天或者更久。不管旅游采用哪一种定义,他们就是这样一批游客,同样是体育旅游者。

滑雪环境

正如前面所述,滑雪运动需要特殊的高山环境和适当的物质条件,也就是积雪覆盖状况和坡道。积雪覆盖状况主要由冬季的长短决定,也和严寒的持久度、第一场雪的时间、覆盖质量以及常年积雪的可靠性等因素相关,因此,独特的滑雪地点是滑雪场成功的条件。坡道也非常重要,不同类型的坡道可以满足不同水平的参与者。对于初学者,他们需要比较缓的坡道,而高级的滑雪者喜欢比较刺激的路线。但是现在新兴的滑雪场不仅仅依靠简单的自然资源,而且营造了特殊的环境,即包括自然的和人工的环境。此外有了充足的自然环境,滑雪场还需要很多基础设施,如滑雪升降梯、滑雪学校、设备商店、宾馆、餐馆、停车场和为滑雪后的休息提供的其他休闲娱乐设施。所以,滑雪场还需要平地和陡坡以建造这些设施。

除了对坡道和积雪的基本要求,还有一些因素即滑雪场的质量和生存能力。雪崩的风险可能使得只能在少数坡道滑雪;大风可能影响升降梯的使用。

尽管滑雪需要特殊的装备,但它还是在高山地区得到了很好的发展,就拿欧洲阿尔卑斯山来说,据估计有主流坡道40 000条,14 000部滑雪升降梯,可以一小时内同时满足150万游客的需要。阿尔卑斯山滑雪场已经成为大众旅游的目的地,通过多个经营者和多种海报宣传,是万千游客瞩目的旅游目的地。20世纪中后期,旅游形象策划者把滑雪场和滨海度假区一同推出,从小范围看,田园风光,如国家公园,成为游客选择的焦点。阿尔卑斯山以前是夏季旅游的目的地,它所提供的爬山、健走和观光项目吸引了大批喜欢浪漫的旅游者,然而一些学者和形象策划者给阿尔卑斯山重新定位,把它打造成极具吸引力的冬季旅游目的地。

尽管在冬季大众体育旅游供应方面有一种不统一的趋势,但还是可以清晰的区分出不同滑雪场之间的差别。阿尔卑斯山东部位于低海拔地区,它的滑雪场更多把当地社区的经济和文化整合到旅游发展中,而西部的高海拔地区,则更多依赖于外来的资本和劳动力因素。一些滑雪场因其温暖的气候,同时发展了夏季旅游,或者开发交通运输方式,把游客送到高海拔的滑雪地区。通过表8.1可以看出,表下方位于低海拔地区的滑雪场有很多不同的用途,而位于高海拔的滑雪场则显然是单一的体育旅游目的地。

表8.1 阿尔卑斯山滑雪场的不同特征

低海拔地区	高海拔地区
完整的居民区	新居民区
当地资本	外来资本
当地劳动力	外来劳动力
文化交流	文化孤岛
环境压力	环境压力
暂时极化现象	暂时极化现象

体现滑雪场质量的另一个关键因素是,它对环境影响的处理水平。阿尔卑斯山周围的环境非常脆弱,过去几十年中,随着滑雪运动的增加,关于对环境问题的认识和讨论也随即增加。阿尔卑斯山原来的土地被用作建造堤坝、滑雪设施和宾馆,致使森林严重退化、土地恶化,排水系统的变更加剧了雪崩和山体滑坡的危险,同时丧失了稀有的原生环境。据估计,20世纪90年代初,在阿尔卑斯山旅游发展过程中,一片100平方公里的森林被夷为平地。森林的砍伐破坏了当地的

地貌,给当地居民造成了影响。例如,在奥地利境内的阿尔卑斯山地区,为冬季奥林匹克运动会修建了占地0.7平方公里的滑雪道,然而,此举可能是1983年巨大山体滑坡事件的原因之一。有迹象表明,法国的阿尔卑斯山也受到滑雪旅游的影响,可能导致当地黑琴鸡数量的减少。尽管事件的真正原因还未查明,但是随大量非滑雪场地滑雪活动的增加,游客随处乱丢的垃圾招引了野生食肉动物的增加,同时滑雪活动的影响致使黑琴鸡迁移。而且,在积雪稀松的地方滑雪严重破坏了敏感的植被。周围拥挤的建筑物破坏了自然的美景,同时汽车的损耗带来了多种污染问题,而且,使用滑雪用品制造人工降雪,以及雪枪带来的噪音污染,都造成了严重的污染问题。

滑雪产业的前景

目前,欧洲的滑雪旅游市场已处于成熟阶段,随之而后的是市场饱和和设施供大于求的问题。"滑雪场为了保持市场竞争力,必须投资和创新,翻新建筑物,使其焕然一新,保持滑雪场度假区的吸引力。"享有国际著名声望的滑雪场通常位于高海拔地区,它们也需要进行资源投资维持市场竞争力。全球变暖和降雪的不确定性,都导致了滑雪市场的衰败,特别是位于低海拔地区的滑雪场,它们还受到其他新兴的滑雪场的威胁,如欧洲东部滑雪场。欧洲的滑雪者和日本的滑雪者都逐步转移到北美。

面对日益衰退的滑雪市场,各个度假村对此的回应就是开发活动的多样性,特别要针对那些从不滑雪而到北美和欧洲参加冬季体育活动度假的人,因为这些人的比例在逐渐增高。此外,一些渴望滑雪的人都是典型的非滑雪者,而且滑雪者的年龄趋向老化,他们也正在寻找比较柔和的冬季运动。

另一个影响滑雪市场的要素是大众滑雪板运动的发展。Hudson指出,美国冬季运动最大的市场可能是雪地滑板,这种运动在欧洲也慢慢流行起来。雪地滑板技术比滑雪技术更容易掌握,对于冬季运动爱好者来说,该运动稳定性更强,他们更有信心迅速地适应坡道。这些运动在年轻人中非常受欢迎,而且该市场基础稳定,增长趋势良好。有人认为,在未来10到20年中,它将取代滑雪运动成为最受欢迎的冬季体育运动(见表8.2)。

表8.2 冬季活动的多样化

传统的冬季体育活动	新兴的冬季体育活动
滑雪	单板滑雪
滑雪越野赛	雪上机动车
滑雪板	雪地漫步
牵引滑雪	乘直升机到高山滑雪
冬季运动赛事	高处跳伞/悬挂式滑翔器
溜冰	滑雪溜溜乐
马拉雪橇	狗拉雪橇
冰上掷石	雪地自行车
平底雪橇	极限雪橇
攀冰	潜冰水

尽管欧洲阿尔卑斯山遭受着日益衰退的痛苦，但是英国滑雪和雪地滑板运动市场将会常年持续稳定增长，相信游客人数纪录在2003年至2004年将首次突破100万大关，到2005年至2006年有望增长到108万人。增长方式将与20世纪90年代的模式一样，旅游团组织游客的方式不变，个人组织形式将上升，学校组织的团队将持续下降。一些因素将刺激滑雪和雪地滑板运动的增长，包括个人可自由支配的收入增加，特别是对于年轻人来说，短期度假不断流行，阿尔卑斯山的可达性、滑雪运动的时尚性以及年轻性、度假和身体锻炼带来的好处都可能促使该市场的繁荣。

二、节事营销

旅游节事活动从本质上说，属于旅游吸引物中的事件吸引物。它将旅游目的地高质量的产品、服务、娱乐、背景、人力等众多因素围绕某一主题进行组织和整合，全面盘活了目的地的静态设施与服务。另外，在节事活动期间，通过大众媒体的集中报道可以吸引许多的"注意力"聚焦目的地，迅速提升该目的地的知名度和美誉度，有助于达到高效推广目的地形象的效果。在一些旅游业发达的地区，标志性旅游节庆活动已成为反映旅游目的地形象的直接指代物。如巴西里约热内卢的狂欢节风靡世界,成为其最主要的旅游吸引物。

节事营销就是通过举办节事活动的方式,有计划地策划、组织、实施针对节庆活动的系列营销活动以吸引媒体,社会公众和目标市场的兴趣和关注,以提高景区的知名度、美誉度,树立景区良好形象并最终达到吸引旅游者的目的。举办大型节庆活动,可以快速聚集人气,整合资源,提高旅游目的地或景区知名度,营造品牌。

据经验显示,节事活动是重要的营销策略之一,也是提高景区自我认同和品质的重要方法。如山东曲阜每年举办"国际孔子旅游文化节"、福建宁化石壁村的世界客属祭祖大会、山东潍坊的风筝节、北京国际旅游文化节、河北吴桥的杂技节、广东梅州的客家山歌节、珠海的航展,等等。现在全国大型活动每年不下数百个,但要真正扩大影响,增加旅游客源却非易事。

拓展阅读

国内学者黄震方提出的旅游节事活动策划的基本流程和管理目标

第一步,制定总体方案。

确定节事活动的规模、时间、地点;明确组织者的内部责任分工;制定宣传口号;确定节事内容和主干活动(多为开幕式、大型文艺演出等);制定突发事件的应急方案;经费预算。

第二步,前期宣传。

启动应有相当的提前量,包括:制作宣传品,对外发布新闻,邀请外部或国外记者采访,吸引赞助商并协助制作赞助广告,对旅游业内及时通报节事信息,散发有关公关资料。

第三步,战略准备。

制定各项子活动方案;开始环境布置,营造整体氛围;加大宣传声势,注意对特定景点、可选择性目标和举办地以外相关目的地的推销;吸引相关活动;制定参加游客的日程安排;工作人员培训;邀请嘉宾、媒体;经费落实。

第四步,节事实施与绩效评估。

节事全程实施;收集所有信息反馈和节事报道;审核经费开支;追踪、评估与赞助商的合作;分析节事举办的经济和社会影响;总结策划及实施各环节的得失。

三、旅游目的地形象形成过程和营销策划

旅游景区形象包括其旅游活动、旅游产品及服务等在人们心目中形成的总体印象。旅游景区形象策划是在受企业CI策划的启发和广告业的影响带动,以及国内旅游业的迅猛发展(同时伴随有强大的市场营销)等综合因素的作用下,在对旅游地和旅游景点的传统意义的认识基础上形成的一种全新的形象识别和营销系统。它通过树立景区形象,帮助景区进行多侧面、全方位综合营销,扩大景区影响,并使其有意识、有计划付诸实践,从而改进景区的营销方法。

(一)旅游目的地形象形成过程

旅游目的地形象的形成是一个复杂的认知过程。按照旅游目的地形象与人们旅游消费行为之间的关系,旅游目的地形象的形成大致要经过以下四个阶段:

1.初始印象阶段

是指人们通过日常生活中对旅游目的地的一般性了解所产生的形象认识。在这一阶段,人们对目的地形象认知主要来源于自身的生活经历、社交环境或受教育程度,或依据于接受到的新闻媒体宣传报道和旅游中间商的日常促销,因而是一种相对被动的信息认知过程。

2.深入认知阶段

人们产生了一定的旅游动机之后,就会进入自觉收集各种有关信息,并通过综合比较进行对旅游目的地形象加以选择和做出决策的阶段,即旅游形象深入认知阶段。在这一阶段,人们可以获取的各种宣传册、旅游产品及形象广告、旅游促销活动,以及周围人群的旅游经验等,都会成为影响其对旅游目的地形象认知和预期的重要因素。

3.实际认知阶段

一旦人们开始正式的旅游行为过程,就会通过实际体验对主观预期的旅游目的地形象进行验证,从而进入实际认知阶段。旅游者通过所使用的各种旅游目的地产品、设施和服务项目,会对旅游目的地的整体形象和服务过程产生直接和全面的印象。

4.事后认知阶段

旅游者完成旅游过程回到居住地之后,通过对旅游过程的回顾和总体满意程度对旅游目的地的实际形象形成最终判断。这一时期决定旅游目的地形象好坏的主要因素有二:一是旅游目的地资源禀赋,以及旅游产品和服务的实际质量;二是旅游者对目的地形象的预期效果。一旦出现低于预期的现象,旅游者会对旅游目的地形象宣传持完全否定态度,并进而做出此后不利于该旅游目的地的决策,这种决策还可能波及旅游者的周围群体,形成对旅游目的地非常不利的市场氛围;如果旅游者的感知超出预期,将对该目的地形象宣传产生辐射和叠加效应,也意味着旅游目的地形象的营销全面成功。

(二)旅游目的地形象营销策略

针对上述旅游者对旅游目的地形象的认知规律,旅游目的地营销组织可以采取不同的营销策略。通过及时推出具有个性化特色和竞争力的旅游目的地形象信息,促使目标旅游市场和目标游客做出有利于自己的决策信息。具体说,旅游者认知的阶段性特征不同,旅游目的地形象营销的重点也要不同(见表8.3)。

表8.3 旅游目的地形象认知规律和营销策略

认知阶段	认知特点	营销重点
初始印象	主要受生活经历、媒体报道、口碑宣传等非旅游渠道信息影响	以整体形象宣传为主,提高知名度和美誉度
深入认知	主要受广告宣传和旅游中间商信息影响	说服性旅游信息
实际认知	亲身体验	全方位信息服务,强化特色,注重个性化服务
事后认知	回顾与对比预期	维护声誉、保持良好记忆,争取下一次旅游决策

在初始阶段,人们处在潜在旅游者状态,他们通常是靠日常生活的积累获取有关旅游目的地的各种信息。因此,旅游目的地一旦确定主要客源市场之后,就应在市场上进行系统和全面的旅游形象信息传播。这一时期营销策略的重点是树立旅游目的地的正面形象,扩大旅游目的地的知名度;适宜于采取宣传报道、广告为主的大众化和渗

透式信息传递方式。为了提升营销资源的使用效果,旅游组织必须选择目标市场,把主要精力集中于主要客源市场,避免全面出击可能造成的资源浪费。

在深入认知阶段,旅游组织应该在充分了解潜在旅游者消费需求特征的基础上,通过广泛的宣传介绍旅游目的地的产品和住宿、餐饮、交通、娱乐等各项设施和服务内容,在旅游者心目中建立一个较深入和正面的旅游目的地形象。也就是采用从提供相关旅游信息入手、到引起注意和兴趣、再到引发旅游动机、改变旧的旅游消费选择和习惯,指导形成信任和购买的促销策略。

在实际认知阶段,旅游者将亲身体验旅游目的地的产品和服务,旅游组织的营销重点除了及时兑现承诺标准之外,还应广泛提供服务信息,方便旅游者的形成安排,并进一步强化旅游目的地形象特色,加深旅游者的体验和参与程度,提升旅游者的消费满意度。

在事后认知阶段,应继续做好市场调研、强化信息反馈工作,系统收集和分析旅游者对目的地形象的总体评价和依据。同时,对于已经到过旅游目的地的旅游者,还应做好持续促销工作。旅游组织的营销重点是不断提供旅游产品的新信息,保持长久记忆,维护和巩固旅游者心目中的良好形象;对于各种负面影响,应及时采取补救措施。

【冰雪旅游营销策划实例 2】

人们对旅游形象都已比较熟悉,但对它的理解大多是通过景区良好的景观建设,给予旅游者美好的印象和感受,这种观点只是对旅游形象的表面理解,真正将旅游形象提升到战略的高度加以系统认识的虽然也有,但仍然比较少。如"上有天堂、下有苏杭"、"浪漫之都"等城市形象已经产生巨大的影响,各著名景区也都越来越重视自身旅游形象的设计。

黑龙江——中国的 COOL 省

黑龙江,自然、古朴、神奇、美丽;黑龙江,现代、开放、浪漫、时尚。由此,世界旅游组织在为黑龙江省编制的《黑龙江省旅游发展总体规划》中提出了为黑龙江省量身打造的国际旅游形象"中国的 COOL 省"。

COOL在英文中有双重含义,既有冷的意思,又有酷、时尚的意思。北京的延庆曾经提过一个战略,叫做冷凉战略,就是针对北京的市场需求,针对它的资源特色提出一个冷凉战略。实际上这个酷,也是个冷凉战略,即:从天气上看,黑龙江是个冬季酷,夏季舒适的地方;从时尚上看,青年人推崇"酷",黑龙江是中国与欧洲时尚相融合,并代表了滑雪旅游、冰雪旅游、漂流旅游、森林旅游、探险旅游、跨国旅游等时尚旅游未来发展趋势的地方。COOL具有鲜明的时代特征和市场感应效果。

第三节 体验经济时代孕育而生的体验式营销

一、体验式营销模式的提出

信息经济的核心就是体验经济,在体验经济中,产品是一种道具,真正提供的是"新的生活方式"。实施体验式营销是社会发展的要求。消费者在"量的满足"后,需要的是心理上的满足。

(一)体验式营销的含义和特点

随着人们生活水平和生活质量的提高,人们的消费需求观念不再停留于获得更多的物质产品以及获得产品本身,相反,消费者购买商品越来越多是出于商品的象征意义和与众不同之处,即人们更加关注通过消费过程得到个性的满足。企业要想在激烈的竞争中立于不败之地,必须善于观察消费需求的变化,引领和创造"个性市场",体验式营销应运而生。

所谓体验式营销,主要是企业以满足消费者的体验需求为目标,以服务产品为舞台,以有形产品为载体,生产经营高质量的体验产品的一切活动。

体验式营销的特点在于,站在顾客的角度,审视自己的产品和服务,设计、制作和销售产品,通过各种途径增加顾客和消费者体验,充分考虑消费者的情感需求。具体表现为:

1.重视消费者的体验

体验是当一个人经历某种过程时,使其情感得到满足,在其意识中所产生的美好感觉。企业应注重与消费者之间的沟通,发掘他们内心的渴望,站在消费者体验的角度,去审视自己的产品和服务。

2.重视消费者的主动参与

参与是消费者从企业营销过程中获得体验的平台。体验营销为消费者提供参与产品或服务设计的机会,甚至可以参加产品或服务的生产和消费过程,目的是使消费者可以亲自体验消费过程的每一个细节。

3.重视互动和双向沟通

在体验营销中,需要消费者和企业双方积极互动。对于消费者来说,企业提供的产品和服务直接关系到自身的愉悦程度;对于企业来讲,消费者对企业提供的体验的评价、意见和建议是至关重要的。二者可通过信息和情感交流,促进双方的相互理解、相互支持和共同发展。

4.重视情感投入

在消费者变得越来越个性化、人性化的时代,需求重点已由追求实用转向追求体验,他们的消费行为不再是盲目冲动而是极富理性并在理性中透露着感性。体验营销十分重视对消费者的情感投入,通过情感交流,增进彼此情谊,满足消费者的情感需求。

(二)体验式营销与传统营销的比较

传统的特色和利益营销已逐渐地被体验式营销所代替,它们之间的主要区别如表 8.4 所示。

表8.4 传统营销与体验式营销对比

传统营销	体验式营销
专注于产品的特色与利益	焦点在顾客体验上
把顾客当做理智的购买角色者,把顾客的决策看成一个解决问题的过程,非常理性地分析、评价,最后决策购买	认为顾客既是理性的也是感性的,顾客因理智和因为追求乐趣、刺激等一时冲动而购买的概率是相同的
关注产品的分类和竞争中的营销定位	在广泛的社会文化背景中检验消费情景

(三)体验式营销的具体过程

体验式营销是消费者购买有形产品到无形的精神追求的转化过程。因此,在实施体验式营销时,要全面掌握消费者所有的消费行为以及消费心理。目的在于通过体验式营销使消费者愿意主动购买旅游产品和服务并认为这种消费过程是物有所值的,最终实现企业利润。只有能促使消费者形成如此体验的营销才是真正的体验式营销。
实施体验式营销包括以下步骤：

1.实施体验式营销的具体步骤（如图 8.1 所示）

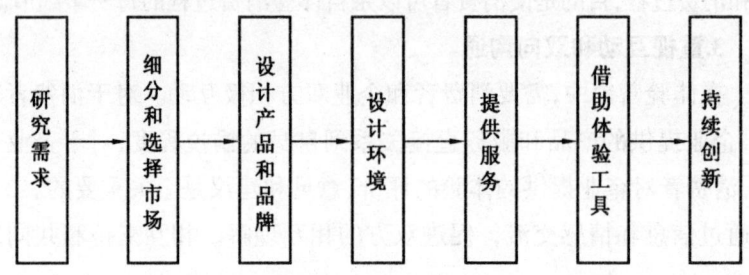

图 8.1 实施体验式营销的步骤

2.实施体验式营销应注意的问题

在运用体验式营销时要细分和选择目标市场,要研究消费者的需求和消费心理,与消费者进行有效沟通,根据消费者不同的情感需求将总体市场细分成不同需求特征的目标市场,选定目标细分市场,进行准确的市场定位。有效的市场定位能减少实施体验营销过程中的阻碍。

提供产品和服务时要时刻考虑消费者心理的变化,使消费者时刻感受到在视觉、触觉、审美各方面都物超所值。有利于企业创造出一种强调体验的品牌形象。

创造一种不同寻常的体验场景,这种场景要做到"人无我有,人有我优"。提供给消费者一种独特难忘的消费体验,帮助消费者找出潜在的心理需求,激发消费者的购买欲望。在消费者置身于体验场景时,及时提供良好的服务以增加消费者体验的满意度,提高顾客的忠诚度,使顾客真正领会"体验"的奥妙,建立稳定的顾客群。

在实施体验式营销应借助体验工具,充分利用自身资源,让消费者充分融入良好的气氛中,主动参与到产品和服务设计过程中。

在市场竞争激烈的大环境下,企业要想在保证其市场份额的同时获取社会效益和经济效益的双赢,就必须不断创新,不断推出新的体验经历。

苏州乐园的体验式营销

苏州乐园地处苏州新区中心,全园以东方为主题,以"迪士尼太远,去苏州乐园"为宣传口号。苏州乐园是一座融现代高科技设备、欧美城镇风光和秀丽的自然山水景色于一体的现代化游乐天堂。它充分显示了国际现代化游乐高科技与深刻的文化内涵兼具的特点,使游客既能领略到缤纷绚烂的欧美风采,又能感受到自然醇厚的东方情调。

(一)体验式市场定位

苏州乐园以"东方迪士尼"定位,将在全球具有很高知名度和美誉度的"迪士尼"作为参照对象,引进风靡全球的美国迪士尼的活泼壮观、积极奋进的自由精神,借鉴美国迪士尼适合"全家共享"的奇特和高明,以家庭作为主要目标市场,各种年龄层次的游客均能在苏州乐园找到自己的游乐天地。

(二)体验式服务

体验的基础是服务,而服务的核心就是顾客。只有抓住了顾客的心,才能让顾客有感动、兴奋、快乐等难忘的体验。例如,为携带孩子的游客提供免费的婴儿车、哺育室和婴儿护理室等。

此外,苏州乐园可以游玩的地方很多,而游客的时间有限,这时翻开乐园的导游手册,上面清楚地注明:哪些项目是最新推出的,哪些项目最具刺激性。这些服务细节为游客提供了方便。

(三)体验式营销宣传

一个旅游景点即使具备了自身的特色和优越的区位条件,如果针对客源市场的信息到达率不足,入园的游客量也不会理想。因此,旅游企业一定要把自身的宣传摆在重要位置。

苏州乐园先后投入了大量的广告及宣传费用,并与华东地区新闻、广告媒体建立了密切的合作关系,形成了稠密的宣传网络。

例如,2008年举办的"苏州乐园啤酒节"做了大量的宣传,搭建了以畅饮啤酒、品尝美食为背景,以震撼抽奖和趣味竞赛为特色,以歌舞综艺、明星献演为亮点的狂欢大舞台,每位游客可以开怀畅饮啤酒,尽情享用美食,以更振奋的精力和充沛的体力投入忘我的狂欢活动。"苏州乐园啤酒节"独树一帜的优势,让更多喜爱苏州乐园的游客体验到迪士尼式"全家共享"的天伦之乐,极大地调动了游客的参与性。

二、冰雪旅游体验式营销策略

(一)冰雪旅游的特点

在一年一度的冰雪节期间,观赏一些具有特色的冰雕雪塑,参加一些传统的冰上娱乐项目,或者是参加以滑雪运动为主的休闲体育旅游。冰雪旅游使旅游活动和冰雪体育有机结合,除了一般的旅游活动所具有的观光、休闲等作用外,更注重参与性和体验性,是修养身心和增强体质的完美结合。在冰雪旅游过程中,旅游者能充分享受旅游企业设计的角色,在"舞台"上得到精神上的愉悦和满足。在旅游结束的时候,美好的记忆即便是转瞬即逝但是这一过程将永久留在旅游者心中,这种唯一性是不可复制、不可转移的。冰雪旅游业是一个典型的以出售体验为主要赢利手段的行业。

(二)冰雪旅游体验式营销模式

在大众旅游阶段,旅游需求主要以"五官需求"为特征,即看、听、闻、尝、说。然而,随着旅游业的发展和体验经济的到来,旅游者进入一个更高的需求阶段,即"参与体验满足个性化需求的旅游经历",使自己真正融入这一活动中并产生极度的愉悦感和满足感,从而获得旅游的"体验性"价值。

1. 娱乐营销模式

娱乐营销本质上是一种多媒体营销传播,其目的是满足游客的娱乐体验。

娱乐营销模式要求旅游企业巧妙地寓销售和经营于娱乐之中,通过创造娱乐体验来吸引游客,达到促使游客购买和消费的目的。它的最大特点是摒弃了传统营销中严肃、呆板、凝重的一面,使营销活动变得亲切、轻松和生动,而这一特点与旅游的本质特征是相契合的。哈尔滨的冰雪大世界就是娱乐营销的典型代表,婉转曲折的冰滑梯、用冰雪砌成的神秘古堡和咖啡屋,处处都能给游人带来愉悦的感受和心灵的震撼。而极地馆则更能使游客感觉自己身在两极,精彩的白鲸表演、北极狼的嚎叫,都是娱乐营销带给游客的难以忘怀的记忆。

2. 审美营销模式

审美营销以满足人们的审美体验为重点,通过选择利用美的元素,如色彩、音乐、图案等,以及美的风格,如时尚、典雅、华丽等,配以美的主题来迎合消费者的审美情趣,引发消费者的购买兴趣并增加产品的附加值。依托于自然资源的旅游产品在运用这一模式时应突出自然元素的作用,淡化人工色彩,在设计时注重整体协调感而避免画蛇添足的现象。哈尔滨的雪博会就是以松软的白雪为原材料堆砌成千变万化的形状,有人物像、景色像等,给游客以视觉上的冲击。

3. 体育营销模式

体育营销,主要是借助赞助、冠名等手段,通过所在区域的体育活动来推广自己的品牌。

体育营销最大的特点是公益性,因而易于被接受,其作用是普通广告所不能达到的,其效果更是企业宣传所难以企及的。

体育营销具有极大的感召力。体育营销不像广告那样充满商业味和功利性,虽然不会直接刺激产品的销售,但往往能巧借体育赛事来制造新闻,产生持久感人的轰动效应,对产品销售起到潜移默化的积极影响。同时,低成本的体育营销可降低企业的营销费用。在众多的体育营销手段中,由于体育赞助最集中、全面、强烈地体现了赞助的所有优越性,因而也最具魅力、最受厂商的欢迎。哈尔滨举办的大学生冬季运动会提高了哈尔滨冰雪旅游的知名度和美誉度,体育赛事的成功举办更说明哈尔滨具有国际化和标准化的冰雪娱乐设施和优质的冰雪旅游资源。这就体现出体育营销的优势之处。

4. 文化营销模式

文化营销是指通过激发产品的文化属性,构筑亲和力,把企业营销缔造成为文化沟通,通过与旅游者及社会文化的价值共振,将各种利益关系群体紧密维系在一起的企业营销活动。文化营销是以传统营销为基础形成和发展起来的,但又比传统营销具有更为丰富的人本理念和道德内涵。

冰雪旅游本身负载着深厚的文化内容。中国幅员辽阔,风土各异,使得地方文化特色鲜明,民族文化的个性得以保留。从旅游资源特点和市场条件来看,冰雪旅游业要采取不同的发展战略,即发现、挖掘冰雪旅游资源的独特品质,将文化内涵渗入到冰雪旅游产品之中,形成别具一格的冰雪旅游产品定位,培育文化品牌,走差异化发展之路。去雪乡,睡火炕,体验雪乡的乡村风情和特色美食,这已经成为游客到哈尔滨的必去景点,可见文化营销在旅游市场上所发挥的作用。

"哈尔滨国际冰雪节"的卡通形象"雪娃"知名度和影响力在全国正在逐步增强,其品牌价值已经形成,进一步开发"雪娃"品牌的市场价值,提升"雪娃"品牌价值,联合相关企业,推出带有"雪娃"形象的旅游纪念品和精美的、极具特色的政府礼品等一系列衍生品,把"雪娃"打造成龙江冰雪文化和冰雪旅游的形象代言人。

5.情感营销模式

旅游中最让人产生难忘体验的就是情感。情感营销致力于满足旅游者的情感需求。与传统营销方式相比,情感营销是更人性化的营销,真正从消费者的感受出发,努力为他们创造情感体验。比如参加越野滑雪活动主要以夫妻、父子为主,他们在白雪、蓝天和苍松构成的滑雪场里体味到亲情的温馨。2006年冰雪节开幕式上举行了以"隆重、新潮、文明、节俭"为主题的集体婚礼,给新婚男女留下永久的情感记忆。

6.氛围营销模式

氛围指的是围绕某一群体、场所或环境产生的效果或感觉,氛围对消费者体验的效果起着重要作用。氛围营销就是要营造使人流连忘返的氛围体验。2006冰雪旅游节举办一系列活动,立足圣诞节、元旦、春节、元宵节等传统节日,营造喜庆、祥和、热烈的氛围,同时举办冰雕大赛、冬装模特大赛、汽车冰雪驾驶体验活动等,优化体验效果,创造不凡的体验。

(三)冰雪旅游体验营销策略

旅游企业出售的是一种"完整的经历",从旅游产品设计、组合(包装)、销售到售后服务,它所提供的是旅游者消费前、消费中和消费后的全面顾客体验。因此旅游企业应重视每一个消费环节,剔除那些多余的、不利于与旅游者交流沟通的流程,建立便于与旅游者直接面对面的平台,实现旅游消费流程的重组和优化。

1.确定主题

在这里以黑龙江省为例。黑龙江省冰雪旅游远近闻名,哈尔滨国际冰雪节、黑龙江国际滑雪节是黑龙江省冰雪旅游的两大亮点。冰灯游园会就要做出世界上最好的冰灯;太阳岛雪博会则要做国际水准的雪雕;冰雪大世界则可以把著名的冰雪活动集中在这里,让人们玩得刺激,玩得疯狂。冰雪节活动设计的理念要实现赏冰和玩雪产品的组合,动静产品的组合,增加参与类和体验类产品的组合来丰富游客的体验,让游客在体验的舞台上成为"主角"。

2.按照游客需求设计旅游产品和服务

在体验式旅游过程中,游客更为关注的不是物质产品而是精神产品,因此通过吸纳旅游者参与旅游产品的设计、生产,提高旅游者与旅游企业、旅游者与旅游者之间的互动程度,这样旅游企业可以生产适销对路的产品进而创造更多的利润。同时旅游企业还可以增加生产能力,减少生产成本,在一定程度上抵消了体验产品个性化生产而导致的规模经济的丧失。

3.实施内部营销

首先,让自己的员工快乐起来,快乐的人才能创造出快乐并去营销快乐。作为直接接触游客的一线员工来说,他们的喜怒哀乐直接影响到游客的购买欲望。员工必须借助于有形的设施和无形的服务,帮助游客参与到美好的体验中来。因此,旅游企业要非常重视提高企业员工的素质、培养企业员工对企业的忠诚度和热情。

其次,内部营销对象的重要组成部分就是本地的市民,要调动本地居民参与冰雪节庆活动的积极性。用这种热情来吸引并打动游客参与其中。而且本地居民对冰雪的热爱对外来的游客会产生很大的感染作用,让外来游客体会到全民皆冰的特殊氛围。

4.提供附加产品

附加产品不是体验旅游的核心产品,但它可以作为有别于其他竞争对手的特色产品并支持核心产品发挥最大的效用。旅游者在旅游归来的一段时间内,将会受到旅游经历余波的影响,旅游企业则可组建旅游俱乐部或网上论坛专区,提供一个平台让他们分享体验,交流经验,这样可以加强旅客对这段美好的体验的记忆率,并激发他们出游的新需求。事实上这也无形间宣传和推广了旅游企业,激发更多的旅游者前来参与体验。

5.软硬兼施,营造氛围

游客的第一印象是决定这次体验是否值得回忆的重要因素。而氛围又是使游客产生美好的第一印象的前提。氛围的营造首先来自于景区内有形的景观设施和服务设施对游客的感观刺激。在旅游前、旅游中和旅游后所建立的游客与服务系统的互动、游客与游客之间的互动,是构成氛围的"软要素",它起到使游客加深印象的作用,有时显得更为重要。如:滑雪前,要注意培养客户对滑雪的期盼;滑雪时,要注意的是要做好服务的每一个环节。由于游客旅游归来的一段时间内会受到旅游经历余波的影响,旅行社可以组织旅游者俱乐部,提供一个交

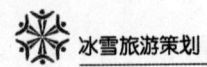

流体验的平台,又能激发再次旅游的需求。

6.充分利用旅游纪念品

纪念品的价格虽然比不具有纪念价值的相同产品高出很多,但因为其具有回忆体验的价值,所以消费者还是愿意购买的。其实旅游纪念品本身也是一种很好的宣传手段。这就要求旅游企业开发的纪念品一定要经过精心的设计,突出体验,让它既能帮助游客回味体验,又能对本省的冰雪旅游起到宣传作用。

【冰雪旅游营销策划实例3】

长春是国内最早开展冰雪旅游的城市之一,这里冰雪旅游资源丰富。从1999年开始经营旅游滑雪。从1998年开始,连续举办了九届长春净月潭冰雪旅游节,推出"冰雪旅游——长春与世界的桥梁"主题,内容包括冰雪文化、冰雪体育、冰雪艺术、冰雪旅游和冰雪经贸五大版块。冰雪节期间,举办了专业滑雪运动员滑雪表演及雪地摩托、雪上赛马、冰滑梯、狗拉爬犁、冰上保龄球、冰上高尔夫等娱乐活动。还举办了热气球、动力伞特技等表演,冬令营、净月潭之冬书画笔会、家庭趣味滑雪比赛、大型雪雕等系列活动。

从2003年起,长春净月潭冰雪旅游节还引进了国际赛事——瓦萨国际越野滑雪节,期间有瓦萨国际越野滑雪赛、全国汽车冰雪短道拉力赛、中小学生冬季运动会、群众性滑雪、滑冰比赛。国家旅游局对活动给予充分肯定,认为长春市的冰雪旅游影响越来越大,知名度越来越高,必将成为一个知名品牌。

据统计,2004年长春瓦萨国际越野滑雪节吸引了世界15个国家2 000多名选手参加。2005年猛增至7 000人,2006年达到1万人。据了解,每年冰雪旅游者正成倍增长,专家预计,我国参加冰雪旅游人数将达到总人口1%,超过1 300万。

通过对冰雪旅游需求的分析,我们可以看出,旅游者年龄结构表现为年轻化,青年旅游者占半数以上,旅游者以工薪阶层中低收入者为主,表现为经济消费型;长春净月潭冰雪旅游者文化程度较高,大专以上学历占60%多,且大部分来自长春、沈阳、哈尔滨、大连、北京等大城市。

长春冰雪旅游体验式营销模式分析：

1. 生活方式营销

生活方式营销就是以消费者所追求的生活为诉求，通过把产品或品牌演化成某一生活方式的象征，甚至是一种身份、地位识别的标志，从而达到吸引消费者、建立起稳固的消费群体的目的。"净月潭瓦萨"巧妙地将体育运动与娱乐结合在一起，提倡大众参与，在宣传体育活动的同时，推销"健康、有趣、环保"的生活方式。2006年推出"滑雪+温泉"项目，人们在欣赏冬季漫天飘雪美景的同时，享受着泡在温泉的惬意。

2. 娱乐营销

娱乐营销模式要求以满足顾客的娱乐体验为营销侧重点，将企业经营与销售寓于娱乐之中，通过创造娱乐体验来吸引游客，达到促使游客购买和消费的目的。冰雪旅游将体育、休闲和娱乐巧妙结合在一起，这里是年轻人的乐土，到处都是欢乐的笑声，打雪仗、抽冰猴、马拉爬犁，对游客都极具吸引力。

3. 情感营销

旅游中最让人产生难忘体验的就是情感。情感营销致力于满足旅游者的情感需求。与传统营销方式相比，情感营销是更人性化的营销，真正从消费者的感受出发，努力为他们创造情感体验。

4. 美学营销

美学营销是以满足人们的审美体验为重点，通过利用色彩、音乐、形状图案等，提供给消费者以美的愉悦、兴奋与享受，引发消费者的购买兴趣，从而增加旅游产品的附加值。2003年，冰雪乐园依托净月潭的山水林自然景观，通过300件雪雕作品组合，运用声光电高科技手段，以冰雪语言展示了长春森林城、汽车城、科技城和电影城的城市内涵。2006年主雪雕用东北狩猎民俗来表现农历狗年的主体——猎神的形象是一位关东老猎人。猎神的下面是30个满载而归的狗拉爬犁，爬犁上满载着猎物、美酒、新年礼物。

5. 氛围营销

氛围指的是围绕某一群体、场所或环境产生的效果或感觉，氛围对消费者体验的效果起着重要作用。氛围营销就是要营造使人流连忘返的氛围体验。正像菲利普·科特勒所描述的那样，如星巴克咖啡，当你走进一家很好的咖啡馆，那里的家具很好，环境品味很好，有地方坐下与朋友聊天，不仅仅是一杯咖啡，而且是一种体验营销，对于冰雪旅游也是如此。2006冰雪旅游节举办一系列活动,立足圣诞节、元旦、春节、元宵节等传统节日,营造喜庆、祥和、热烈的氛围,同时举办冰雕大赛、冬装模特大赛、汽车冰雪驾驶体验活动等,优化体验效果,创造不凡的体验。

自1998年以来,一年一度的长春净月冰雪旅游节创造了长春市独特的旅游品牌,冰雪文化、冰雪艺术、冰雪体育和冰雪经贸均已形成良好的发展格局。每年都有来自国内外滑雪爱好者和旅游爱好者云集净月潭,欣赏冰雕艺术,观看"瓦萨"国际比赛,参与滑雪健身和趣味性活动,体验关东民俗风情,将"体育运动+娱乐+休闲"作为一种生活方式。冰雪旅游收入2000年4.16亿元,2001年10.42亿元,2002年18亿元,2003年22亿元,2004年达26亿元。作为一种产业,长春净月潭冰雪旅游已经成为新的经济增长点。

第四节 旅游营销程序及策划书

一、旅游营销策划程序

旅游营销策划的正确与否,不仅取决于策划者的经验素质,还有赖于策划程序的科学性。科学合理的营销策划程序有利于旅游营销的顺利展开。

(一)确定旅游营销目标

旅游营销目标是营销策划的前提,而营销策划则是旅游营销目标实现的具体手段,是服务于营销目标的。

1.经济目标

经济目标即效益最大化目标。通过精心的设计和调查,使旅游企业或经营单位的营销活动变得系统化、科学化和有效化,以最少的投入产出最大的利润。

2.市场目标

通过精心的营销策划,使旅游企业开展的营销活动达到预期效果,从而有效地扩大市场份额,提高市场占有率。

3.公共形象目标

通过精心的营销策划,使企业的营销活动在市场上取得热烈反映,从而提高自己的知名度、美誉度和品牌地位,履行一定的社会责任,树立良好的公众形象。

4.发展目标

旅游企业现阶段不仅要完成以上三个目标,与此同时,旅游企业的营销活动还要符合企业未来的发展方向和整体目标。

(二)设计可行性营销策划方案

旅游企业所设计的营销方案必须能够解决某些经营问题,同时又具备可行性。

1.准备阶段

旅游营销策划的前期准备阶段包括明确策划问题、确定策划主题、做好策划的相关准备工作、为策划工作创造必要的条件。

2.调研阶段

这一阶段的具体工作是收集一手资料、对一手资料进行筛选过滤以及获取其他相关信息。这些信息是开展营销策划的前提和基础,起着不可替代的作用。因此,在此阶段要尽量安排充裕的时间展开调研,并且资料准备方面要充分而且细致,确保旅游营销策划的质量。

3.策划创新阶段

这一阶段是旅游营销策划的核心阶段。如何突出此次营销工作的主题,如何吸引旅游者的眼球,如何使潜在旅游者愿意购买并且成为真正的旅游者等问题就是这一阶段的具体工作。当然,要做到这些必然要有充分的前期准备和详细的调查资料为基础,辅之以个人经验和实际情况。

4.策划经费预算阶段

优质的旅游营销策划方案在于以最少的开销创造最大的利润。为此,在方案策划过程中要时刻控制预算,并且把预算做到细致化,使预算更为科学合理。预算主要包括旅游市场调研费、旅游信息收集费、旅游策划人力投入费等。

(三)可行性方案的评估与筛选

在对各种可行性方案进行评估与分析时,既要进行定性分析,又要进行定量分析;既要考察技术上的科学性,又要确保其经济上的合理性。对每个方案的损益情况、投入产出数据都要清晰明确地列出,对其完成任务的程度、正负面后果、存在的问题、解决的难易度等都要得出全面的结论,为方案选优工作提供客观充分的基础性依据。在选择时一定要综合分析,要将目光放到全局、全社会的高度,不可拘泥于一时一事的得失,既要考虑经济利益也要考虑社会效益。还要与旅游业最高发展战略结合考虑。

(四)营销方案的实施

确定旅游营销方案后,如何贯彻实施确保方案的正常运行便成为首要问题。尤其是在旅游经营过程中,有很多人为因素和不确定因素,这些问题会妨碍方案的有效实施,无法达到预期目标。为确保旅游营销策划的顺利实施,要注意以下问题。

(1)要确保策划方案实施所需的人、财、物和信息等资源的落实到位。营销策划方案的实施,需要一定的人员、资金、物质和信息,这些是营销策划方案实施的前提和保证。

(2)密切跟踪营销方案实施的全过程。营销策划方案的实施是一个动态的、发展的过程,在实施过程中,可能会发生一些变化,没有追踪,就难以及时准确地掌握整个方案的实施情况,一旦方案实施发生了偏差,就难以发现问题,也就无法改进。

(3)严格按照策划方案既定的程序和进度时间表实施。在重大的营销环境没有发生变化、既定的旅游营销策划方案没有表现出错误时,不要改变既定的程序和进度,而要应该严格按照策划方案既定的程序和进度时间表实施。

当然,策划方案的实施可能是一个较长的阶段,在这一过程中,企业面临的营销环境可能会发生一些重大变化,对营销策划方案的实施产生较大的影响,这时就必须根据旅游营销环境的变化对原策划方案加以适当的调整,以更好地加以实施。

(五)评估方案实施效果

营销策划方案在实施过程中和实施完成后,都应对其实施情况进行跟踪评估,以便对方案的设计和运行情况做出科学的评价,检查是否达到预期的目标,实际目标效果与预期目标之间有什么差距,造成差距的原因是什么;费用预算是否合理;营销策划进程安排是否恰当;活动是否按进度时间表有序进行;出现了哪些意外情况,对策划方案的实施造成了什么影响;营销策划的实施积累了什么成功的经验,有哪些问题和教训;策划的实施引起了什么样的社会反响,企业的知名度、美誉度是否得到提高,等等。

二、旅游营销策划书

在确定了目标市场,选择了营销方案之后,必须把这种抽象思维落实到具体文字上,成为可以保留和传达的具体文件,这就是旅游营销策划书。

(一)旅游营销策划书的作用

1. 准确、完整地反应旅游营销策划的内容

旅游营销策划书是旅游营销策划者提供给旅游地或旅游企业的营销管理设计蓝图,也是为了实施某一营销方案而撰写的书面文字。旅游策划书是达到旅游营销目的的第一步,是旅游营销策划成功的关键。

2. 充分、有效地说服决策者

旅游营销策划书要想付诸实施,必须首先赢得旅游决策者的信赖。因此,旅游营销策划书给决策者提供方案和建议,并说服他们采纳和实施。

3. 作为执行和控制的依据

旅游营销策划书是旅游营销策划工作的最后一环,也是下一步实施旅游营销活动的具体行动指南。旅游营销策划书为执行部门提供方案实施的依据,使他们在操作过程中更具有准确性和可控性。

(二)旅游营销策划书的撰写原则

1. 逻辑思维原则

策划的目的在于解决旅游营销中的问题,应该按照逻辑思维的构思编写策划书。首先,设定背景和目的,分析市场状况;其次,在此基础上进行方案内容的详细阐述;最后,明确方案实施的对策。

2. 简洁朴实原则

旅游营销策划书要简洁明了、浅显易懂、突出主题,要分清主次,把握好要解决问题的合理次序,深入分析,并根据实际情况提出有效的对策,使操作更有指导意义。

3. 可操作性原则

任何理论的提出都是为了指导实践,因此,旅游营销策划书的撰写就是要解决营销过程中的各种可预见的问题。

4. 创新性原则

旅游营销策划书要内容新颖、主题鲜明、有见地。新颖的策划书能给人耳目一新的感觉,能使营销活动更加生动且有意义。

(三)旅游营销策划书的内容

1. 旅游营销策划概要

这部分内容主要是对整个旅游市场营销战略的主要目标做一个简单扼要的描述。要求开门见山、数字明确、逻辑清晰,以便决策层迅速了解营销活动的主旨,对其产生兴趣。比如:本年度市场营销目标是使企业的旅游产品打入日本及东南亚市场,从而使总体销售收入与利润总额比去年大幅度提高。经估算,销售收入目标定为 2 000 万元,比去年提高 40%;可实现利润总额 400 万元,与去年相比增长 25%。这个目标主要通过价格调整以及增加广告力度等方式实现,同时还准备在当地寻找地区总代理并帮助其培训服务人员。本计划实施所需营销预算为 100 万,与去年相比增加 35%。

2.目前营销形式分析

这部分内容是向决策者提供关于内部营销组合各因素以及内、外部宏观环境的有关数据,使决策层对目前企业面临的内、外部形势有一个感性认识,为其充分理解营销计划打下基础,主要包括:

(1)市场形势。指对目标市场规模与发展的预测,对顾客需求走向、观念及购买行为的初步分析。

(2)产品形式。指本企业产品所在市场中的地位,包括销售量、市场占有率、产品价格、利润等。

(3)竞争形势。指对所处市场中主要竞争对手的经营规模、市场份额、所采用的营销策略进行描述。

(4)销售渠道形势。指对本企业分销渠道的分布、中间商的类型、模式构成、佣金率、流通效率进行描述。

(5)人员管理形势。指本企业管理及业务人员的构成、素质、工作质量、服务水平,在整体旅游业中所处的地位以及目前所采用的培训、领导与管理方式。

(6)宏观环境因素。指对环境六要素——人口、经济、政治、自然、技术与文化环境的当前状况、变化趋势以及可能给本企业带来的机遇与挑战进行描述。

3.机会与问题分析

这部分内容要列出:本企业在当前内外形势下所面临的具体机遇和挑战;本企业自身迎接挑战的优势与劣势的具体分析,从中得出结论;明确本企业发展中,同时也是本策划中强调的中心问题,提请决策层注意。

4.营销战略的中心目标

这部分内容是策划书的中心内容,也是决策层最感兴趣的部分,即营销策划的实施可以为企业带来哪些具体收益。这是策划书中最具认同感与说服力的内容。具体包括:

(1)财务目标。管理机构希望各部门都能够具有良好的财务业绩,包括:投资收益率、资金周转速度、净利润收入等。

(2)营销目标。财务目标的实现必须通过营销手段,它是一系列营销目标得以实现的直接结果。比如:"400万的净利润收入及20%的利润率"的目标需要销售收入达到2 000万元。如果旅游产品单价为2 000元,就需要说服1万个旅游消费者购买产品。如果预期行业总销售额为1亿元,则一定要实现占领20%市场份额的目标。为实现这一目标,营销人员必须充分发挥分销商与各种促销手段的作用,将品牌知名度从12%提高到25%,扩大20%的分销网点,维持单价2 000元等。

5.市场营销战略描述

这部分内容是营销人员大显身手的部分,也是其业务素质与存在价值的集中反映。主要包括:

(1)目标市场的选择依据与决策。

(2)营销组合策划。包括:旅游产品构成、定位、价格、分销形势、服务人员管理培训计划、广告及其他促销方式、研究开发方式等。

6.营销行动实施方案

这部分内容是对完成营销战略目标所采取诸多行动的具体统筹安排。对于要完成什么、由谁来完成、什么时间完成、需要进行什么工作、预计成本是多少等问题都要一一明确。要落实到具体部门和个人,在确定行动时要请教专家,并充分吸取各部门的意见,对多个方案进行选择,确保目标的实现。这部分内容越具体明晰,贯彻中越易于执行和监督。

7.盈亏预算报表

旅游市场营销策划书要客观地预计营销活动的损益情况,既不能言过其实,也不可消极保守。具体来讲,在收入方面要反映预计销售量、预期价格;在支出方面要反映生产、分销、促销及营销成本。二者差值为预期利润。上级决策者要与生产部门主管一起对预算加以核查、评估,进行必要的修改,最终确定的预算就成为整个营销活动的重要财务依据。

8.对整个营销活动的控制

这是整个策划书的最后一部分内容,用于描述如何监控营销战略计划的进展以及计划的完成情况。主要包括:

(1)建立有关信息回馈的有效制度。根据具体情况,要求各业务部门、各计划执行人员、各级各类中间商及时或定期向营销部门反馈各类信息,信息内容要客观明确并有各自的评价意见。制度中应包含一定的奖惩措施。

（2）建立每月或每季的监测与考核制度。这部分内容要量化明确，要定期考评，要对未完成的目标或超额的开支做出及时反映，要求负责人做出解释并提出改进方案。

（3）制订应急计划以及弥补措施。对可能出现的各种困难、障碍、威胁、机遇或失误要尽可能地进行预测，对其影响及损失进行预估并制订相应的对策。

雪之声，让世界一起聆听

——第11届中国黑龙江国际滑雪节主题口号

第九章主要介绍了旅游地形象设计的概念、作用、原则、基本理论及研究方法、研究内容。本章以黑龙江省为例进行了冰雪旅游地形象策划的实例研究。从地方性研究、受众调查分析等方面出发，对黑龙江省冰雪旅游形象塑造的基础进行剖析；并在此基础上进行了黑龙江省冰雪旅游形象设计和策划，尝试构建较为完整的黑龙江省冰雪旅游形象系统。

第九章 冰雪旅游地形象策划

从世界范围来看,特别是从现代旅游业发展得比较早的国家和地区来看,旅游地形象问题并不是一个新问题。1971年美国亨特博士的博士论文——《形象——旅游发展的一个因素》,主要探讨了旅游地在开发中要重视形象的问题,被认为是旅游地形象研究的先驱。随后,墨瑟也提出了旅游地形象的概念。20世纪90年代,国内也掀起了旅游地形象的研究热潮。

第一节 旅游地形象概述

一、旅游地概念

学术界关于旅游地基本概念的论述较多:肖星认为,旅游地有三个基本的含义:一是指旅游者游览、观光、访问的目的地,即旅游活动与旅游资源的所在地;二是指提供人们进行旅游活动的游憩用地;三是指旅游地包含旅游资源相对集中的地方和承担旅游需求及供给功能的旅游中心。钱智和吴国清认为,旅游地是指在一定地理空间上的旅游资源同旅游专用设施、旅游基础设施以及相关的其他条件有机结合起来成为旅游者停留和活动的目的地。旅游地是一个综合的概念,是旅游者旅游活动的基本依托。还有学者认为,旅游地的概念可大可小,大至一个国家小至一个城市都可称为旅游地。旅游地被认为是包括人文地理在内的多因素的组合。笔者认为,旅游地是指具有一定的可进入性、一定数量的吸引力较强的旅游资源和一定规模和接待能力的旅游设施,能够成为旅游者停留和活动的目的地。

二、旅游地形象概念

旅游地形象概念的提出最早在20世纪70年代初,研究者对旅游目的地形象的概念有不同的理解。《旅游辞典》中的定义为:旅游地形象是指旅游者对某一旅游接待国或地区总体旅游服务的看法或评价。李蕾蕾认为,旅游地旅游形象是旅游者和目的地两者的函数,并且根据不同旅游阶段把旅游地形象分为了三类:本地感知形象、决策感知形象和实地感知形象。彭华认为,旅游地形象是旅游资源(包括人造景观)的本体素质及其媒体条件(服务环节)在旅游者心目中的综合认知印象,即强调:旅游地形象是旅游者直接实地旅游时的映像获得。据此,本文将旅游地形象定义为:旅游地形象是公众对旅游地总体的、概括的、抽象的认识和评价,是旅游地在旅游者头脑中形成的主观映象。

三、旅游地形象设计概念

学术界对旅游地形象设计的概念有不同的论述,主要有:

吴必虎认为,对某一旅游地形象设计就是在旅游市场和旅游资源分析的基础上,结合对规划区域地方性的研究和受众特征的调查分析,提出明确的区域旅游形象的核心理念和外在界面。笔者认为,旅游地形象设计是指某一旅游地通过各种手段和媒介在对旅游市场和旅游资源分析的基础上,结合对该规划区域地方性的研究和受众特征的调查分析后,提出明确的区域旅游形象的核心理念和外在界面。

四、旅游地形象设计的意义和作用

(一)旅游地形象设计的意义

旅游地形象设计研究可为迅速成长的各级区域的形象设计和形象形成提供及时的指南,使区域旅游规划更加务实和有效,促进旅游形象战略成为区域旅游发展的新武器、新工具、新思维。旅游形象设计丰富了旅游地理学对旅游者与旅游地关系的研究,为区域旅游开发与规划提供了感应与行为地理学的研究方法,为旅游研究者拓展多学科研究视野、建立旅游学的独立学科提供了一个新的研究空间,为促进现有旅游规划思想的发展和完善,保证旅游规划体系在更高层次上的综合,具有重要的意义。

改革开放以来,人民生活水平日益提高,旅游需求日益增大。良好的旅游资源和一流的旅游产品创意,并不一定形成具有较强吸引力的旅游风景区。旅游研究结果认为,旅游者在选择旅游地往往是依据旅游地的知名度和个人对其的了解程度,只有形象鲜明的旅游地才更容易被旅游者感知和选择。国内旅游业已经由"卖方"市场转向"买方"市场。面对上述的情况,我国一些旅游目的地纷纷引入旅游形象设计。旅游形象设计已经成为旅游地提高自身吸引力和知名度,在众多竞争对手中成为大众所识别和接受的重要途径。

(二)旅游地形象设计的作用

在现代旅游业蓬勃发展的潮流当中,旅游地形象设计正在发挥着越来越重要的作用,主要体现在:

(1)旅游地形象设计有助于地方旅游决策部门和公众对该区域旅游有较深的理解。地方旅游决策部门可以根据旅游地形象设计的内容加深对区域旅游进一步的了解,可以在众多的旅游资源中识别出最有价值的部分,把握未来旅游产品的开发和市场开拓的方向;旅游形象设计还可以使公众在了解地方性旅游形象情况下,增强旅游意识,积极参与到本地方旅游开发和建设当中。

(2)旅游地形象影响着旅游者做出旅游决策。旅游市场方面分析,旅游地形象是吸引旅游者的首要因子,旅游者在选择旅游地的时候往往面对众多不熟悉的旅游地及旅游产品不知所措。旅游形象设计可以为旅游者提供指南,增加旅游者的识别度,引起旅游者的注意,诱发出行的欲望。从旅游地供应方的角度来看,旅游地供应方不可能同时把旅游地的各个方面全部展现给公众,更不能让人们同时记住这些,而旅游地供应方则可以通过旅游形象设计把该旅游地最突出、最与众不同的地方传递给市场,以吸引人们的注意力,提高传播的效率,增加该旅游地被选择的机会。因此,旅游地的旅游形象是影响旅游者出游决策和旅游供应方效益的重要因素。

(3)旅游地形象的塑造和推广有利于树立良好区域形象,为区域发展创造"软"环境。某一旅游地形象是区域形象的一部分,在有些情况下,旅游地的形象可以代替区域的形象。旅游形象的塑造和推广有利于树立良好的区域形象,为区域发展创立良好的环境。旅游形象设计也为旅游企业提供产品与销售支持。如对于旅行社来讲,旅游形象的设计有助于旅行社线路的组织和产品包装。同时,区域经济和社会的发展,反过来又能拉动旅游需求,促进旅游业的发展。

五、旅游地形象设计的原则和程序

(一)旅游地形象设计的原则

旅游地形象设计一般要遵循整体性原则、差异性原则和可行性原则。

1.整体性原则

旅游目的地的旅游形象是一个综合的形象系统,在总体形象之下包含着物质景观形象、地方文化形象及企业形象等多个二级系统,每个二级形象系统又包含若干三级系统或构成元素,而且总体形象还包含着历史形象、现实形象和发展形象三个方面。因此在进行旅游形象设计时要使二级形象系统到构成元素的形象设计和旅游地的历史形象、现实形象和发展形象都应围绕总体形象展开,做到与总体形象相统一。

2.差异性原则

任何旅游目的地都具有其自身所独有的地方特性,因此在旅游形象设计中应该在对旅游地的旅游资源进行详细的分析情况下,突出其地方特性,注重与其他同类产品的区别性。

拓展阅读

2011年1月,总占地面积700多平方米的哈尔滨市群力新区文化产业发展中心与太阳岛雪博会共同打造的雪版"关东古巷"正式建成。其雪雕作品是以群力新区文化产业示范区内的关东古巷设计的风格为素材,用冰雪艺术再现了老关东时期的独特生活场景。据了解,虽然雪版"关东古巷"是哈尔滨市群力新区文化产业发展中心与太阳岛雪博会共同打造的,但是二者的主题雕塑是不同的。雪版"关东古巷"是用老关东时期的独特建筑来讲述当年哈尔滨的关东风情。

3.可行性原则

旅游策划者在进行旅游形象设计活动之前,一定要做可行性分析,以确保旅游地形象设计方案的实现。同时,可行性分析还应该贯穿在旅游地形象设计的全过程,即在进行每一项旅游形象设计时也都应该考虑所形成的设计方案的可行性。

(二)旅游地形象设计的程序

旅游地形象主体有两个,一个是赋予旅游地以形象的主体(主要包括旅游区的开发者和管理者),另一个是对旅游地形象进行评价的主体(主要是旅游者)。旅游地形象客体是指区域。旅游地形象是由开发者和旅游者共同决定的,取决于地方性和受众。只有围绕这样一个旅游地形象来设计产品、规范操作,才能在买方市场的前提下,将旅游区作为一个整体推向客源市场。

旅游地形象设计的基本程序(如图9.1所示)一般包括前期的基础研究和后期的显示性研究。其中前期的基础研究工作又包括地方性研究、受众调查和分析等;而显示性研究主要讨论、创建旅游地形象的具体表达,如定位、主题口号、行为识别、视觉符号和形象传播等。

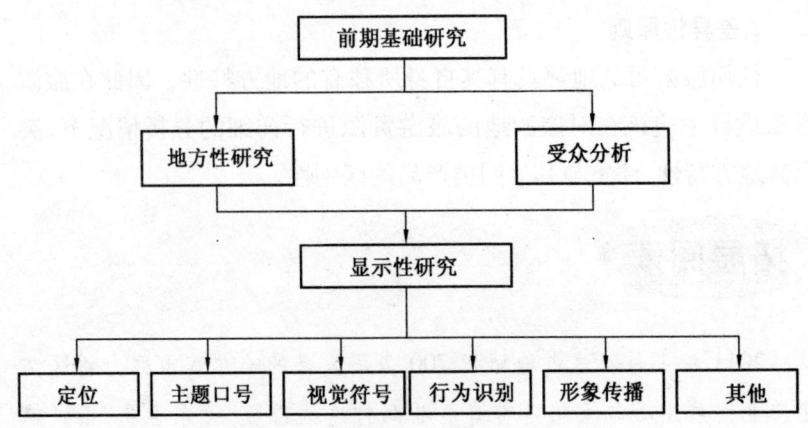

图 9.1　旅游地形象设计的基本程序

第二节　基础理论及研究方法

一、基础理论

冰雪旅游地形象策划的基础理论主要有:

(一)马斯洛需求理论

马斯洛需求理论把需要分成生理、安全、社交、尊重和自我实现五类。五种需要又分为两级,其中生理上的需要、安全上的需要和社交上的需要都属于基本需要,而尊重的需要和自我实现的需要是高级需要。一般来说,某一层次的需要得到相对满足,就会向高一层次发展,追求更高一层次的需要就成为驱使行为的动力。随着国家的经济发展水平、科技发展水平、文化和人民受教育的程度及人民生活水平的提高,人们在基本需要得到满足后,就开始向高级需要迈进。为了满足旅游者对冰雪旅游的需求,在冰雪旅游策划中也应该充分考虑旅游者的需求因素。

(二)供求理论

旅游需求是指旅游者在某一特定的时间内按照既定的价格对旅游项目愿意并且有能力购买的数量。旅游供给是指在一定时期内旅游供应商根据不同的价格和旅游者的偏好愿意并且能够提供出售的某种商品的数量。正是旅游者需求因素和旅游供应商供给因素这两种力量才使旅游者和供应商联系在了一起。

(三)冰雪旅游经济理论

"冰雪是资源,寒冷是优势。"旅游、文化、经济三者之间存在统一发展的关系。冰雪旅游是借助冰雪文化资源开展起来的,冰雪旅游产业不断丰富、完善和发展,并不断更新换代,冰雪文化的影响也更加深入人心。冰雪文化和冰雪旅游表现出更多的互补性、交融性。而冰雪旅游经济是指为冰雪旅游服务的经济生产活动。旅游地的冰雪产业优势,为发展旅游业创造了得天独厚的条件,并对旅游地经济产生巨大的拉动力。

(四)地理学、广告与大众传媒学、市场营销学的相关理论

地理学的研究特别关注区域的地方性,即当地的自然、文化、历史、传统、价值观、组织机构等综合形成的一种地方独特性。地理学认为:对于旅游地来说,只有设计突出本旅游地地方性的形象,才会有旅游吸引力,这是因为旅游者所寻找的就是与其日常生活和居住环境相区别的那些唯此地方独有的自然景观和人文胜地等。

广告与大众传媒学是对传播者、信息、受众、广告、大众传播媒介等与形象的传播方式有关的问题的探讨。对受众的研究,使人们意识到从受众的角度去理解和分析现在的旅游者,对旅游地形象设计和传播更有意义。

市场营销学将品牌化的概念应用于旅游地形象设计中,以目标市场的旅游者为研究方向,为了增强旅游地的竞争力,以及显示与其他地方的独特差异,旅游地的形象设计要考虑旅游地的品牌化。

心理学中的感知过程理论在旅游地形象研究中,从旅游者出发以旅游者的认知为研究的方向,主要目的是通过感知过程理论来影响和加深旅游者对旅游地形象的认知。建筑与城市规划科学中的建筑形象

力理论以居民为研究的基本立场和出发点,主要应用于景观的形象设计。目前在形象设计理论中,借鉴得较多的就是CIS(企业识别系统)理论。

二、研究方法

冰雪旅游地形象策划的研究方法主要有:

(一)跨学科交叉研究方法

涉及旅游地形象研究的学科是非常广泛的,以社会人文学科为主,包括心理学、管理学、传播学、地理学及市场营销学等基础学科。旅游地形象的研究是一个正在等待开拓与成熟的领域,还需要上述学科之间的交叉、综合的研究。

(二)文献综合研究方法

不仅要运用大量的国内外的文献资料,而且对这些文献资料要进行合理的梳理和综合。

(三)理论联系实际方法

理论联系实际方法是指将理论和具体的实际相结合,理论对具体的实际有指导作用。在阐述旅游形象问题的基本理论及其发展概况的基础之上,着重从冰雪旅游形象研究的地方文脉、冰雪旅游形象现状的受众调查分析等方面出发,对冰雪旅游形象塑造的基础做全面详尽的剖析。

(四)社会调查研究方法

问卷法、访谈法和现场问答方式都是社会调查研究方法的形式。问卷法是指以书面提出问题的方式收集资料的一种研究方法。这种方法主要是用统一设计的问卷,要求研究对象作出填答,从而获得被试者对某一现象或问题的看法和意见。

第三节 冰雪旅游地形象策划内容

冰雪旅游地形象建设的内容,一般包括冰雪旅游地形象地方性与受众研究、旅游形象的定位、主题口号的策划、形象符号标识、形象行为系统的设计及其形象传播策略等。

一、冰雪旅游地形象的地方性和受众研究

(一)冰雪旅游地形象的地方性研究

地方性研究是冰雪旅游地形象建设的基础工作之一。任何旅游地

都具有其独特的地方特性,称为地方文脉。地方性研究的主要目的就是通过对冰雪旅游地的地方文脉的把握,对该冰雪旅游地的自然地理特色和文化的特质进行提炼。其内容包括自然旅游资源和人文旅游资源等。

1. 自然旅游资源

一个地方的自然资源构成了旅游地形象定位的"地脉",比如气候、地形、动植物等自然旅游资源,都有可能成为旅游形象定位的关键性因素。例如,四川省在众多的旅游资源中,大熊猫具有绝对的垄断性。因为80%以上的大熊猫都在四川省,因此,四川省就以"大熊猫的故乡"来作为其旅游形象。黑龙江省,在众多的旅游资源中,冰雪具有其垄断性,因此,黑龙江省也可以用"冰雪之乡"来作为其旅游形象。

2. 人文旅游资源

一个地方的历史文化构成了该地的文脉,它是旅游地发展旅游的灵魂。对提高旅游地旅游产品的文化内涵具有重要的作用。如果历史文化在旅游形象定位中起关键作用,就决定了旅游产品开发的方向和它吸引旅游者的类型。例如,中国是世界上四大文明古国之一,其"东方文明古国"的旅游形象在世界人民的心中已经形成了很深的烙印,而支撑这一旅游形象的是它灿烂的五千年的文明史和深厚的历史文化,以及以西安、北京、南京、洛阳等中国古代帝都为代表的旅游地。我国桂林龙脊的古壮寨是很有名的旅游目的地,被称为"东方壮族生态博物馆",而支撑其旅游形象的是它保存了完好的原生态的壮族文化特色。

(二)冰雪旅游地形象的受众研究

从旅游地旅游形象的设计和传播的角度来说,旅游形象传播的对象即为受众。受众调查是确定旅游地整体旅游形象的基础之一和技术前提。受众调查的基本目的是了解旅游者对旅游地的现状、特征等主观看法和态度倾向所进行的量化调查和研究。调查的主要内容有:

1. 旅游地形象的现状调查

在问卷中可以设置旅游者对旅游地的知名度、美誉度和认可度等的调查指标。对某一旅游地的知名度测算的方法是知晓某旅游地的人数和调查总人数的比例。美誉度是指现实的和潜在的旅游者对某旅游地的赞誉。对某一旅游地的美誉度的测算方法是赞誉某旅游地的人数和知晓某旅游地的人数的比例。认可度是指旅游者把旅游地的产品和服务归纳为自己的消费对象的程度指标。对某一旅游地的认可度测算的方法是前往某旅游地的人数和知晓某旅游地的人数的比例。

2.旅游形象构成要素的调查

主要是调查所有形象要素在旅游者心目中的感知、认知状况。了解某一旅游地在旅游者心中有什么样的状态形象、旅游者为什么会形成这样的印象。

3.旅游地形象信息来源渠道的调查

旅游者在未到达旅游地之前,通过各种媒介已经对旅游地形成了初步印象。这是调查旅游地知名度的基础。同时,对于今后旅游地在进行宣传促销时选择哪种媒介具有重要的指导意义。

二、冰雪旅游地形象设计

(一)冰雪旅游地形象定位与宣传口号

1.旅游形象定位

旅游形象定位是指在目标市场的旅游者心目中占据一个突出位置的过程,它是对旅游者构成吸引力的旅游卖点。冰雪旅游地的形象定位来源于其地方冰雪的特色,是冰雪旅游地的自然资源和人文资源典型特征的集中体现。旅游者对冰雪旅游地的形象感知取决于对相互竞争的冰雪旅游地之间的对比。因此,冰雪旅游地应该在充分了解其资源和旅游客源市场的基础上,运用适当的定位方法,明确其旅游地的形象定位。

2.旅游形象定位的方法

常见的旅游形象定位方法有以下几种:

(1)首位定位。是指追求占据旅游者心目中旅游形象阶梯的第一位,适用于独一无二或无法替代的旅游地或旅游资源,例如,中国的长城和巴黎的卢浮宫等就是运用了首位定位的定位方法。冰雪旅游地也可以找出其独一无二的冰雪资源来进行定位。例如,黑龙江省滑雪旅游定位为"中国滑雪旅游胜地"、"世界冰雪旅游名都";哈尔滨的旅游定位为"冰雪世界的王国——中国哈尔滨"。

(2)跟随定位。是指以竞争者中最高地位的形象来作为参考,借用竞争者的市场影响来突出自己,依附竞争者来进行定位。例如中国的三亚定位为"东方夏威夷"、宁夏定位为"塞上江南"、苏州定位为"迪士尼太远,去苏州乐园"等,这些旅游地的定位都运用了跟随定位。

(3)空隙定位。是指分析旅游者心中已有形象阶梯的类别,发现和创造新的形象阶梯,树立一个新鲜的与众不同的主题形象。例如,四川的德阳文化娱乐城改造成童话乐园,将旅游市场定位在儿童市场;内蒙古阿拉善盟的月亮湖景区定位为"沙漠探险大本营"等。

此外,还有逆向定位、重新定位和名人定位等方法,例如,河南林州林滤山风景区以"暑天山上看冰锥,冬天峡谷观桃花",将七喜定位为"非可乐"等都是运用了逆向定位的方法。新加坡从原来的"朝气蓬勃新加坡"重新定位为"尽情享受新加坡",香港从原来的"万象之都"重新定位为"动感之都"等都是运用了重新定位的方法。韶山定位为"红太阳升起的地方",正是运用了毛泽东的影响力而进行的名人定位。冰雪旅游地可以通过对本地的冰雪资源和客源市场等因素的充分分析后选用一种定位方法或者综合运用多种定位方法。

拓展阅读

菲律宾国家旅游局曾经实施过一个绝妙的旅游策划,他们印制了一批警告观光者来菲律宾旅游的"十大危险",并到处免费派发。旅客刚刚拿到手的时候都很吃惊,怎么到菲律宾旅游还有"十大危险"呀?仔细一看,原来这"十大危险"是:一是小心买太多的东西,因为价格便宜;二是小心吃的过饱,因为这里的一切食物都物美价廉;三是小心被晒黑,因为这里的阳光很好;四是小心潜在海底太久,要记住上来换气,因为这里海底的风景特别美;五是小心相机电池电量不足,因为这里有数不清的名胜古迹;六是小心爱上友善的菲律宾人;七是小心上下山,因为这里的山水云景常常使人顾不得脚下;八是小心坠入爱河,因为这里的姑娘特别美丽;九是小心被亚洲最好的菲律宾酒店和餐厅宠坏;十是小心对菲律宾着了迷而舍不得离去。这一虚贬实褒的"十个小心",淋漓尽致地展现了菲律宾作为旅游胜地的巨大魅力。这一策划可以说是逆向定位的典范。

3.旅游形象宣传口号

一直以来,国内旅游规划界在旅游形象设计中,习惯于将旅游形象定位的表述提炼成一句富有感召力的宣传口号,并且使之在旅游客

源市场上进行推广,从而传播旅游地形象,塑造旅游地的品牌。冰雪旅游地在进行主题口号设计时应该遵循以下基本原则:

(1)内容来源于地理文脉。主题宣传口号是旅游地形象的提炼和外显界面,其实质的内容要来源于旅游地的地理文脉和地方独特性,只有对旅游地的地域背景进行充分深刻的分析,这样才能避免主题口号的内容空泛。

拓展阅读

铜梁县地处重庆西部,距离重庆市70多公里。铜梁县共有200多处旅游资源单体,分属45个基本类型。该县的旅游资源丰富,类型多样,地域组合良好。自然旅游资源中以省级风景名胜区内的森林公园、温泉景区开发价值高。相比之下,铜梁县的人文旅游资源价值独特,这里是旧石器文化和巴渝文化的发祥地。铜梁龙舞也名声海内外,被誉为"中华第一龙"。

铜梁县旅游局基于铜梁县的地理文脉的分析的基础上,将铜梁县旅游整体形象的主题口号表述为:铜梁:中华第一龙乡;龙韵铜梁。

(2)有广告效应,便于记忆和传播:旅游形象的主题口号要像广告词一样的简练、生动和影响力。越是言简意赅的表述越能够让人们记住。例如,哈尔滨的旅游宣传口号"冰城夏都,风情哈尔滨"朗朗上口,便于记忆。

(3)有针对性,迎合需求心理:旅游形象的主题口号要针对旅游者的需求偏好特征来进行设计,要反映旅游者需求偏好的特点,要使旅游者轻易地认识到这是旅游地形象的主题口号,而不是政治宣传口号,不是招商口号,这样才能引起旅游者市场的注意。如:"哈尔滨——许你一个冰雕玉砌的童话世界"的旅游宣传口号,针对性较强,较易吸引旅游者注意(如图9.2所示)。

图9.2 哈尔滨冰雪大世界

(4)口号语言要紧扣时代,与时俱进:旅游形象的主题口号并非一成不变的,因此,旅游形象主题口号应该在表述方面反映时代的特征,要有时代气息,要反映旅游需求的热点、主流和趋势。例如,哈尔滨的冰雪旅游宣传口号:"我是冰城,我在等你……"、"非常东北,非常哈尔滨"都是具有很强时代感的宣传口号。

(二)冰雪旅游地行为形象设计

行为形象包括一个旅游地的内部系统和外部系统对行为形象的具体实现。内部系统包括旅游地环境、员工教育和员工行为的规范化。从调查的数据显示,行为形象的内部系统部分目前国内在饭店业做得相对来说较好,但是在景区却作得较差一些,需要得到改善。行为形象的外部系统主要是针对公众和市场展开的,它包括服务活动、促销等。旅游地行为形象是旅游地形象设计的动态识别形式,有别于旅游地名称、标志等静态识别形式。

(三)冰雪旅游地视觉形象设计

旅游地的视觉形象设计,一方面能够引导和帮助旅游者方便、快捷明确地完成旅游活动,消除其进入陌生旅游环境时由于不确定性带来的紧张心理,另一方面又可通过理念一致的设计,使众多分散的视觉符号形成统一的形象特征,从而更清晰、更强烈地表达旅游地形象力。冰雪旅游地视觉形象设计应该主要关注冰雪旅游标徽、标准字体、象征吉祥物、交通工具、旅游纪念品、旅游象征性人物、旅游地人的视觉形象、旅游地企业的视觉形象等方面。

1.冰雪旅游标徽

在地理的区域标志中,最普遍和最常用的是国徽和国旗,人们往往通过某国的国旗和国徽来形成这个国家的认知形象。随着旅游业的发展,人们渐渐开始重视对旅游地的旅游标徽的设计,并用其作为旅游地旅游形象的主要标志。比如,奥运会形象元素是构建北京2008年奥运会形象与景观工程的基本元素,其中包括奥运五环、会徽、吉祥物、二级标志、体育图标以及一组图片形象。

第24届世界大学生冬季运动会的会徽(如图9.3所示)以英文字母"U"为基本形,用

图9.3 第24届世界大学生冬季运动会会徽

流畅动感的线条语言,描绘出冰雪健儿的运动轨迹,又似飘动的旗帜,展示着飞扬的青春,充分体现了人与运动、人与自然之间互动和谐的美。象征着世界各地大学生体育健儿,在"更高、更快、更强"的奥林匹克精神引领下,共同奏响哈尔滨2009年世界大学生冬运会 "冰雪、青春、未来"的华美乐章。

2.旅游标准字体

文字是旅游地视觉识别系统中最常用的符号之一,它的统一性能传达一种独特的旅游形象。一般来说,在不影响旅游者的文字理解能力的前提下,可以尽量设计出能够体现本民族和本旅游区域特色的文字。

3.标准色

标准色是指一个旅游地经过特别设计、代表旅游地形象的专用颜色,应用于该旅游地的多种项目上。例如,2008年北京奥运会会徽——"中国印·舞动的北京",主题颜色选用了中国传统的喜庆颜色——红色。

4.冰雪旅游吉祥物

吉祥物是视觉符号识别系统中的重要组成部分,对于视觉形象的塑造和推广具有重要的意义。吉祥物一词,最早来源于法国普罗旺斯语 Mascotto,意思是能够带来吉祥、好运的人、动物或东西。采用生动有趣的吉祥物来宣扬旅游地的独特个性,很容易博得旅游者的喜爱,达到广泛有效的传播作用。而且对吉祥物也可以通过多种方式加以利用,促进旅游地的多元化经营。

2008年北京奥运会用5个"奥运福娃"作为吉祥物、2009年大冬会用"冬冬"作为吉祥物等等,这些吉祥物不但反映了主办地的特色,而且将团结、友谊等精神固化在可爱的实际形象上,博得了广大的旅游者尤其是儿童的喜爱,从而也促进旅游地的多元化经营。

2008年7月31日,哈尔滨市旅游局和哈尔滨极地馆共同组织的为哈尔滨城市旅游吉祥物征集卡通运动形象活动结束。哈尔滨师范大学恒星学院2005级设计专业的学生那岩松设计的曼波火炬手形象在众多参赛作品中胜出。那岩松设计的卡通运动形象(如图9.4所示)是曼波手持火炬

图9.4 吉祥物企鹅曼波卡通运动形象

迎面跑来,胸前印有北京奥运会标志,整个形象活泼可爱。

5.冰雪旅游交通工具

有时候旅游地的交通工具本身也是吸引物的一部分,独特的交通工具容易给旅游者留下深刻的印象,并成为旅游地旅游形象的代表。例如四川峨眉山上的人力交通工具——滑竿,几乎成为该风景区独特的形象符号。

6.冰雪旅游纪念品

旅游地的纪念品(包括一些旅游商品)是旅游者从目的地中几乎唯一可购买、带走的有形的东西,除了照片和留在记忆中的经历和故事,恐怕就只有这些纪念品还能反映和帮助旅游者记住旅游目的地的形象了。例如北京奥运会期间外国友人都争相购买中国的字画、丝绸、纪念章、邮票、青花瓷、福娃和金币等,这些纪念品代表了中国旅游形象的一部分。

7.冰雪旅游象征性人物

将真实的人物(主要是名人)与旅游目的地联系,使其成为目的地的象征性和符号化的人物,可以增强旅游地的形象感召力,使人们在认知接触名人时就想起他们所代言的旅游地。香港旅游聘请成龙担当香港的旅游形象大使;韩国国家旅游局推出了韩国前总统金大中成为国家旅游形象大使等,都很好地达到了宣传旅游地旅游形象的目的。

8.冰雪旅游地人的视觉形象

当旅游地的人也作为旅游者观察的对象(而不是与之交往的人)时,人也成了与风景一样的可以设计的形象元素。

9.旅游企业的视觉形象

旅游业是一个涉及吃、住、行、游、购、娱等多个部门、多种服务的行业,冰雪旅游目的地的整体形象与众多提供各种服务产品的冰雪旅游企业的形象是分不开的,正是因为旅游的综合性,往往会发生由于个别冰雪旅游企业的形象而给冰雪旅游地的整体形象带来有利和不利的影响。所以冰雪旅游企业不仅要提供一流的服务水平,而且要根据旅游地的地方特性来设计具有地方的特色的产品。

(四)冰雪旅游地形象传播

旅游目的地旅游形象传播是指将各种有关旅游目的地的旅游形象的信息,依据一定的传播原则通过各种形象传播策略,有计划地传递给旅游者,从而影响旅游者行为的双向的沟通活动。

1.旅游形象传播的原则

冰雪旅游形象的传播应当注意：一是对冰雪旅游的主题形象进行持久的宣传，围绕冰雪旅游的主题形象定期推出新的旅游产品形象；二是加强冰雪旅游形象宣传的多层面合作，使之成为一个系统性的工程；三是冰雪旅游形象宣传促销的专业化、规范化和高技术化的方向；四是把冰雪旅游形象促销与旅游产品促销密切结合起来进行；五是冰雪旅游形象的宣传要有针对性，为旅游者需求偏好提供帮助。

拓展阅读

吐鲁番葡萄沟景区是新疆最大的葡萄产区，在进行旅游形象宣传时力求设计相关的旅游促销口号，以完善和加强整体的旅游形象。

(1)针对全部市场均适用的口号：

①自然、绿色、生态、古朴……葡萄沟欢迎您。

②品葡萄神韵，访丝绸民俗。

③葡萄沟，镶嵌在火焰山中的绿宝石。

④天然葡萄博物馆，为您讲述葡萄种植文化。

(2)区分不同客源市场的主题口号：

①针对国际游客：葡萄海洋，最甜的地方；走进葡萄人家，体验维吾尔族风情。

②针对国内游客：登火焰山，品香甜葡萄；大漠的绿珍珠、绿宝石；走进葡萄人家，体验维吾尔风情；绿色海洋，葡萄世界。

③针对自治区内游客：神奇吐鲁番，绿色葡萄沟；炎炎火洲，清凉世界。

2.旅游形象传播策略

形象传播的实质其实就是信息传播，形象是信息的表现形态。旅游经营者应该根据旅游产业的特点，选择恰当的信息传播方式，是获得强有力的形象传播效果，增强旅游目的地营销业绩的基本途径。旅游形象传播的方法主要有形象广告、网络传播、公共关系、市场营销、书籍、口碑等。

第四节 冰雪旅游地形象策划实证研究

目前全世界每年冰雪旅游收入高达近千亿美元,冰雪旅游已经成为世界旅游产业体系中的重要构成部分之一。在这种形势下,对冰雪旅游地形象的研究,引起了相关部门和学者的关注,并且已有了初步的研究实践和尝试。从众多的研究和实践来看,对冰雪旅游地形象研究仍缺乏深入性和系统性。黑龙江省是国内冰雪旅游最为发达的省份,不仅拥有以冰雪大世界、中国雪乡、亚布力滑雪场、太阳岛雪博会、松花江冬泳为代表的众多冰雪旅游品牌产品,而且是国内滑雪场最多的省份,年接待滑雪旅游者约 160 万人次,已经形成以冰雪观光游、滑雪体验游为核心的冰雪度假休闲游的产品体系。本节以黑龙江省冰雪旅游地形象策划为例进行实证研究,尝试构建出较为完整的冰雪旅游地形象系统。

一、黑龙江省冰雪旅游形象的地方性研究

地方性研究是旅游地旅游形象设计的基础工作之一,其任务就是通过对旅游地的地方性特点的把握,对地方性自然资源及独特文化的"阅读"和提炼,精练地总结出该旅游地的基本风格,包括自然特性和文化特质。

(一)黑龙江省自然地理特征

黑龙江省位于我国的东北部,南起北纬 43 度 25 分,北至北纬 53 度 33 分,南北相距 1 120 公里,地跨 10 个纬度;西起东经 121 度 11 分,东至东经 135 度 05 分,东西长 930 公里,跨 14 个经度。黑龙江省北部、东部隔黑龙江、乌苏里江与俄罗斯相望,水陆边界约 3 045 公里,西部与内蒙古自治区毗邻,南部与吉林省接壤,总面积 45.46 万平方公里,占全国总面积的 4.8%,在全国各省区中居第六位。地跨寒温带和中温带,大部分地域属中温带湿润地区,年平均气温在零下 2 摄氏度到 4 摄氏度左右,1 月份平均气温在零下 30 摄氏度到零下 18 摄氏度。山地面积约占总土地面积的 60%,山体高度一般在 500~1 000 米,坡度平缓,高度适中,非常适合开展冰雪观光和专项冰雪体育运动,从而满足不同层次的滑雪爱好者的需求。其适合于滑雪的选址山峰大约有 100 座,是中国滑雪资源最密集的省份。著名的滑雪场有亚

布力、二龙山风景区以及桃山、朗乡、带岭、伊春市伊春区、玉泉等40多家。省内的松花江、嫩江等众多河流冰封期可达120多天,冰的厚度可达80厘米左右。

(二)黑龙江省冰雪旅游资源情况

凡能激发旅游者旅游动机,为冰雪旅游业所利用,并由此产生经济效益与综合社会效益的自然和人文资源,都属于冰雪旅游资源。黑龙江省的冰雪旅游资源十分丰富,主要有以下几个方面。

1.黑龙江省冰雪自然旅游资源

冰雪自然旅游资源主要是依托于冰与雪这种物质作为基础的旅游资源。黑龙江省拥有丰富的冰雪自然旅游资源。

黑龙江省冬季漫长而寒冷,普遍在180天左右(最长地区可达251天),冬季雪期则在120天左右,雪量大、雪质好。由于冬季气温低,所以一日降雪常常一冬天都不化,降雪很快成为积雪保存下来。因此尽管冬季降水量仅在全年的4%左右,年平均降雪天数只有33天左右,但其地面积雪仍然会很厚。每当到了冬季,铺满大地的白雪能够给人带来一种纯洁的美感,飘舞的雪花令人仿佛置身于梦幻世界。黑龙江省海林市的双峰林场就被人们誉为"中国雪乡",每年的十月这里就开始飘起鹅毛大雪。皑皑的白雪随物具形,堆积成一个个的蘑菇状雪堆,加上典型的东北民居,构成了雪中王国下的雪韵风情。真可谓大自然的鬼斧神工造就了雪乡"鳞甲散落满峰峦,随风雕琢,和物具形"的独特美景。

自然冰景景观是在摄氏零度或零度以下的条件下依靠自然力形成的,是大自然的又一神来之笔。冰瀑布是自然冰景景观的一种形式。晶莹剔透的冰瀑在阳光的照射下会变化出漂亮的光泽,十分的迷人。一旦光照时间长,它又会融化为无数的小水珠。黑龙江省牡丹江市镜泊湖的瀑布在冬季的时候就会变成美丽的冰瀑,吊水楼的冰瀑宽可达30多米,厚的地方可达3米,有的时候还可以看到水瀑和冰瀑的结合,在冰瀑的外侧有急流飞奔,倾泻湖中。湖面是白色的,瀑布是白色的,四周的树木也是白色的,整个世界银装素裹。黑龙江省除了冰瀑布景观还有许多自然冰景景观,例如黑龙江省五大连池市的冰洞景观、松花江和兴凯湖等冰面在四月末的"武开"冰景等。

隆冬时节,黑龙江省的雾凇景色也是可遇而不可求的景观一绝,来时"忽如一夜春风来,千树万树梨花开",去时则"无可奈何花落去,似曾相识燕归来"。说来就来,说走就走,一派天地使者的凛然之气。雾凇俗称树挂,是雾气在低于摄氏零度的时候附着在物体表面直接凝华的白色凝结物。观看雾凇景色也是有讲究的,一般是"夜看雾,晨看挂,待到近午赏落花"。

2.黑龙江省冰雪文化旅游资源

文化是旅游目的地旅游形象的内涵,更是旅游目的地旅游形象的灵魂,是其他旅游地无法临摹的品质。只有富有相当文化内涵的旅游形象,才能长久地保持在旅游者的记忆中。所以说,文化是旅游地形象的依托,文化深化了旅游形象的内涵,有利于旅游形象的建立与传播。因此在进行旅游地形象设计的前期研究时应该对该旅游地的文化资源进行充分的调查和研究。学者王德伟在《冰雪文化》一书中说到:"冰雪文化是指在冰雪自然环境中从事日常生活的人们,以冰雪生态环境为基础所采用的或所创造的具有冰雪符号的生活方式"。也就是说,冰雪文化旅游资源是以其冰雪生态环境为存在条件的,人们在这样的生态环境中创造的独特文化情境和模式。从文化形态上来看,黑龙江省的冰雪文化旅游资源作为一个系统包括了冰雪物质、冰雪规范和冰雪精神等文化旅游资源子系统。

(1)冰雪物质文化子系统。冰雪物质文化子系统主要是指生活在寒带的居民根据自然环境和地域资源所生产和创造的,涉及人们日常生活和生产的物质系统。包括冰雪服饰、冰雪饮食、冰雪建筑、冰雪运输及冰雪器物等方面。

在冰雪服饰上,黑龙江人主要是穿着以羽绒、面料、呢料、毛皮等材料制成的大衣、风衣、皮帽、皮靴等。每当漫天大雪来临的时候,年轻的小伙子们就身着皮夹克,也不戴帽子,有着耐寒的本领;姑娘们身着五颜六色的时装,喜欢漫步在飘洒积雪的大街上;中年妇女身着裘皮,争相到各种场所媲美;老年人们也身着厚厚的棉衣,喜欢到户外呼吸新鲜的空气。

在冰雪饮食上,肉、奶制品、面食、酒等高热量食品也是黑龙江人不可或缺的。无论天气多寒冷,人们还是特别的喜欢吃冰激凌、冰糖葫芦等,每当这个季节冷饮和小吃依然的火爆。

黑龙江省的冰雪文化是典型的土著文化、中原文化、欧洲文化等三位一体的文化形态。哲人曾说过,每座建筑都是一首凝固的音乐。素有"东方莫斯科"、"东方小巴黎"美称的黑龙江省省会哈尔滨市就是中西合璧、古今辉映的建筑艺术之城,城内数量既多,艺术造诣又高的具有新艺术运动、巴洛克、文艺复兴、古典主义、浪漫主义、折衷主义等多种艺术流派的近代异域建筑正以索菲亚教堂为代表向人们展示着异国文化的特色,也因此形成了异域建筑景观。

(2)冰雪规范文化子系统。冰雪规范文化子系统主要是指独特的地域文化布局、文化情境以及行为模式等。包括伦理、道德、风俗、习惯、规范等。主要由冰雪地域民俗、冰雪地域风情和冰雪地域规范等构成。黑龙江省的地理环境决定了这里的世居民族与冰雪的亲密关系和民俗文化的特征,他们吃冰雪,用冰雪,依靠冰雪,游戏冰雪,创造了以冰雪为主的民俗文化。在黑龙江少数民族中的满族、赫哲族、达斡尔族、锡伯族、鄂伦春族、蒙古族、鄂温克族等,都有其自身鲜明的冰雪民俗风情,例如满族人喜欢的冬季活动有抽冰猴、滑冰车、拉爬犁、冰上踢球等;赫哲族的滑雪、狗拉雪橇等;达斡尔族的打冰嗉溜等;锡伯族的蹬冰滑子、撑冰车等;鄂伦春族的精奇善射、森林狩猎等,这些风格各异的民族文化,构成了一幅多彩的民族风情画卷,不论是国内旅游者还是国外旅游者,都使之感受到了黑龙江省少数民族冰雪文化的不同,满足了旅游者对黑龙江冰雪民俗文化的渴求。每年在冰雪季节,一对对新人在冰雪的世界里漫步在璀璨的银河里感受着美好和幸福、中老年人身穿鲜艳的服饰在街头巷尾跳舞、扭秧歌和唱二人转、身体健壮的青年在森林雪地中尽情地感受着游戏、竞技运动和狩猎的趣味等,这些开心的生活在黑龙江人的心中已经成为了一种民俗。长期生活在冰雪地域的黑龙江人也养成了雄健、质朴、坦荡、豪爽等冰雪文化精神的特质、习惯和规范。

(3)冰雪精神文化子系统。冰雪精神文化子系统主要包括在冰雪环境下的居民在艺术、宗教、信仰、审美、文学、娱乐等方面的内容。冰雪精神文化是冰雪文化中最具有特色的内容,同时也具有强烈的地域民族意识。冰雪精神文化包括冰雪艺术、冰雪运动、冰雪文学、冰雪娱乐等等。

冰雪是大自然赋予黑龙江省人最好的礼物和取之不尽、用之不竭的天赐资源。黑龙江人以其独特的艺术创造力,赋予冰雪以深厚的文化内涵，成为富有生命力的艺术品。冰灯是黑龙江人们在长期的生产生活中形成的艺术。起初只是凿冰为洞，放入蜡烛用以照明，时间长了则逐渐用于冰雪观赏项目。1963年黑龙江省哈尔滨市成功地举办了第1届冰灯游园会，吸引了众多的冰雪爱好者。此后这项冰雪艺术越来越出新，越来越有影响，可谓是气势恢弘、变化莫测、璀璨夺目，成了国际冰雪艺术的三大奇葩之一。自从黑龙江省省会哈尔滨市1999年始建冰雪大世界以来，每年其间的冰灯、冰雕都以其宏大的构建、多彩的布局、奇异变幻的灯彩、玲珑剔透的质感和超凡入画的境界吸引来了众多的旅游者。其太阳岛内的雪雕也以其想象丰富的造型、巧夺天工的手法赢得了观众的挚爱，令中外旅游者为之陶醉倾倒。雪塑园林牡丹江雪堡位于黑龙江省牡丹江市风景秀丽的牡丹江江心岛上，堡内有各种风格的雪塑作品，是又一处雪域王国。

　　黑龙江省的冰上运动和雪上运动相结合，也形成了世界上少有的冰雪文化风格和优势。冰雪运动是指依托雪资源，集参与性、趣味性、刺激性于一体的度假旅游方式。玩冰戏雪是北方人的传统和优势，也是北方人顺应自然、改造自然的骄傲。黑龙江省的冰雪运动有着较好的群众基础。多年以来黑龙江省一直倡导青少年们"踏上冰雪"，培养冰雪体育方面的人才，从而也造就了一批世界冠军和冰雪项目的顶尖人才。近年来黑龙江省的冬季冰雪运动场所除拥有良好的服务以外，其设施也较为齐全，为承办速度滑冰、短道速滑、花样滑冰、冰球、滑雪、冰壶等大型冬季冰雪运动会奠定了良好的硬件条件。冰上滑出溜、脚滑子滑行、冬泳、雪橇、冰帆、打冰杂、打冰爬犁、雪地足球、雪地冰球、堆雪人、打雪仗、雪上飞车等休闲活动，也均具极大的参与性、互动性、娱乐性，对冰雪旅游者极具诱惑。

　　黑龙江省的冰雪奇景是在寒冷季节见到的气候景观，并且也以其纯洁、壮观和神奇，吸引了众多的中外旅游者和文人雅士。曲波的小说《林海雪原》逼真地再现了北方原始森林的景观风貌和英雄的业绩。齐齐哈尔的满族学者西清在其《黑龙江外纪》和刘凤浩的《龙江杂咏》中都对黑龙江省的冰灯进行了描述。哈尔滨市冰博中心副主任朱晓东是"冰版画"的创始人，他将美术和黑龙江省的冰景巧妙的结合成冰版画，吸引了众多的冰雪艺术爱好者。

(三)黑龙江省旅游交通与通讯状况

黑龙江省的旅游交通运输以铁路为主,以航空、公路和内河航运为辅,是旅游接待地基础设施的重要组成部分,对旅游业的发展起着关键的作用。铁路是黑龙江省交通的主体部分,现有干线滨绥线、滨洲线、滨北线、长滨线、牡佳线、林密线、拉滨线7条。铁路客运以哈尔滨、齐齐哈尔、牡丹江、佳木斯四市为枢纽。航空客运是运送旅游者的主要交通工具。1998年哈尔滨的太平国际机场正式使用。1994年开通了黑河到俄罗斯布拉戈维申斯克航线,该航线是世界上最短距离的国际航线。黑龙江省现有以国家公路干线、省公路干线和边境公路干线为骨架的公路网。国道有哈大路、绥满路、哈同路和黑大路等8条干线。省道有哈萝路、齐黑路等20条干线公路。黑龙江省的水利资源丰富,居东北三省之冠,是内河航运较发达的省份。全省电信部门已建成了以传输数字化,交换程控化为标志的现代化电信基础网。

二、黑龙江省冰雪旅游形象现状的受众分析

受众是指与目的地旅游形象有关的社会组织和个人的总和,是旅游目的地旅游形象的直接或间接的感受者,是对形象时代的旅游地客源市场的新称呼,通常具有相关性、特定性、群众性及多样性的特点。黑龙江省冰雪旅游业面对的旅游客源市场是以国内旅游市场为中心,以省内旅游市场为基础,以国际旅游市场为重点,构成黑龙江省冰雪旅游形象传播的对象,即受众。旅游形象的研究,包括形象要素的设计、形象传播和营销方式的选择,都应该以受众对旅游目的地已有的认知形象为基础和依据,才能使旅游地形象的整体研究更加有效。受众调查的基本目的之一就是了解人们对黑龙江省冰雪旅游地的形象的感知。

(一)对冬季黑龙江省的形象认知

通过对调查问卷进行统计分析可知,旅游者来到黑龙江省之前对黑龙江省冰雪旅游形象的认识相对比较单一,大多数旅游者对其黑龙江省冬季形象的描述也只是局限于冰雪之城和休闲之地的形象描述,对于冬季的黑龙江省也是异国风情之都、豪爽待客之乡、地方特色之城等形象的认知很少。

(二)对黑龙江省冰雪项目认知

通过对调查问卷进行统计分析可知,黑龙江省冰雪项目的形象在

旅游者心中的主观映象相对比较集中,可以归纳出冰灯艺术、冰雕艺术、雪雕艺术、冰雪运动其被感知比率较高,冰雪建筑、冰雪民俗被感知比率比较低。

(三)对黑龙江省冰雪旅游景区美誉度认知

通过对调查问卷进行统计分析可知,在黑龙江省众多的冰雪旅游景区中,旅游者认为其形象美誉度较高的是哈尔滨冰雪大世界、太阳岛雪博会景区、亚布力滑雪度假区等等,而对其黑龙江省其他的冰雪旅游景区,例如哈尔滨中央大街冬景一条街、冰灯游园会景区、圣·索菲亚冬景广场、玉泉狩猎场滑雪场等冰雪景区认知很少,甚至有些人还没有听说过牡丹江雪堡景区、伊春冰雪景区、兴凯湖冰雪旅游区等冰雪旅游景区。

(四)年龄与产品偏好

调查问卷中年龄部分共分为5个年龄段,分别是15岁及以下、16~24岁、25~44岁、45~64岁、65岁及以上。通过对调查问卷进行统计分析可知,精力充沛、争强好胜的中青年人对参与性强、竞争性高、动感强烈的冰雪体育竞技活动有强烈兴趣,而对于静态的冰雪休闲观光和冰雪文化体验等旅游产品不是很感兴趣;老年人因体力和精力有限,首选静态的冰雪休闲观光和冰雪文化体验等旅游产品,对参与性强、竞争性高、动感强烈的冰雪体育竞技活动也不是很热衷。

(五)获取信息的途径

通过对调查问卷进行统计分析可知,旅游者对黑龙江省冰雪旅游的了解主要通过的途径有:电视、网络、旅行社,而对于其他途径,例如报刊、广播、书籍、口传、在黑龙江省的经历等宣传途径获取的信息较少。

通过对调查资料进行的整体分析显示:

省外旅游者对黑龙江省冰雪旅游形象的认知相对还比较的单一、不全面,对部分项目和景区的知名度和美誉度比较集中。冰雪旅游形象认知的单一性与部分黑龙江省冰雪旅游项目和景区的知名度和美誉度比较低等问题表明黑龙江省冰雪旅游形象研究的必要性。

就黑龙江省冰雪旅游形象的具体内容进一步做答时,大多数省内旅游者和当地居民普遍不能给予一个清楚明白的答案,往往也只是提及黑龙江省冰雪旅游形象的相关因素,如冰雪资源优势和冰雪风土人情等等。可见,在大多数省内旅游者和当地居民心目中,黑龙江省冰雪旅游是有鲜明的旅游形象的,只是对该旅游形象没有一个清晰的概念和表达。这也可能是有些旅游者和居民对黑龙江省冰雪旅游形象持"不表态"态度的原因。上述分析同样也表明了黑龙江省冰雪旅游形象研究的必要性。

政府及旅游相关部门确立了"冰雪旅游大省"的旅游方针,指出了能反映黑龙江省冰雪旅游核心产品独特魅力的内容,如宜人的气候、丰富而独特的冰雪文化、壮丽的景观、美丽的自然景区、在中国的独特历史、友好的人民、热情好客的氛围和完善的服务等等,为黑龙江省冰雪旅游形象定位指明了方向。2003年7月黑龙江省旅游部门首次提出了黑龙江省的国内旅游形象口号:"冬季——冰雪世界;夏季——清凉世界"。宣传口号中虽然提出了冬季的旅游主题为冰雪,但对黑龙江省冰雪旅游形象系统中的具体内容却没有统一明确的描述。因此黑龙江省的冰雪旅游要想获得长足的发展,应该加快建立鲜明的冰雪旅游形象系统并加以实施。

三、黑龙江省冰雪旅游形象系统的建立

黑龙江省冰雪的旅游形象系统的构成要素比较复杂,我们将黑龙江省冰雪旅游形象系统归纳为旅游形象定位与主题口号、行为形象、视觉形象和传播策略等几部分。这几部分构成了一个不可分的整体,共同表现黑龙江省冰雪旅游地形象。

(一)黑龙江省冰雪旅游形象定位

美国艾·里特和杰·特劳特提出:旅游形象定位是将旅游形象深入传播到旅游者心中,并占据旅游者心灵位置而做的努力。其核心的思想就是"去操纵已存在心中的东西,去重新结合已存在的连接关系"。旅游形象定位是进行旅游目的地旅游形象设计与传播的前提与核心,它为旅游形象设计指出方向。因此,应该着重分析旅游地旅游资源、旅游市场两个主要的因子,并依据独特性、前瞻性、现实性的原则进行旅游地形象的定位。

1.黑龙江省冰雪旅游形象定位分析

随着全球经济化的不断发展,旅游业的发展也处于与有形商品定位时代相似的社会背景中。一方面,旅游者可以选择的旅游地越来越多,旅游地之间的竞争越来越激烈;另一方面,旅游本身还要面临其他

娱乐活动的冲击和替代。因此,从旅游发展的供求关系双方来看,旅游地的生存要以旅游地定位理论为指导,适应旅游形象定位的要求。

黑龙江省应该从不断满足旅游者需求的角度来考虑,依据黑龙江省冰雪旅游环境背景、旅游资源特色和人文脉络以及当今旅游市场的新趋势,树立黑龙江省的冰雪旅游形象定位:"冰雪艺术之省"、"冰雪建筑之区"、"冰雪运动之乡"、"冰雪民俗之村"以突出黑龙江省冰灯、雪雕和冰雕艺术三者的有机结合和完美统一,内容和形式的突破和创新;突出浓郁欧式风格的建筑群和多民族建筑等风情;突出充满激情的冰雪运动;突出多姿多彩的各民族民俗风情等,从而营造独具魅力的有别于其他旅游目的地的冰雪旅游形象。推出"雪中情"冰雪艺术、冰雪文化游,以"欧亚结合"的欧式风格、多民族建筑观光游和"雪中飞"冰雪运动游以及"感念文化"的仿古和民俗风情游等一系列黑龙江省冰雪旅游形象理念。强调自然与人文的亲和关系,使旅游者不仅可以观赏和体验冰雪,而且可以领略黑龙江省独特的冰雪文化。在保证与黑龙江省总体的冰雪旅游形象定位理念相一致的前提下,各地区也可以根据本地区的特色来树立各自独特而鲜明的冰雪旅游形象定位理念。

2.黑龙江省冰雪旅游形象的主题口号

旅游形象定位的最终表述,常常是以一句精辟的旅游形象主题口号加以概括和表现的。旅游地的主题口号是旅游者易于接受的了解旅游地旅游形象最有效的方式之一,它是用精辟的语言、绝妙的创意,构造出一个极富魅力的旅游地旅游形象,从而产生强烈的广告效应,成为旅游地宣传促销的开路先锋。例如,1999年黑龙江省冰雪旅游景区的宣传口号设计如下:

"雪之魂、冬之旅"——太阳岛雪雕博览会宣传口号

"丝路奇苑、塞外冰雪"——冰灯艺术博览会宣传口号

"冬天的童话"——欧亚之窗雪上风情园宣传口号

"冬天旅游哪里去,牧童遥指亚布力"——亚布力滑雪场宣传口号

冰与雪是北方人的骄傲,也是哈尔滨冰雪文化的基石。冰城哈尔滨人继20世纪60年代初创造出举世闻名的冰灯艺术之后,于80年代末期将堆雪人的民间游戏升华为艺术,使之灿然绽放于艺术的百花园中,与哈尔滨冰灯互为姊妹,并称为冰雕雪塑,从此,哈尔滨人又多了

一份骄傲,添了一种自豪。

此外,哈尔滨冰雪节自 2002 年以来提出的宣传主题口号(见表 9.1),产生了强烈的广告效应,为哈尔滨冰雪旅游宣传做出了贡献。

表 9.1 哈尔滨冰雪节主题口号

年 份	主 题 口 号
2002	繁荣冰雪文化,发展冰雪旅游
2003	冰雪飞扬,冰雪迎嘉宾,欢聚哈尔滨
2004	冰雪二十年,今朝更好看
2005	展北国冰雪魅力,抒冰城万众豪情
2006	中国俄罗斯友好年在哈尔滨
2007	冰情雪韵,和谐世界
2008	冰雪世界,奥运梦想
2009	激情大冬会,快乐冰雪游 冰雪挡不住激情,哈尔滨欢迎你
2010	冰雪庆盛世,和谐共分享
2011	欢乐冰雪,激情城市

2003 年 7 月首次提出了黑龙江省的国内旅游形象口号:冬季——冰雪世界;夏季——清凉世界;黑龙江省的国际旅游形象口号:黑龙江省——中国的"COOL省"。第9届中国黑龙江国际滑雪节的旅游宣传口号:酷省龙江,滑雪天堂。但是据调查,到目前为止,黑龙江省还没有提出统一和明确的黑龙江省冰雪旅游形象口号。

根据黑龙江省冰雪旅游形象的基本定位分析,结合上述各项主题口号设计的原则,笔者将黑龙江省冰雪旅游形象主题口号设计为:"冰雪魅力龙江,休闲度假天堂"。

黑龙江省独特的冰雪魅力不仅包括漫天飞舞的一片片晶莹的雪花,还包括宛如天工之作的一樽樽鲜活的冰雪艺术、默默书写着历史足迹的一座座冰雪建筑、充满愉悦动感的冰雪运动和仿佛坐落在童话世界里的一个个民俗小村子等。

(二)黑龙江省冰雪旅游视觉形象系统

旅游地的视觉符号系统类似于企业 CIS 中的视觉识别系统 VIS。从黑龙江省的冰雪旅游发展状况和要求来看,黑龙江省冰雪旅游视觉符号识别系统的设计应该主要关注以下几个方面:

1.冰雪旅游标徽

旅游标徽是视觉识别系统的核心,是应用最广泛的旅游地代表符号,体现着旅游地的地方精神和文化特色。2009 年 7 月 15 日哈尔滨市确定了夏季和冬季两版旅游形象标识,本次的旅游形象标识体现了哈尔滨市的地方精神和文化特色。2010 年 8 月 17 日哈尔滨日报与黑龙江省旅游局、中国电信黑龙江分公司共同有奖征集的"黑龙江100个最值得去的地方"统一形象标识(标徽)活动正式的落下了帷幕。在这次的活动中由深圳设计者杨军设计的运用中国传统书法笔触一笔刷成一条酷似"100"的巨龙标识(如图 9.5 所示)作品获得了一等奖。但是据调查统计,到目前,黑龙江省还没有明确的冰雪旅游标徽。

图 9.5 酷似"100"的巨龙标识

黑龙江省冰雪旅游标徽的设计图案可考虑采用特征性地理风景冰雪和红松,从具象、意象到抽象的处理都会产生不同的形象;也可采用特征性实物图案,如1956年出土于金上京会宁府的铜座龙和黑龙江省扎龙自然保护区的丹顶鹤。

黑龙江省的冰雪旅游标徽还可以设计为"天鹅图案":天鹅代表黑龙江省的版图,因为黑龙江省的地图就像一只腾飞的天鹅,两只相对的天鹅一只象征着黑龙江省冰雪自然旅游资源,另一个象征着黑龙江省冰雪文化旅游资源。圆形红色的外围代表黑龙江人以其真诚、火热的心迎接来自四面八方的客人。雪花代表著名的黑龙江省冰雪旅游。两只天鹅相对围成的一个心形代表黑龙江省的冰雪旅游是以其独特的冰雪文化为核心,黑龙江省以它美丽的自然冰雪风光和独特的冰雪文化吸引着各地的旅游者。

2.旅游标准字体

黑龙江省可以请专家设计中英文的"龙江冰雪旅游"的艺术字体,

与主体图案风格相协调,结合黑龙江省冰雪旅游徽标共同使用。带有英语标识的标徽来传播黑龙江冰雪旅游形象是开放的体现,这种开放和文明显得更具有实际意义,让更多的人认识和了解黑龙江省冰雪旅游,具有共性和时代特征。

3.标准色

标准色主要是选用白色,白色象征着黑龙江省最具特色的冰雪旅游资源。

4.冰雪旅游吉祥物

2001~2006年哈尔滨冰雪节吉祥物"冰娃";2007年冰雪节吉祥物"冰哥雪妹";2009年哈尔滨国际冰雪节吉祥物"雪娃"等,不但反映了主办地的特色,而且将团结、友谊等精神固化在可爱的实际形象上,博得了广大的旅游者尤其是儿童的喜爱,从而也促进了旅游地的多元化经营。

黑龙江省的各个冰雪旅游区、旅游吸引物也可以设计并推广自己的吉祥物形象。如:在北京大学旅游开发与规划中心的吴必虎博士主持编制的《黑龙江省伊春市区域旅游规划案例》中,将可爱的小松鼠设计为伊春市的旅游吉祥物来传播伊春市的冰雪旅游形象;齐齐哈尔市将可爱的丹顶鹤作为自己的冰雪旅游吉祥物来传播自己的冰雪旅游形象。

5.冰雪旅游交通工具

可以根据黑龙江省的冰雪旅游风格来设计黑龙江省的特色冰雪交通工具,例如冰雪旅游的特色交通工具雪橇、雪耙犁(狗拉耙犁、马拉耙犁、羊拉耙犁、现代化的雪地摩托车),这些都可以成为黑龙江省冰雪旅游的标志性符号。其他旅游区也可根据自己的风格设计出相应的特色冰雪交通工具,例如,为黑龙江省的森林生态旅游设计无污染的冰雪森林小火车。

6.冰雪旅游纪念品

黑龙江省的冰雪旅游纪念品的设计应该体现冰雪旅游地的地方性特色,地方性越浓厚、越独特,形象的传播力就越强。例如,具有浓厚黑龙江省地方性特色的仿冰旅游纪念品的问世,让国内外游客一年四季都能买到极具冰城特色的冰灯、冰花、冰景、雪景等多系列冰雪旅游纪念品,这就有力传播了黑龙江省冰雪旅游的形象。

7. 冰雪旅游象征性人物

目前，很多旅游目的地都在聘请各类明星担当旅游形象大使，从而达到宣传促销旅游目的地的目的。例如，哈尔滨在2000年推出了16位白雪公主为哈尔滨旅游形象大使，2006年和2008年聘请了韩国影星李英爱和国家前短道速滑奥运会冠军杨扬为冰雪形象大使，2010年聘请了范冰冰为冰雪节的形象大使。

黑龙江省冰雪旅游形象大使的选择，可以考虑黑龙江省哈尔滨人、花样滑冰双人滑2010年奥运会冠军申雪和赵宏博来担当。申雪和赵宏博是黑龙江省冰雪旅游地代表性人物，将他们聘为黑龙江省的"冰雪旅游形象大使"，作为黑龙江省冰雪旅游形象代言人，参与冰雪旅游宣传等活动是非常适合的。申雪和赵宏博是一对中国花样滑冰场上最美的神话创造者，他们完美无比的冰上动作，使每个人的心都为之震撼，同时也让更多的人喜欢上了冰雪。

8. 冰雪旅游地人的视觉形象

在黑龙江省的冰雪旅游区也可以像深圳华侨城主题公园那样开展"我也是一个景点"的活动，将旅游区内的员工，从服务员到清洁工人等都进行冰雪形象的设计，从而与物质景观实体共同来反映冰雪旅游形象，除此之外当地的居民的衣、食、住、行、游、购、娱等也构成了重要的冰雪形象成分，特别是在黑龙江省的少数民族旅游地。

9. 旅游企业的视觉形象

黑龙江冰雪旅游整体形象与众多提供各种服务产品的冰雪旅游企业的形象密不可分。所以，各个旅游企业也要设计出展现地方特色的经营项目。例如哈尔滨市香格里拉大饭店根据本地的地方特色设计的冰宫（如图9.6所示）。饭店内的冰宫旅游区除了部分食物和部分构造以外，其他的设施设备都是用冰雪为原料设计的特色

图 9.6　香格里拉冰宫

产品,不仅为饭店树立了独特的形象,带来了良好的收益,而且为提升哈尔滨市的整体冰雪旅游形象起到了积极的作用。

(三)黑龙江省冰雪旅游行为形象系统

黑龙江省冰雪旅游行为形象系统应该着重抓好以下三个方面。

1.政府层面

黑龙江省政府及其相关部门应该把冰雪旅游作为优先发展的产业,制定科学的冰雪产业发展规划和优惠的冰雪产业政策等;加大资金投入,特别是在重点的冰雪旅游项目和基础设施上,增加导向性的资金投入;加大冰雪旅游产品的研究开发力度,推出一批富有黑龙江省地方性特色、文化内涵深厚、科技含量较高的冰雪旅游产品等;重视旅游饭店、旅行社等接待服务的"窗口"行业,切实提高服务接待水平和服务质量,积极推进多家星级饭店项目,同时通过建立培训体系、实行持证上岗制度、开展服务技能技术大赛等活动,提高旅游从业人员的素质和服务水平。此外,政府部门及其相关部门还应致力于培养黑龙江人的文化修养,注重营造其内在的文化素质,突出特有的中西文化交融的文化特色,造就一个社会安定、经济繁荣、居民文明、民风淳朴、热情宽厚的黑龙江省冰雪旅游发展的"软"环境。

2.企业层面

旅游业是一个显著的人力资源密集型服务行业,确保建设一支服务水平高、业务能力强的管理人员、导游人员、服务人员、营销人员队伍,提高旅游企业领导和员工的形象意识是提升黑龙江省冰雪旅游形象的关键。旅游企业接待服务的质量和水平是体现旅游地旅游形象的窗口,因此,提高旅游企业整体服务质量,并在服务标准化的同时体现地方性特色成为黑龙江省冰雪旅游形象建设的重中之重。首先,可以定期举行企业评比活动,宣传旅游地的旅游形象理念,对企业的业绩进行严格的考核。其次,员工言行、举止、风貌等都要体现"诚信为本、服务第一"的服务精神理念,建立"礼貌服务一条龙"的服务规程,倡导"周到服务、主动服务、耐心服务、贴心服务和家庭服务"等。

3.居民层面

旅游目的地的居民长期生活在此地,其中有一部分人从事旅游服务行业,通过旅游服务行为影响旅游者的满意水平,但是大多数的居民是不直接与旅游者直接接触的,他们的分布面广,其生活方式、语言、服饰等自然地成了旅游者眼中目的地形象的一部分。因此,在进行黑龙江冰雪旅游形象设计时,要提高旅游目的地居民的形象,从而达到共赢。黑龙江省居民形象的塑造要从宣传教育引导和政策法规约束两个方面入手:一方面要通过各种途径,大力开展黑龙江省冰雪旅游形象的宣传,强化所有居民的旅游主体意识和参与意识。另一方面要建立健全相关法规,对居民行为进行规范和约束。此外,要充分发挥黑龙江人热情好客和豪爽的性格特征,增强其主人翁责任感,使其牢固树立"个人形象即是黑龙江省冰雪旅游形象"的思想。

(四)黑龙江省冰雪旅游形象的传播策略

旅游目的地旅游形象的传播与推广的手段和渠道多种多样,要取得最佳传播效果,就要综合运用各种媒介和手段。下面介绍几种常见的旅游形象传播推广策略。

1.形象广告

广告是一种高度大众化的信息传播方式,其最大的特点是传播面广、效率高、速度快。旅游目的地广告与化妆品、时装广告一样具有最显著的形象信息,是目前旅游区树立和强化旅游形象的首要途径。在宣传手段上可以利用报纸电视的专题报道、专题片等。黑龙江电视台可以播放一些黑龙江省的冰雪旅游景点宣传片,并做一些相关的冰雪景区、冰雪景点采访的电视节目,也可以请一些有名的黑龙江省演员拍摄一些有关黑龙江省冰雪旅游的电视剧或者电影等;或者举办一些选拔赛活动,如冰雪旅游形象小姐选拔赛。黑龙江省的各类报刊中也可以对黑龙江省的冰雪旅游景观、景区、冰雪运动等加以宣传。

2.公共关系

公共关系策略是一种协调组织与公众的关系,使组织达到所希望的形象状态和标准的方法和手段。一般是运用庆典活动,例如开业剪彩、周年纪念、庆功表彰、重要仪式、赞助活动、举办文化体育竞赛评选活动、企业开放日、名人示范举措、新闻发布会、制造新闻等,提高旅游地的知名度和美誉度。黑龙江省在对冰雪旅游形象进行传播时也可以采用上述的一些庆典活动来提高黑龙江省冰雪旅游形象的知名度和美誉度。例如,2010年6月在上海市举办的世博会上,黑龙江馆展示的黑龙江省冰雪旅游文化,对黑龙江省冰雪旅游形象起到了很好的宣传效果。

3.网络宣传

网络很好地传达了相应地方和景区的旅游形象,旅游者可以通过网络了解丰富、翔实、图文声像并茂的旅游信息。近些年,越来越多的旅游地和旅游企业都使用网络来建立和传播自己的旅游形象和旅游服务信息。

黑龙江省也应该充分利用网络这一手段来宣传冰雪旅游形象,例如,可以在黑龙江旅游网的网页登载一些关于黑龙江冰雪旅游地形象的信息,以利于旅游者直观地了解。

4.其他方式的传播策略

可以利用地方的独特资源积极争取举办各种形式的冬季运动会或其他大型冰雪旅游节庆活动,借此机会可以吸引更多的冰雪旅游者,并且可以利用赛事宣传的传播方式进行综合宣传。例如,哈尔滨国际滑雪节、哈尔滨冰雪节等大型冰雪节庆活动对黑龙江省的冰雪旅游形象进行的宣传就是个很好的典范。《神奇的黑龙江》、《黑龙江省导游词》、《哈尔滨冰雪旅游指南》等书籍也对黑龙江省的冰雪旅游形象做出了很好的宣传。此外,还可以采取淡季促销等活动来加大宣传力度。

参考文献

[1] 李蕾蕾.旅游地形象策划——理论与实务[M].广州:广东旅游出版社,1999.

[2] 吴必虎.区域旅游规划原理[M].北京:中国旅游出版社,2001.

[3] 钱智.旅游形象设计[M].合肥:安徽教育出版社,2002.

[4] 张丽梅.中国导游十万个为什么——黑龙江[M].北京:中国旅游出版社,2007.

[5] 赵新洛.黑龙江省导游基础知识[M].哈尔滨:黑龙江人民出版社,2000.

[6] 保继刚,楚义芳.旅游地理学[M].北京:高等教育出版社,1999.

[7] 吴相利.黑龙江省旅游开发研究[M].哈尔滨:哈尔滨地图出版社,2001.

[8] 马勇,舒伯阳.区域旅游规划——理论、方法、案例[M].天津:南开大学出版社,1999.

[9] 杨力民.创意旅游:讲述旅游策划的故事[M].北京:中国旅游出版社,2009.

[10] 张凌云,杨晶晶.滑雪旅游开发与经营[M].天津:南开大学出版社,2007.

[11] 肖星.旅游策划教程[M].广州:华南理工大学出版社,2005.

[12] 子冈,吴桂清.哈尔滨冰雪旅游指南[M].哈尔滨:东北林业大学出版社,2001.

[13] 尹隽.旅游目的地形象策划[M].北京:人民邮电出版社,2006.

[14] 李维冰.旅游项目策划[M].北京:中国商业出版社,2004.

[15] 杨振之.旅游项目策划[M].北京:清华大学出版社,2007.

[16] 欧阳斌.中国旅游策划导论[M].北京:中国旅游出版社,2005.

[17] 程金龙,吴国清.我国旅游形象研究的回顾与展望.旅游学刊[J].2004,2:92-95.

[18] 张艳芳.体验营销:让消费者在体验中消费在消费中享受[M].成都:西南财经大学出版社,2007.

[19] 周艺文,吴文亮,林可.冰雪之旅[M].长沙:湖南地图出版社,2009.

[20] 欧阳斌.实划实说[M].北京:中国经济出版社,2005.

[21] 宁士敏.黑龙江省旅游手册[M].哈尔滨:黑龙江省旅游局,2009.

[22] 王德伟.冰雪文化[M].哈尔滨:哈尔滨出版社,1996.

[23] 余永定,张宇燕,郑秉文.西方经济学[M].北京:经济科学出版社,2002.
[24] 陈放.中国旅游策划[M].北京:中国物资出版社,2003.
[25] 张丽梅.黑龙江省旅游地形象符号构建[J].黑龙江教育,2006,2:72-73.
[26] 吴国清.旅游线路设计[M].北京:旅游教育出版社,2006.
[27] 张丽梅.旅游安全学[M].哈尔滨:哈尔滨工业大学出版社,2010.
[28] 俞杨俊.旅游节庆策划研究——以"上海旅游节"为例[D].上海:上海师范大学,2007.
[29] 曾凌峰.挑逗人们的购买欲望:体验式营销[M].北京:中国经济出版社,2004.
[30] 沈祖祥.世界著名旅游策划实战案例[M].郑州:河南人民出版社,2004.
[31] (美) 小伦纳德·霍伊尔.会展与节事营销[M].北京:电子工业出版社,2003.
[32] 王衍用,宋子千.旅游景区项目策划[M].北京:中国旅游出版社,2007.
[33] 熊超群,田庆有.新项目策划实务[M].广州:广东经济出版社,2003.
[34] 禹贡,胡丽芳编著旅游景区景点营销[M].北京:旅游教育出版社,2005.
[35] 胡善珍.市场营销策划[M].北京:中国财政经济出版社,2005.
[36] 刘锋,董四化.旅游景区营销[M].北京:中国旅游出版社,2006.
[37] 熊元斌.旅游营销策划理论与实务[M].武汉:武汉大学出版社,2005.
[38] 唐豪.市场分析与营销策划[M].上海:上海财经大学出版社,2002.
[39] 李红,郝振文.旅游景区市场营销[M].北京:旅游教育出版社,2006.
[40] 张保华.现代体育营销学[M].广州:中山大学出版社,2005.
[41] 段光达.中国冰雪旅游发展及存在的问题[M]//中国旅游研究30年专家评论.中国旅游出版社,2009.